Knaurs
Kulturführer
in Farbe
Schwarzwald

Knaurs
Kulturführer
in Farbe
Thüringen

Knaurs
Kulturführer
in Farbe

Knaurs
Kulturführer
in Farbe

Knaurs
Kulturführer
in Farbe
China

Knaurs
Kulturführer
in Farbe
Dänemark

Knaurs
Kulturführer
in Farbe
Finnland

Knaurs
Kulturführer
in Farbe
Frankreich

Knaurs
Kulturführer
in Farbe
Bretagne

Knaurs
Kulturführer
in Farbe
Burgund

Knaurs
Kulturführer
in Farbe
Elsaß

Knaurs
Kulturführer
in Farbe
Paris
und Ile de France

Knaurs
Kulturführer
in Farbe
Provence
und die Côte d'Azur

Knaurs
Kulturführer
in Farbe
Tal der Loire

Knaurs
Kulturführer
in Farbe
Griechenland

Knaurs
Kulturführer
in Farbe
Athen
und Attika

Droemer
Knaur

Marianne Mehling (Hg.)

KNAURS KULTURFÜHRER IN FARBE SACHSEN

Über 245 farbige Fotos und Grundrisse
sowie 4 Seiten Karten

Droemer Knaur

Autor: Dr. Klaus Mertens, Hartmut Wiehr

Fotos: **Roland Werner,** Helene Hartl, Klaus König, Franz N. Mehling, Erhard Pansegrau, Hans-Joachim Schwerdhöfer, Hans-Horst Skupy

CIP-Titelaufnahme der Deutschen Bibliothek

Knaurs Kulturführer in Farbe Sachsen
Marianne Mehling (Hg.). [Autor: Klaus Mertens… Fotos: Roland Werner…]
München: Droemer Knaur, 1991
ISBN 3-426-26488-9
NE: Mehling, Marianne [Hrsg.]; Mertens, Klaus; Werner, Roland

Für Hinweise auf Veränderungen und Ergänzungen ist die Redaktion dankbar
Zuschriften an Droemer Knaur Verlag, Postfach 80 04 80, 8000 München 80
Idee: Redaktionsbüro Harenberg (Schwerte)
Gestaltung und Herstellung: von Delbrück, München
Karten: Herbert Winkler, München
Stadtpläne: Kartographie Huber, München
Grundrisse: Karl Schneider, Solms, Kartographie Huber, München
Reproduktion: Fotolitho Longo, Bozen
Einbandgestaltung: Franz Wöllzenmüller
Umschlagabbildung: Die Brühlsche Terrasse mit Hofkirche in Dresden
(Foto: Bildagentur Mauritius)
Texterfassung und Filmbelichtung: Appl, Wemding
Umbruch: Ventura Publisher im Verlag
Druck: Appl, Wemding
Aufbindung: Großbuchbinderei Sigloch, Künzelsau
Printed in Germany
ISBN 3-426-26488-9

5 4 3 2

Vorwort

Mit nur 17700 qkm Fläche ist der Freistaat Sachsen, nach Thüringen, nur das zweitkleinste neue Bundesland Deutschlands, zugleich aber mit 5,0 Millionen Einwohnern auch das volkreichste und damit am dichtesten besiedelte. Schon zum Ausgang des Mittelalters kennzeichnete die für damalige Zeiten hohe Bevölkerungsdichte das Land. Sie brachte in der Folgezeit zugleich Kulturreichtum mit sich. Vieles davon, wenn auch gegenwärtig noch in schlechtem Zustand, hat sich erhalten, denn durch den 2. Weltkrieg wurden fast nur die größeren Städte empfindlich betroffen.

Im Vergleich mit den westlichen Altbundesländern hat sich Sachsen erst verhältnismäßig spät an der kontinuierlichen Entwicklung einer westeuropäischen Kultur beteiligt. So darf man keine Zeugnisse der karolingischen und auch ottonischen Kulturepoche erwarten: Erste Grundlage für eine deutsche Herrschaft in dem damals von Sorben verhältnismäßig dünnbesiedelten Gebiet brachte die Burgwartsverfassung Heinrichs I. 968 wurde dann das Bistum Meißen gegründet. Seit dem Beginn des 12. Jh. aber folgte die bäuerliche Nachbesiedlung weiter Teile des Landes, von Westen nach Osten vordrängend, der sich schnell auch die Gründung von Städten anschloß. Die Markgrafschaft Meißen sollte zur Keimzelle des späteren sächsischen Staates werden. Mit der Belehnung der wettinischen Grafen von Eilenburg mit der Mark Meißen im Jahre 1089 kam es dann zu einer ununterbrochenen Herrschaftsfolge dieses Geschlechtes bis zu den politischen Veränderungen von 1918.

Die Entdeckung von Silberadern im Jahre 1168 auf der Flur des Dorfes Christiansdorf, die die Gründung der Stadt Freiberg verursachte, erbrachte die Basis für die spätere ökonomische Entwicklung des Landes. Dem ersten »Bergsegen« folgte Mitte des 15. Jh. ein zweiter, dem eine intensive Nachbesiedlung der höheren Lagen des Gebirges einschließlich zahlreicher Stadtgründungen zu danken ist. Der Metallreichtum des Erzgebirges, der stark reduziert noch bis ins 20. Jh. hinein erschlossen wurde, brachte einen Teil des sächsischen Wohlstandes - die daraus folgernde Erschließung der Wasserenergie der Bergflüsse gab schließlich die Antriebskraft für die später so bedeutsamen Manufakturen Sachsens.

Der Silbersegen zog nicht nur Bergleute aus dem Harzgebiet ins Land - auch bedeutende Künstler bemühten sich hier um Aufträge. So kam es zu den Bildwerken von europäischem Rang in der Stiftskirche in Wechselburg und im Freiberger Dom sowie zu herausragenden Bauwerken. Ergebnis der zweiten reichen Silberausbeute waren dann die ausgezeichneten Kirchen des Spätmittelalters in Leipzig, Freiberg, Annaberg, Schneeberg, Pirna, Zwickau und anderen Orten, die die Krönung des spätestgotischen Bauens in Deutschland darstellen.

Als Markgraf Friedrich der Streitbare (1381-1428) 1423 mit dem Herzogtum Sachsen-Wittenberg belehnt wurde und damit die Kurwürde der ausgestorbenen Linie der askanischen Herzöge von Sachsen erhielt, ging auch der Name Sachsen auf den meißnischen Besitz der Wettiner über. Der ökonomischen und kulturellen Blüte des Landes folgte die Auszeichnung des Herrschergeschlechts mit dieser hohen Würde.

Das wettinische Territorium, das seit 1482 wieder weite Teile Thüringens mit einbezog, wurde 1485 unter die beiden Brüder Ernst und Albrecht aufgeteilt. Albrecht erhielt u.a. das Kernland der Mark Meißen, Ernst die westlichen Gebiete sowie das Kurland und damit die Kurwürde. Albrecht verlegte nun seine Residenz nach Dresden, was den Aufstieg dieser Stadt einleitete.

Das ernestinische Sachsen wurde in der Folgezeit zum Mutterland der Reformation, doch verloren die Ernestiner schließlich in der Schlacht bei Mühlberg 1547 das Kurland und die Kurwürde. Dresden wurde Hauptstadt des albertinischen Kurstaates und damit ein Ort europäischer Politik. Das Dresdner Schloß dokumentiert diese einstige Stellung. Pirnaer Bildhauer aber exportierten in jener Zeit in weit entfernte Gegenden Kunstwerke, hergestellt aus dem heimischen Sandstein.

Während des Dreißigjährigen Krieges wurden weite Landesteile verwüstet. 1635 fiel

jedoch die Lausitz erneut an Sachsen und führte zu Machtzuwachs. Seit 1670 brachte das heimische Metallgewerbe und die Weberei einen gewaltigen wirtschaftlichen Aufschwung. Im 18. Jh. aber trat Sachsen dann für kurze Zeit in den Vordergrund der europäischen Politik: Kurfürst Friedrich August I. (August der Starke) erwarb 1697 die polnische Königskrone und beherrschte dadurch ein gewaltiges Reich. In der kursächsischen Residenzstadt Dresden entstanden hochrangige Bauten, Kunstwerke und Sammlungen, in Leipzig (seit 1497 Reichsmesseprivilegien) dokumentierte das Bürgertum seine hohe Stellung. Neue Produktionsstätten (z. B. für Meißner Porzellan) wurden geschaffen.
Im Siebenjährigen Kriege erlitten die Residenzstadt und das ganze Land beträchtliche Schäden. Noch schwerer schadete Sachsen jedoch das Bündnis mit Napoleon, das den Wettinern zwar die Königswürde brachte, wodurch das Land aber auf dem Wiener Kongreß (1814-15) mehr als die Hälfte seines Territoriums an Preußen verlor.
Trotzdem erholte sich das restliche Land in der Folgezeit und erlebte einen neuen wirtschaftlichen Aufschwung: Chemnitz entwickelte sich zum »sächsischen Manchester«. Die erste Ferneisenbahn wurde zwischen Leipzig und Dresden gebaut, und Leipzig wurde in der Folgezeit zu einem wichtigen europäischen Bahnknoten. In der Baukunst nahmen die Dresdner Bauten Sempers einen hervorragenden Platz ein, und Dresden wurde zur Stadt der Künste. Aus den größeren sächsischen Städten wurden gegen 1900 beachtliche Großstädte. Bedeutende Bauten des Jugendstils entstanden, und nördlich von Dresden schuf man die erste deutsche Gartenstadt (Hellerau).
1918 entstand aus dem Königreich der Freistaat Sachsen. Im 2. Weltkrieg ging in den Großstädten ein bedeutender Teil der hochrangigen Bau- und Kunstwerke unwiederbringlich verloren - nur ein kleiner Teil konnte wieder aufgebaut werden. Erhaltbar wäre nun jedoch noch vieles in den Klein- und Mittelstädten.
1952 sollte das Land Sachsen durch eine Verwaltungsreform mit der Bezirksbildung vernichtet werden. Erst 1990 konnte es, in etwas veränderten Grenzen, wiedererstehen.

Wie in den übrigen Bänden der Reihe stehen auch hier die Farbabbildungen gleichrangig neben dem Text. Von mehr als 270 beschriebenen Orten werden Burgen, Kirchen und Klöster, Schlösser, Rathäuser, Herrensitze, Theater und Museen vorgestellt. Über 245 farbige Fotos und Skizzen sowie 4 Seiten Karten illustrieren den Text. Und analog zu den Vorgängerbänden sind die Artikel alphabetisch nach Orten geordnet. Die Brücken zwischen den Orten, die geographisch benachbart sind, in diesem Buch jedoch durch das Alphabet getrennt wurden, schlägt der Kartenteil auf Seite 258-259. Er führt alle behandelten Orte auf. Große Punkte kennzeichnen einen Hauptort, kleine Punkte der gleichen Farbe im Umkreis die dazugehörigen Umgebungsorte. Verschiedene Farben wurden verwendet, um deutlich zu machen, zu welchem Hauptort die betreffenden Umgebungsorte gehören.
Die Karte bietet so einen Überblick darüber, welche Orte in der Nachbarschaft eines Zielpunktes liegen und deshalb vielleicht zusätzlich in einen Reiseplan einbezogen werden können. Bei jedem Ort sind im Kopf des Artikels Einwohnerzahl und ein Hinweis auf die betreffende Karte (S. 258, □ G 9 = Seite 258, Planquadrat G 9) angegeben. Die einzelnen Sehenswürdigkeiten sind jeweils fett gedruckt. Im Anhang befinden sich ein Register der Fachausdrücke, ein Künstlerregister und ein Register aller behandelten Orte.

Stand der Ländergrenzen Juli 1990.

Elbsandsteingebirge >

A

9300 Annaberg-Buchholz

Annaberg-Buchholz

Einw.: 26200 H: 530–700m S. 258 □ G 9

Die 1949 zur Doppelstadt (seit 1952 Kreisstadt) vereinigten Bergbauorte Annaberg und Buchholz verdanken ihre Entstehung dem 1492 entdeckten mächtigen Silbergang im damals unwirtlichen wettinischen Bergbaugebiet des Schreckenberges. Die am 18.10. 1497 durch Herzog Georg ausgefertigte Gründungsurkunde gestattete die Anlage einer geordneten Stadt am verhältnismäßig steilen Westhang des Pöhlberges. Die der Bergbaupatronin St. Anna geweihte Kirche gab der Stadt den Namen, den der Kaiser 1501 billigte.

Über 300 Erzgänge machten Annaberg bald zu einer der wohlhabendsten Städte (12000 Einwohner) Deutschlands – sie hatte zeitweilig auch Münzrechte (Schreckenberger oder Engelsgroschen). Bedeutende Persönlichkeiten, wie der durch seine Lehrbücher des praktischen Rechnens bekannte Adam Riese (1492–1559), lebten und starben hier. Die benachbarte kleinere Bergbausiedlung erhielt im 16. Jh. den Namen St. Katharinenberg im Buchholz. Die berühmte Fundgrübnerin Barbara Uttmann († 1575) förderte das 1561 eingeführte Klöppeln im Verlagswesen. In jener Zeit war die Silberausbeute bereits wieder zurückgegangen, so daß andere Erwerbszwei-

Dresden, Zwinger,
< Bekrönung des Kronentors

Annaberg-Buchholz, St.-Annen-Kirche

ge gesucht werden mußten. So entwickelte sich schließlich das Klöppeln und Posamentieren zu einem Hauptgewerbezweig in den beiden Bergstädten.

St.-Annen-Kirche: An der von 1499 bis 1525 um einen hölzernen Vorgängerbau herum erbauten bedeutendsten spätgot. Hallenkirche Sachsens wirkten nacheinander die Werkmeister Konrad Pflüger (Grundriß), Peter v. Pirna und Jakob Heilmann (Wölbung). Der dreischiffige, siebenjochige vereinheitlichte Raum endet im O mit 3 polygonalen Chorschlüssen; die Strebepfeiler sind auf die Innenseite der Wände verlegt, eine umlaufende Empore ist auf sie aufgelegt. Den im S und im N angefügten Sakristeien sind polygonal endende »Psallierchöre« aufgesetzt, in denen bis zur Reformation (1539) die Kleriker ihre Stundengebete verrichteten.

Gestalterischer Höhepunkt des Raumes ist das alles einheitlich überspannende Schleifenstern- und Schlingrippengewölbe. Das Innere der Kirche zeigt sich heute wieder

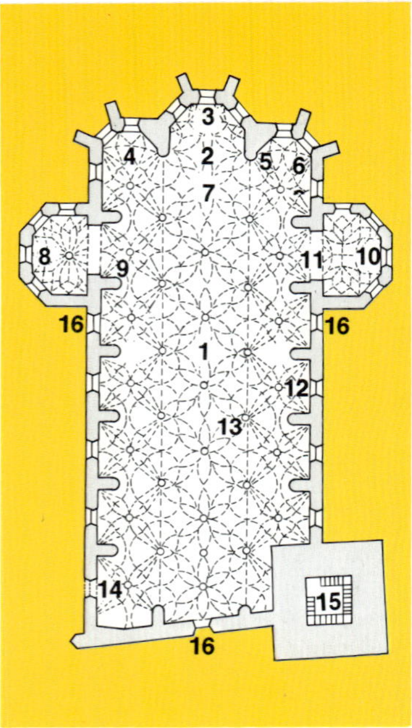

St.-Annen-Kirche, Schleifenstern- und Schlingrippengewölbe

Annaberg-Buchholz, St.-Annen-Kirche 1 Hallenraum mit Schleifenstern- und Schlingrippengewölben, mit Prophetenbüsten v. Chr. Walther d. Ä. im Seitenschiff **2** Hochaltar v. A. Daucher, 1522 **3** Altartafeln mit Gemälden v. H. Hesse **4** Altar der Bergknappschaft mit Gemälde v. H. Hesse auf der Rückseite (1521) **5** Münzeraltar v. Chr. Walther d. Ä. **6** Bäckeraltar v. Chr. Walther d. Ä., 1515 **7** Taufstein v. H. Witten, 1515 **8** Sakristei, darüber Psallierchor **9** Schlußstein v. H. Witten, 1520 **10** Alte Sakristei, darüber Psallierchor **11** Portal v. F. Maidburg, 1518 **12** umlaufende Empore, aufgelegt auf die nach innen gezogenen Strebepfeiler, mit 100 Brüstungsfeldern v. F. Maidburg, 1520 bis 1522 **13** Kanzel v. F. Maidburg, 1516 **14** Schöne Tür v. H. Witten, 1512 **15** Turm **16** Portale

vollständig in seiner alten, nach den Befunden restaurierten Farbigkeit. Dieser Reichtum steht in Kontrast zu der Schlichtheit des völlig glatten (einst verputzten) äußeren Erscheinungsbildes.

Die Kirche besitzt eine große Zahl hervorragender Ausstattungsstücke. Sie dokumentieren teilweise den stilistischen Umbruch v. der Spätgotik zur Renaissance, wie die 100 Brüstungstafeln der Emporen (1520 bis 1522) v. Franz Maidburg, dessen Portal der S-Sakristei (1518) und vor allem der v. Hans Daucher aus Augsburg 1522 geschaffene *Hauptaltar* mit der Darstellung der Wurzel Jesse. Die *Schöne Tür* (1512), 1577 aus der ehem. Franziskanerkirche umgesetzt, ist stilistisch und ikonographisch eine eigenwillige Leistung des Hans Witten, v. dem auch der Schlußstein vor der N-Sakristei sowie der Taufstein (1515) stammen. Christoph Walther d. Ä. schuf mit seinen Prophetenbüsten in den Seitenschiffgewölben und dem Münzeraltar (Madonna im Mittelschrein) sowie dem Bäckeraltar (Kreuzabnahme) auch ausgezeichnete Bildwerke. Besondere Beachtung verdient der 1521 aufgestellte *Altar der Bergknappschaft* (Geburt Christi), der auf seiner Rückseite mit einem Gemälde des H. Hesse überrascht, das die informativsten Darstellungen des ma Bergbaus zeigt. Weitere Altargemälde Hesses bewahrt die Friedhofskapelle der ehem. Katharinenkirche im Ortsteil Buchholz. - Vor der Annenkirche steht ein *Lutherdenkmal*.

Außerdem sehenswert: Das im Kern aus der Spätgotik stammende *Hotel Wilder Mann* am Markt birgt kostbare Holzbalkendekken sowie Zellengewölbe. - Das ehem. *Renaissancerathaus* ist heute durch seine Erneuerung 1751 geprägt. - Die *Bergkirche St. Marien* ist eine dreischiffige Hallenkirche mit steinernen Emporen (urspr. 1502 entstanden). Ihr Altar datiert v. 1616, ein Intarsienstuhl v. 1617. - Das in einem spätgot. Bürgerhaus (Große Kirchgasse 16) eingerichtete *Erzgebirgsmuseum* informiert über Landschaft, Erzlagerstätten und Arbeitsgeräte im oberen Erzgebirge sowie über Klöppeln und Posamentieren, das *Adam-Riese-Haus* (Johannisgasse 23) über den Rechenmeister und seine Rechenschule sowie seine verantwortungsvolle Tätigkeit als Bergbeamter. - Am Köselitzplatz stehen eine barocke *Postmeilensäule* sowie ein *Denkmal für Adam Riese*. - Die *Dorfkirche* im Ortsteil *Kleinrückerswalde* (1780) besitzt einen Marienaltar vom Ende des 15. Jh. sowie einen barocken Baumstammkruzifixus. - Die *Kät,* ein bekanntes erzgebirgisches Volksfest, wird am 2. Wochenende nach Pfingsten begangen, die große *Bergparade* der erzgebirgischen Bruderschaften findet am 3. Dezembersonntag statt.

Umgebung

Ehrenfriedersdorf (8 km n): Die *Stadtkirche St. Nikolai* wird v. dem mächtigen, längsrechteckigen, aus dem 14. Jh. stammenden Chorturm beherrscht, das Langhaus (15. Jh.) ist nach S verschoben und wurde wohl erst nachträglich in 2 Schiffe unterteilt und gewölbt. Sehenswert ist der prächtige, sechsflügelige Schnitzaltar v. 1507. Hans Witten schuf den Mittelschrein mit der Marienkrönung zwischen Katharina

Annaberg-Buchholz, Postmeilensäule >

Markersbach (Annaberg-Buchholz), Dorfkirche (oben), Schwarzenberg, Schloß (rechts) >

und Nikolaus. Die gemalten Szenen der Passion Christi sowie die Heiligenfiguren stammen v. Hans v. Köln. Auch das filigrane Gesprenge ist gut erhalten. Im Chor stehen noch Reste des alten Gestühls (16. Jh.). – Im *Greifensteinmuseum* (Greifensteinstr. 12) wird der Zinnbergbau im 16. bis 19. Jh. dokumentiert. Ausgestellt sind auch Erzeugnisse der heimischen Volkskunst. Die Geschichte der Naturbühne Greifensteine, eine der größten Sachsens, wird dargestellt.

Frohnau (2 km n): Der *Frohnauer Hammer* ist eines der ältesten technischen Museen Sachsens. Ursprünglich war er eine Getreide- und Ölmühle und wurde vom 17. bis 20. Jh. als Hammerwerk zur Kupfer- und Eisenbearbeitung verwendet. Als Schauanlage demonstriert er die Arbeitsvorgänge der Eisenbearbeitung, im zugehörigen Hammermeisterhaus sind die Wohnung des letzten Hammermeisters sowie eine Volkskunstgalerie zu besichtigen.

Jöhstadt (12 km sö): Die *Stadtkirche St. Salvator,* ein im O dreiseitig geschlossener, flachgedeckter Saal mit umlaufender Empore, besitzt einen W-Turm und wurde 1677 errichtet. Beachtenswert ist das aufwendige Altarwerk mit lebensgroßen Freifiguren und einer Anbetung der Könige im Mittelfeld, gefaßt von einer korinthischen Säulenarchitektur, von Andreas Petzoldt 1676 geschaffen.

Markersbach (16 km sw): Die *Dorfkirche* bietet mit ihrer im Laufe der Jahrhunderte gewachsenen Ausstattung einen stimmungsvollen Raumeindruck. Während der rippengewölbte Chor noch spätgot. ist, wurde die Bausubstanz des Langhauses mit ihren bebilderten Emporenbrüstungen, Betstübchen und der bemalten Holzdecke im 17. Jh. umgebaut. Außer dem barocken Altaraufbau und der Kanzel v. 1610 gibt es auch noch einen Schnitzaltar vom Ende des 15. Jh., der im Schrein die Madonna auf der Mondsichel zeigt. An der N- und W-Wand sind Reste eines ma Freskenzyklus erhalten.

Schwarzenberg (24 km sw): Der Ort entstand um 1170 als Suburbium einer Burg

Bad Muskau, Schloßruine

und wird 1282 erstmals als Civitas bezeichnet. Die jetzige *Stadtkirche St. Georg* wurde 1690–99 neben dem Schloß v. Georg Roth errichtet und ist ein großer einschiffiger Saal mit gleich breitem Chor und vierseitigem Schluß – im Norden und Süden gibt es querschiffartige Anbauten für Emporen. Der Raum ist mit Emporen, Betstübchen und Ständechören in mehreren Geschossen umzogen. Der Altaraufbau, die Kanzel, der Taufstein und die eisernen Schranken entstanden zwischen 1699 und 1737.

Besonders reich ist die Holzdecke, die den Namen Gottes mit einem reichen Strahlenkranz, v. plastischen Figuren gehalten, umrahmt. Als Bildhauer wirkte 1729–35 Joh. Georg Krafft.

Im *Schloß* ist v. der Burg des 12. Jh. noch der runde Bergfried erhalten. Die übrigen Bauteile wurden im 14. Jh. unregelmäßig als Mehrflügelanlage neu errichtet, 1555–58 und 1709 aber umgebaut. Das Schloß dient heute als Kreisgericht und *Museum,* das über den Bergbau und die Metallverarbeitung informiert.

B

7582 Bad Muskau

Weißwasser

Einw.: 5000 Höhe: 110 m S. 259 □ L 7

1361 wird der Ort erstmals urkundlich genannt. Nach vielen Besitz- und Herr-

Bad Muskau,
Landschaftspark
Polen
Eichseebrücke
Eichsee
Neiße
Gloriette
Schloßpark
Schäfer-
brücke
Steintisch
Rehder-
brücke
Herren-
garten
Blauer
Garten
Moorbad
Fuchsien-
brücke
Schloß-
brücke
Altes
Schloß
Schloß-
ruine
Schloßsee
Karpfen-
brücke
Neiße
Bauhof
Orangerie
Polen
N
Schau-
anlagen
100 m

schaftswechseln geriet Bad Muskau 1785 an die Grafen von Pückler. Prinz Heinrich der Niederlande kaufte 1846 den Besitz und veranlaßte den Neubau des Schlosses im Neorenaissancestil (im Frühjahr 1945 durch Brandstiftung zerstört und seitdem Ruine). Bad Muskau war bekannt als Sitz von keramischer und Glasindustrie sowie als Moor- und Mineralbad.

Landschaftspark: Berühmtheit erlangte der Ort durch den großzügig gestalteten Park, den der Reiseschriftsteller und Gartenkünstler Hermann Fürst v. Pückler-Muskau 1815–45 anlegen ließ. Der Park in der Neißeaue wurde in der 2. Hälfte des 19. Jh. durch einen Schüler Pücklers, den Gartenbauarchitekten C. E. Petzold, weiter ausgebaut. In der ca. 200 ha großen Parkanlage (urspr. 545 ha und 55 km Wegenetz) verdienen das *Alte Schloß* (14. Jh., 1965–80 wiedererrichtet), die *Bergkirche* (Ende 18. Jh.), das *Hermannsbad* (1823) und die *Orangerie* (1840 nach einem Plan v. G. Semper) mit dem *Tropenhaus* besondere Beachtung. Die Parkanlage steht auf der Denkmalliste der UNESCO. – Das *Museum* im Alten Schloß informiert über die Muskauer Keramik, die Geschichte des Ortes und die der Familie v. Pückler-Muskau. – Hermann Fürst v. Pückler-Muskau gilt als eine der schillerndsten Persönlichkeiten seiner Zeit. Wegen seiner liberalen und antikirchlichen Anschauungen, die er u. a. in dem Buch »Briefe eines Verstorbenen« (1830 anonym erschienen) publizierte, wurde er vom damaligen konservativen Adel heftig kritisiert. In seinem Buch »Andeutungen über die Landschaftsgärtnerei« (1834) schrieb er: »Der Park soll nur den Charakter der freien Natur und der Landschaft haben, die Hand des Menschen also wenig darin sichtbar sein.« Nachdem Pückler 1845 wegen seiner hohen Verschuldung die Standesherrschaft und den Park v. M. verkaufen mußte, zog er sich auf Schloß Branitz bei Cottbus zurück. Auch hier schuf er eine bedeutende Parkanlage.

Umgebung

Kromlau (6 km w): 1842 entstanden hier aus einem Gut ein *Schloß* und ein großer *Park*. Sehenswert sind neben den großartigen Azaleen- und Rhododendronbeständen die Rakotzbrücke und das Kavaliershaus v. 1850.

Weißwasser (7 km sw): Das *Jagdschloß Weißwasser*, im 17. Jh. entstanden, wurde 1860 im sog. normannischen Stil umgebaut.

Bad Muskau, Altes Schloß (l), Bautzen, Ortenburg (r)

Erhalten ist lediglich ein Nebengebäude. In der Umgebung des Schlosses wurde 1810 bis 1820 nach Plänen des Fürsten v. Pückler-Muskau, zu dessen Herrschaft der Ort Weißwasser gehörte, ein *Landschaftspark* unter Einbeziehung natürlicher Gewässer angelegt.

8600 Bautzen Bautzen		
Einw.: 50600	Höhe: 219 m	S. 259 □ K 8

Bautzen (sorb. Budyšin) liegt auf einem Granitplateau oberhalb des Steilufers am Oberlauf der Spree. Es besitzt infolge der weitgehend erhaltenen Stadtbefestigung eine imposante Silhouette, was ihm die Bezeichnung »Nürnberg der Oberlausitz« eingebracht hat. Der Eindruck wird in neuerer Zeit allerdings durch das 1968–70 im Stadtzentrum errichtete Wohnhochhaus beeinträchtigt.

Der Burgort, im ehemaligen sorbischen Gau Milsca gelegen, wurde 1002 erstmals erwähnt. Der Überlieferung nach verlieh 1213 der Böhmenkönig die Stadtrechte. Die Lage am Kreuzungspunkt der »Hohen Straße« mit dem Verkehrsweg von Brandenburg nach Prag verschaffte der Stadt eine hervorragende Stellung im Lausitzer Sechsstädtebund (1346–1815). Ein Handwerkeraufstand 1405 und der sogenannte »Pönfall« 1547 führten zu Strafmaßnahmen und warfen die Bemühungen um stärkere Unabhängigkeit von der Obrigkeit weit zurück. 1620 wurden 80% der Bauten der Stadt vernichtet, 1635 gelangte sie mit der ganzen Lausitz von der böhmischen Krone zum Kurfürstentum Sachsen. Die Stadt ist der kulturelle und politische Mittelpunkt der nationalen Minderheit der Sorben. Das Zuchthaus von Bautzen, oft »gelbes Elend« genannt, war in der jüngsten Vergangenheit berüchtigt als Strafanstalt vorrangig für politisch Verfolgte.

Ortenburg: Im Auftrag des ungarischen Königs Matthias Corvinus, der seinerzeit mit Böhmen auch die Lausitz und Schlesien zu seinem Herrschaftsbereich zählte, wurde die ehem. Grenzfeste der Markgrafen v. Meißen auf dem steilen Granitfelsen 1483–86 v. Grund auf erneuert. Am zinnengeschmückten *Torturm,* der einst den einzigen Zugang zur Burg darstellte, befindet sich eine Ädikula mit dem Sitzbild (Relief) des Matthias Corvinus, 1486 v. Briccius Gauske geschaffen. Die in das 2. Oberge-

Bautzen, Alte Wasserkunst mit Michaeliskirche und Dom

Bautzen, Domkirche St. Petri

schoß des Turmes einbezogene Burgkapelle wurde wie die übrigen Teile der Burg im Dreißigjährigen Krieg beschädigt bzw. zerstört. Das danach v. E. Eckhardt wieder aufgebaute Hauptgebäude, das *Schloß,* besitzt im *Audienzsaal* eine sehr reiche, einst farbige Stuckdecke, deren Darstellungen Szenen aus der Geschichte der Oberlausitz zeigen. Sie wurde 1662 v. den Italienern Vinetti und Comotan geschaffen. In einem weiteren Gebäude des Burgareals ist das *Museum für sorbische Geschichte und Kultur* untergebracht.

Domkirche St. Petri: Bei der ältesten Pfarrkirche des Sorbenlandes gründete das Bistum Meißen 1221 das Kollegiatstift St. Petri. Die heutige, im Langhaus vierschiffige Hallenkirche mit einem abgeknickten Umgangschor geht auf die Bautätigkeit v. 1293–1303 sowie eine Erweiterung um das 4. Schiff in der 2. Hälfte des 15. Jh. (vollendet 1497) zurück. Ältester erhaltener Bauteil ist das W-Portal, über dem sich der Turm erheben sollte. Später dachte man an eine Doppelturmfassade, v. der nur der s Turm ausgebaut und 1664 mit dem barokken Helm (fast 85 m hoch) versehen wurde. Im Zuge der Reformation 1524 verblieb der Chor dem kath. Stift, das Langhaus wurde ev. Stadtkirche und der Dom damit zur Simultankirche. 1921 erhob man den Petridom zur Kathedralkirche des wiedererrichteten Bistums Meißen – seit 1980 ist er Konkathedrale des Bistums Dresden-Meißen.

Im Chor ist der *Hochaltar* v. G. Fossati (1722–24) mit dem Gemälde (Schlüsselübergabe an Petrus) v. G. A. Pellegrini und den Skulpturen v. J. B. Thomae bes. beachtenswert. Im Chorumgang beeindruckt der *Kruzifixus* (1714) v. B. Permoser. Eine *Fürstenloge* am W-Ende der S-Seite des Langhauses ist 1674 eingefügt worden, der ev. Altar im S-Schiff entstand 1644. Die Empore und die Orgel wurden 1908 v. F. Schumacher hinzugefügt. Das dem Dom auf der N-Seite zugeordnete *Domstift* ist eine barocke Dreiflügelanlage v. 1683; das auf-

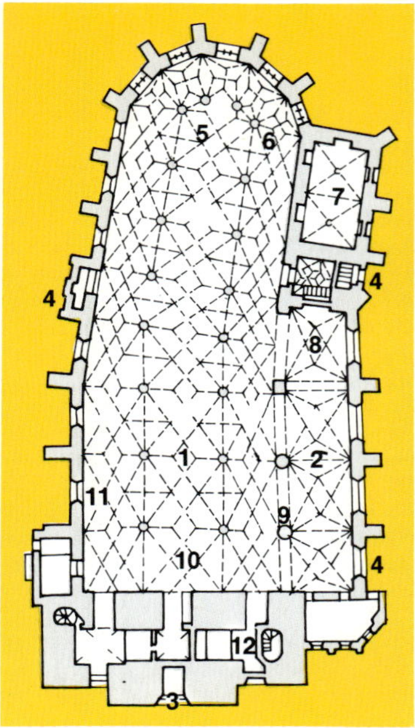

Bautzen, Rathaus

Bautzen, Domkirche St. Petri 1 vierschiffige Halle mit Abknickung **2** 4. S-Schiff **3** W-Portal **4** Portale **5** Hochaltar v. G. Fossati, 1722–24 **6** Kruzifixus v. B. Permoser, 1714 **7** kath. Sakristei, darüber Sängerchor **8** ev. Altar, 1644 **9** Fürstenloge, 1674 **10** Orgelprospekt v. F. Schumacher **11** Empore v. F. Schumacher **12** ausgebauter S-Turm

wendige Hauptportal (1755), das den Hof zur Straße zu abschließt, ist mit dem Wappen des Stiftes geschmückt. Im Domstift befindet sich seit 1985 die *Domschatzkammer* mit kostbaren Exponaten (spätgot. Monstranz, barocke Paramente usw.).

Michaeliskirche: Die mit reichen Netzgewölben überspannte kleine zweijochige, dreischiffige Hallenkirche mit dem einschiffigen gestreckten Chor wurde Ende des 15. Jh. errichtet. Im S ist dem Chor der Turm mit der Sakristei und der darüberliegenden Sängerempore vorgelagert. Beachtenswert ist der v. M. Schwenke 1597 geschaffene Taufstein. Durch die Lage am Hang, direkt hinter der Stadtbefestigung, ist diese Kirche ein bes. wirkungsvoller Bestandteil der Stadtsilhouette.

Mönchskirche: Die um 1300 begonnene Franziskanerkirche, deren O-Teile aus Backsteinen errichtet wurden, ist seit 1598 nur als Ruine erhalten.

Altstadt: Zwischen dem Fleischmarkt und dem v. barocken Patrizierhäusern umgebenen Hauptmarkt steht das durch J. C. Naumann 1729–32 barockisierte *Rathaus* mit seinem rückwärtigen Treppenhaus und dem der Fassade vorgelagerten Turm (Helm 1705 v. Naumann zugefügt). An ihm ist die Sandsteinstatue des »Ritters Dutschmann«, eine Art Rolandsfigur, angebracht. – Weitere aufwendig gestaltete *Bürgerhäuser* stehen in der Lauenstr. und der Reichenstr. – Kurfürst Johann Georg I., dem ersten sächs. Herrscher der Lausitz, ist 1865 auf dem Fleischmarkt ein *Denkmal* gesetzt worden.

Stadtbefestigung: Die starke, urspr. aus einem doppelten Mauerzug bestehende Stadtbefestigung mit zahlreichen Türmen und Bastionen ist im 14. und 15. Jh. entstanden. Beachtenswert sind der um 1,44 m geneigte *Reichenturm* mit seiner barocken Haube v. Naumann (1715–18) und dem Denkmal Kaiser Rudolphs v. 1577 (M. Michael), der *Lauenturm* (Anf. 14. Jh.) mit dem Abschluß v. 1739, die *Alte Wasserkunst* (nach 1558, v. Wenzel Röhrscheidt d. Ä.), die der Wasserversorgung der Stadt mittels eines Schöpfwerkes diente. Sie ist jetzt technisches Museum und bildet mit der Michaeliskirche ein großartiges Ensemble. Weiterhin sind zu nennen der *Nikolaiturm* und die *Gerberbastei* (jetzt Jugendherberge), das *Schülertor* sowie das *Wendische Tor.* Beim Nikolaiturm ist die zweischiffige Nikolaikirche, die im Dreißigjährigen Krieg Ruine wurde, mit ihrem romantischen Friedhof in die Befestigungsanlage einbezogen.

Stadtmuseum (Platz der Roten Armee 1 a): Neben Sammlungen zu Geschichte, Handwerk und Volkskunst der Stadt und der Oberlausitz besitzt das Museum auch eine Gemäldegalerie mit Werken v. Lucas Cranach d. Ä., Anton Graff, Antoine Pesne, Max Liebermann, Max Slevogt u. a.

Außerdem sehenswert: Eine interessante Bibliothek mit Stichen und Erstdrucken birgt das *Museum des Sorbischen Schrifttums* im Sorbenhaus (Postplatz). – Gottfried Semper entwarf die *Alte Kaserne* (1843).

Umgebung

Gaußig (10 km sw): Das *Schloß* (jetzt Erholungsheim der TU Dresden) wurde Anfang des 18. Jh. errichtet und um 1800 im palladianischen Klassizismus (wohl v. C. F. Schuricht) stark überarbeitet. In seiner Mittelachse sind das runde Vestibül mit ionischen Säulen und der geschickt einbezogenen Treppe sowie der folgende Gartensaal mit Hermenpilastern beachtenswert. Das Schloß besitzt qualitätvolle Gemälde. Angefügt ist eine neuroman. Kapelle (kath.),

< *Bautzen, Reichenturm*

Kleinwelka (Bautzen), Urzoo, Saurier

die ein Flügelaltar von 1480 ziert. Der *Barockgarten* ist im 19. Jh. zum Landschaftsgarten umgestaltet worden und ist besonders attraktiv durch die umfangreichen Rhododendren- und Azaleenbestände. 2 Gartenpavillons aus dem 18. Jh. haben sich noch erhalten.

Göda (8 km w): Auf roman. Unterbau errichtet, beherrscht der doppeltürmige Westbau (1892) der *Dorfkirche,* die sonst einheitlich aus dem 16. Jh. stammt, weithin die Landschaft. Die breite, netzgewölbte Halle mit eingezogenem Chor wurde im Inneren durch den Bildhauer F. Preß völlig neu gestaltet und ist beachtenswert.

Hochkirch (12 km sö): Der mächtige O-Turm (1750) der 1720 errichteten *Dorfkirche* spielte in den beiden Schlachten (14. 10. 1758 und 20./21. 5. 1813), in denen die preußischen Truppen entscheidende Niederlagen erlitten, als Beobachtungsposten der Preußen bzw. der Verbündeten eine wichtige Rolle.

Kleinwelka (5 km nw): Der sog. *Urzoo* im Park und auf dem Grundstück Gruß zeigt als plastische Arbeiten zahlreiche Saurier in Lebensgröße, die nach wissenschaftlichen Erkenntnissen rekonstruiert worden sind.

Königswartha (15 km nw): Das vor 1796 errichtete zweigeschossige *Schloß* schließt sich formal noch an barocke sächs. Vorbilder an. Es wird heute v. einer Fachschule für Fischzucht genutzt: Seit 500 Jahren wird in den umliegenden ausgedehnten Teichen Karpfen- und Schleienfischerei betrieben. Zum Schloß gehören ein englischer Park (um 1800) und eine Orangerie.

Milkel (15 km n): Das zweigeschossige *Schloß* (Zentrale sorbische Sprachschule), das um 1720 durch Umbau entstanden ist, wird v. 2 kräftigen Rundtürmen flankiert. Im rechten befinden sich noch Zellengewölbe aus der 1. Hälfte des 16. Jh. Der Festsaal im Obergeschoß hinter dem giebelbekrönten Mittelrisalit besitzt Rokokostukkaturen. Ein Landschaftspark ist zugeordnet.

Neschwitz (11 km nw): Das *Alte Schloß* verdankt seine Entstehung dem General Herzog F. L. v. Württemberg-Teck, der es 1723 anstelle eines Wasserschlosses auf einem künstlichen 5 m hohen Hügel errichten ließ. Das zweigeschossige Gebäude mit Mansarddach ist durch Pilaster gegliedert. Der sich durch 2 Geschosse erstreckende, mit Pilastern gegliederte Festsaal besitzt Malereien im pompejanischen Stil. Dem Schloß vorgelagert ist ein barocker Garten. Die Skulpturen am Schloß schuf B. Thomae, die im Garten wohl J. Chr. Kirchner. Der Neue Park ist landschaftlich gestaltet, das Neue Schloß (1766-75) wurde 1945 zerstört und abgetragen.

Schirgiswalde (12 km s): Als die Lausitz 1635 an Sachsen fiel, blieb der Ort, der 1665 zur Stadt erhoben wurde, als Enklave böhmisch und kam erst 1809 zu Sachsen. Seit 1628 war das Domkapitel B. die Grundherrschaft. - Am Markt sind eine reizvolle Gruppe v. *Laubenhäusern* aus der 2. Hälfte des 17. Jh. sowie das klassizistische *Rathaus* (1818) erhalten. - Die kath. *Pfarrkirche zur Aufnahme Mariens* wurde 1739-41 v. Z. Hoffmann aus Hainspach neu erbaut - die 2 W-Türme sind erst 1866 nach verändertem Plan zugefügt worden. Es handelt sich um eine einschiffige Wandpfeilerkirche in Abhängigkeit v. der Kunst Nordböhmens mit einer reichen Ausstattung. - Das *Domstiftliche Herrenhaus* (St.-Pius-Haus) besitzt im Obergeschoß 3 Räume mit kostbaren figürlichen Tapeten (um 1830).

Sprey (36 km nö): Die *»Schrotholzkirche«* (Blockbau) des Dorfes ist der einzige erhaltene kirchliche Holzbau (18. Jh.?) in Sachsen und der Lausitz (1949 erneuert). Der Altar (Mittelschrein eines Flügelaltars vom Ende des 15. Jh.) ist v. der Volkskunst geprägt.

Wilthen (10 km s): Neben dem barocken *Herrenhaus* (Anf. 18. Jh.) des Domstiftlichen Gutes ist die *Heimatstube* mit einer original eingerichteten Weberstube des 19. Jh. v. Interesse.

Schöne *Umgebindehäuser* zieren den Ort, der durch die größte Weinbrennerei der ehem. DDR bekannt ist.

8500 Bischofswerda

Bischofswerda

Einw.: 13500	Höhe: 288 m	S. 259 □ K 8

Wohl gegen Ende des 12. Jh. entstand Bischofswerda als reine Gründungsstadt mit annähernd schachbrettartigem Grundriß im oberlausitzischen Besitztum der Bischöfe von Meißen. Die 1. Erwähnung der Stadt erfolgte 1361. Bedeutsam für die Entwick-

Königswartha (Bautzen); Schloß

Neschwitz (Bautzen), Schloß, Skulpturen

lung war die Lage an der Fernhandelsstraße von Dresden nach Polen. Ein Brand am 12.5. 1813 vernichtete die Stadt völlig, deren Charakter durch den nachfolgenden Wiederaufbau geprägt ist: Bedeutendster Architekt dieser Zeit war G.F. Thormeyer. Er errichtete auch das Rathaus.

Stadtkirche St. Marien (jetzt Christuskirche): Die Umfassungswände des Langhauses v. 1497 wurden beim Wiederaufbau bis 1816 durch Thormeyer wiederverwendet. Es entstand dabei eine dreischiffige, in der Mitte überhöhte Halle, deren dreigeschossige Holzemporen zwischen Arkaden eingespannt sind.
Die Flachdecke des Mittelschiffs ruht auf einer hohen Kehle. Den O-Abschluß bildet ein Kanzelaltar, auf der W-Empore steht die Orgel.

Rathaus (am großen Marktplatz): Dreigeschossiges, kubisches Bauwerk mit vorgelegter Freitreppe zum 1. Obergeschoß. Das Dach des Gebäudes ist abgewalmt und mit einem Glockentürmchen geziert.

Bürgerhäuser: Zahlreiche Gebäude der Stadt zeigen auch die typische klassizistische schlichte Blockhaftigkeit jener Zeit mit charakteristischen Halbkreisöffnungen. Dazu gehört der ehem. *Gasthof Goldener Löwe* (Bautzner Str.) mit Kolossalnische und dorischem Säulenportikus.

Außerdem sehenswert: In der um 1650 neugebauten ehemaligen Begräbniskirche, der *Kreuzkirche,* einem schlichten Rechtecksaal, befinden sich 3 Ausstattungsstücke der Kapelle der ehem. Festung Stolpen: ein überlebensgroßer Sandstein-Kruzifixus v. Chr. Walther d.Ä. (1535), die mit Reliefs geschmückte Kanzel v. H. Walther d.J. (Mitte 16. Jh.) und die schlichte Taufe v. 1561.
Das *Heimatmuseum* ist in der August-Bebel-Str. 2 eingerichtet.

Umgebung

Rammenau (4 km nw): Dem barocken *Schloß* mit seinem hufeisenförmigen Grundriß ist der ehem. Wirtschaftshof symmetrisch vorgelagert. Das Schloß ist 1721 bis 1735, vermutlich nach Entwürfen v. J.Ch. Knöffel, erbaut worden. Die alte Raumdisposition mit Vestibül und Gartensaal in der Mittelachse und dem darüberliegenden Festsaal ist erhalten, die seitlich angeordnete zweiarmige Treppe, die v. ge-

Neschwitz (Bautzen), Altes Schloß

Rammenau (Bischofswerda), Schloß, Treppenhaus (ob.), Chemnitz, Petrikirche (rechts) >

malten Architekturen (Ende 18. Jh.) gefaßt wird, erschließt die Obergeschoßräume. Das Schloß beherbergt ein Bildungszentrum der Kulturakademie, eine Gaststätte sowie ein Museum mit vielseitigen Exponaten. Von den Wohn- und Repräsentationsräumen des Schlosses verdient u. a. das reizvolle chinesische Zimmer Beachtung. Der angeschlossene barocke Garten ist in einen Landschaftspark umgewandelt. In Rammenau wurde 1762 der Philosoph J. G. Fichte geboren. Ihn ehrt eine *Fichte-Gedenkstätte*.

Uhyst am Taucher (9 km nö): Auf Empfehlung wurde die *Kirche* 1801, »nach dem Lohmener Model« vergrößert, um den Vorgängerbau herum errichtet. Sie ist ein gestrecktes Achteck mit 3 umlaufenden Emporen, deren schlanke Holzsäulen das hölzerne Spiegelgewölbe tragen. In der Mitte der ö Langseite stehen übereinander der Kanzelaltar und die Orgel. Gegenüber ist die Herrschaftsloge in die Emporen einbezogen; ihr ist außen der Turm mit dem Treppenhaus vorgelegt.

C

9000 Chemnitz Chemnitz		
Einw.: 301 900	Höhe: 297 m	S. 258 □ G 9

Chemnitz, von 1953–90 Karl-Marx-Stadt, ist die drittgrößte Stadt Sachsens, Zentrum

des sächsischen Maschinenbaus, Sitz einer Technischen Universität und Verwaltungszentrum des gleichnamigen Regierungsbezirks. Es liegt im erzgebirgischen Becken, das in einem breiten Tal von dem Flüßchen Chemnitz (slawisch *chamenitza* = »Steinbach«) durchflossen wird.

Geschichte: An der Kreuzung zweier Fernhandelsstraßen, der Salzstraße von Halle nach Böhmen mit der Frankenstraße, gründete Kaiser Lothar 1136 ein reichsunmittelbares Benediktinerkloster (noch 1538 hatte es diesen Status) auf der Höhe oberhalb des Tales der Chemnitz. Die Äbte galten als Reichsfürsten. Das ihnen 1143 übertragene Fernhandelsmarktrecht führte um 1165 zur Gründung der Stadt Chemnitz im Bereich um den heutigen Markt, südöstlich des Klosters. Sie erhielt den Status einer freien Reichsstadt, der ihr, mit kurzzeitigen Einschränkungen, bis 1308 erhalten blieb.

Schon im Mittelalter prägte neben dem Fernhandel die Tuchmacherei und Leineweberei, verbunden mit einem Bleichmonopol, die wirtschaftliche Bedeutung der Stadt. Die großen Zerstörungen des Dreißigjährigen Krieges brachten dem Hauptort der sächsischen Textilherstellung jedoch schwere Rückschläge. Mit der Gründung von Manufakturen ab 1770 und dem Aufstellen der ersten Spinnmaschine 1782 aber begann der Aufstieg der Stadt zum »sächsischen Manchester«, vor allem, nachdem 1860 die Befestigungsanlagen geschleift worden waren. Im Februar und März 1945 wurde die Stadt weitgehend zerstört. Der Wiederaufbau veränderte die Stadtstruktur sehr stark im Sinne einer »sozialistischen« Großstadt.

Schloßkirche: Sie erhebt sich auf der Geländeschwelle im NW der Altstadt über diese und ist der Nachfolgebau der Abteikirche St. Marien des 1136 gegr. Benediktinerklosters. Reste des roman. Chorquadrats, der Nebenchöre sowie des s Querhausarmes sind in der heutigen Kirche noch erhalten. Um 1400 veränderte man den Chor, der bis 1499 auf die heutige Höhe gebracht wurde. Ihr paßte sich ab 1514 (Weihe 1526) der Neubau des Querhauses, des Hallenlanghauses sowie des Westbaus auf den Fundamenten des roman. Vorgängerbaus an. Halle und Querhaus wurden mit reichen Stern- und Schlingrippengewölben (ähnlich denen in Annaberg) überspannt. Die Raumkomposition war asymmetrisch: Eine Empore umzog auf der O-, N- und W-Seite die Halle, auf der S-Seite blieb die weitgehend ungegliederte Seitenschiffwand raumwirksam. Die O-Empore diente zugleich als Lettner, der die den Chor und das Querhaus ausfüllende Unterkirche nach W abschloß. Die Beseitigung des Lettners und der Unterkirche im Jahre 1864 hat den spätgot. Raumeindruck stark verändert. Der Westbau, der seine Obergeschosse erst 1895–97 erhielt – die Turmhauben wurden nochmals 1946 bis 1949 verändert –, gestattete urspr. sein Durchschreiten in N-S-Richtung, weniger aber die Erschließung des Baus v. W her. Der Haupteingang befand sich auf der N-Seite des Langhauses. Das interessante, sehr hohe *Portal* ist 1973–80 ins Innere ver-

Chemnitz, Neues Rathaus

Chemnitz, Schloßbergmuseum, Heiliges
< Grab aus der Jakobikirche, um 1490

Chemnitz, Städt. Kunstsammlungen, Karl Schmidt-Rottluff

setzt worden, an die S-Wand des Langhauses, da es wegen starker Verwitterungsschäden geschützt werden mußte.
Dieses eigenwillige Kunstwerk, dessen Gliederungssystem aus Astwerk besteht, wurde 1505–25 v. Hans Witten geschaffen. Ein reiches Bildprogramm bezieht auch das Stifterpaar des Klosters in die Thematik mit ein – die Figuren schuf der Bildhauer Franz Maidburg. Urspr. war das Portal farbig gefaßt gewesen. Die heute im Chorpolygon, hinter dem Altar, aufgestellte *Geißelsäule* ist ein weiteres v. Hans Witten geschaffenes Kunstwerk, entstanden im Jahre 1515. Das sehr naturalistisch aufgefaßte Meditationsobjekt ist vermutlich für die Klausur des ehem. Klosters geschaffen worden. Sakramentshäuschen, Gewölbemalerei im Chor und verschiedene Gemäldetafeln v. namhaften Meistern (2 v. Lucas Cranach d.Ä., 1518–20 entstanden) sind weitere Reste der jüngsten Ausstattung der Klosterkirche, die dann 1540, mit der Umgestaltung des Klosters zu einem kurfürstlichen Schloß, zur Schloßkirche geworden ist. An dem Schloßkomplex, der seit 1931 das Schloßbergmuseum beherbergte, werden umfangreiche Restaurierungsarbeiten durchgeführt.

Stadtkirche St. Jakobi: Sie wurde als königliche Marktkirche 1165 gegr. und entstand damals als roman. Saalkirche mit einem breiten W-Turm. Nach 1350 wurde der Saal durch ein Hallenlanghaus ersetzt, nach 1400 folgte der Neubau des Chors als Hallenumgangschor – das wohl früheste Beispiel dieser Art in Sachsen. Nach einer neugot. Umdekorierung wurde 1911–12 die äußere Gliederung des Langhauses sowie die der W-Fassade (mit ihrem Arkadengang im Erdgeschoß) in Formen des Jugendstiles durch Schilling & Gräbner neu gestaltet. Die Kirche selbst ist turmlos und besitzt nur einen hohen Dachreiter. Als Glockenturm dient der »Hohe Turm«, einst die Stadtburg des Stadtvogts. Er steht separat zwischen Kirche und Rathaus, ohne auf Baufluchten anderer Gebäude Rücksicht zu nehmen. Nach den Zerstörungen 1945 ist der Chor der Stadtkirche wieder aufgebaut worden und seit 1949 in Nutzung. Der äußeren Wiederherstellung des Langhauses konnte die des Inneren noch nicht folgen. Die Ausstattung der Kirche ist weitestgehend vernichtet worden. Im Chor stehen heute der 1505 für die Johanniskirche geschaffene Breuer-Altar, eine Kanzel (Dresden-Leuben) v. 1612 und die Sandstein-Taufe aus dem 17. Jh.

Johanniskirche: Sie war einst eine vor dem Altstadtring gelegene Vorstadtkirche, ein Bauwerk mit Substanz aus verschiedensten Zeiten, weitgehend jedoch geprägt durch den Jugendstilumbau v. 1913. Nur der spätgot. Chor bewahrte beim Wiederaufbau nach 1945 weitgehend seine historischen Formen. Bemerkenswert ist der Taufstein v. 1565.

Altes Rathaus: Es wurde 1496–98 errichtet, mit dem Turm v. 1486 zu einer Einheit verbunden und trennt riegelartig den Markt vom Kirchplatz. Umgestaltungen erfuhr das Bauwerk 1556–57 sowie 1617–19. Das nach der Zerstörung 1945 wieder aufgebaute Alte Rathaus bekam auch wieder die rekonstruierte sterngewölbte Ratsherrenstube (1557), die jetzt als Trauzimmer dient. Das Renaissanceportal am Turm (mit den Figuren Judith und Lukrezia) stammt v. 1559. Östlich schließt das **Neue Rathaus,** 1907–11 v. Richard Möbius entworfen, an. Bemerkenswert ist seine Jugendstilausstattung (Fresken im Treppenhaus, im Ratssaal ein Gemälde v. Klinger).

Siegertsches Haus (am Markt): Es wurde 1737–41 v. Johann Christoph Naumann entworfen und zeigt heute eine im Erdgeschoß veränderte Rekonstruktion der Fassade des barocken Bauwerks. Durch dieses Haus als Modellfall sollte wenigstens am Markt der Maßstab des alten C. wiederaufgenommen werden. Während die n Anschlußbebauung aus den fünfziger Jahren dies versuchte, wurde mit der Bebauung am Rosenhof (1963–66) eine gänzlich andere Architektursprache in das Ensemble gebracht.

Chemnitz, Schloßbergmuseum, Schmerzensmutter vom ehem. Hochaltar der Jakobikirche, 1501–1503 von H. Witten >

Chemnitz, Roter Turm

Chemnitz-Ebersdorf (Chemnitz), Stiftskirche Zu Unserer Lieben Frauen, Kapelle, Pulthalter (Engel), um 1513

Noch stärker ist östlich des Marktes der Bruch mit der Tradition zu erkennen. Eine breite Verkehrsstraße mit Parkplätzen tangiert den Markt und beläßt das historische Innenstadtareal vom Rathaus bis zur ehemaligen Stadtmauer, v. der nur der **Rote Turm** (untere Geschosse 12. Jh., Backsteinaufsatz 15. Jh., nun einbezogen in eine Gaststätte) wieder aufgebaut worden ist, unbebaut.

Neues Stadtzentrum: Das neue Zentrum, als Sitz der Administration und der Kultur, der **Karl-Marx-Platz,** erstreckt sich ö der ehem. Stadtmauer.

Die Stadthalle, in engem Zusammenhang mit dem Hotel »Kongreß« sowie staatlichen Verwaltungsgebäuden, bildet das bis 1974 geschaffene architektonische Grundgerüst des Platzes, das hier in besonderem Maße durch Werke der bildenden Kunst ergänzt wurde, die C., das damalige Karl-Marx-Stadt, als Zentrum der Arbeiterbewegung deklarieren sollten: Blickfang in der Karl-Marx-Allee ist der 12,40 m große Marx-Kopf, v. Lew Kerbel 1971 geschaffen, verbunden mit einer monumentalen Aluminiumtafel am dahinterstehenden Gebäude, die in vielen Sprachen verkündet: »Proletarier aller Länder vereinigt euch«. Auf der tangierenden Straße der Nationen hatten bis 1973 eine Anzahl Bildhauer Gelegenheit, kommunistischen Gedanken bildnerische Form zu geben.

Einige Gedenkstätten, wie die Fritz-Heckert-Gedenkstätte, die Gedenkstätte »Der Kämpfer« sowie die Karl-Marx-Gedenkstätte hatten dieses Programm des öffentlichen Straßenraumes zu ergänzen.

Theaterplatz: Ein weiteres stadtbildprägendes Ensemble und ein kultureller Anziehungspunkt ist der zu Beginn des Jahrhunderts entstandene Theaterplatz mit der v. Hans Enger 1885–88 errichteten neugot. *Petrikirche* (zentralisierender Grundriß und

Chemnitz-Ebersdorf (Chemnitz), Stiftskirche, Pulthalter (Diakon) von Hans Witten, um 1513

Chemnitz-Rabenstein (Chemnitz), Burg Rabenstein

hoher Turm), dem *Opernhaus,* erbaut 1906 bis 1909 v. Richard Möbius (1947–51 verändert wieder aufgebaut), den *Städtischen Museen* sowie dem *Hotel »Chemnitzer Hof«.* Die Städtischen Museen vereinigen verschiedene Sammlungen in einem Hause.

Städtische Museen

Städtische Kunstsammlungen (Theaterplatz 1): Die Sammlungen umfassen ca. 16000 Exponate (Malerei, Aquarell- und Zeichenkunst, Druckgraphik sowie Plastik). Besondere Beachtung verdient die Malerei des 19.–20. Jh. Hier sind vertreten: Anton Graff, Caspar David Friedrich, Johann Christian Clausen Dahl, Carl Gustav Carus, Georg Friedrich Kersting, Carl Spitzweg, Ludwig Richter, Max Klinger, Ferdinand Hodler, Max Liebermann, Max Slevogt, Lovis Corinth, Karl Hofer und der 1854 in Rottluff bei C. geborene Karl Schmidt-Rottluff. Neben Plastiken der dt. Bildhauer wie Franz Lehmbruck, Ernst Barlach und Gerhard Marcks findet man Skulpturen der französischen Künstler Auguste Rodin, Aristide Maillol und Edgar Degas. Die ca. 8000 Druckgraphiken v. 1500 bis zur Gegenwart weisen auch Werke v. Käthe Kollwitz und Honoré Daumier auf. Aus der Zeit v. etwa 1750 bis zur Gegenwart stammen 1400 Handzeichnungen und Aquarelle.

Museum für Naturkunde (Sterzeleanum): Verschiedene Ausstellungen zeigen Minerale, Gesteine und Fossilien. Eine besondere Attraktion ist der 250 Millionen Jahre alte versteinerte Wald, von dem einige Exponate vor dem Museumsgebäude am O-Giebel zu sehen sind.

Textil- und Kunstgewerbemuseum: Zu seinen Schätzen gehören Stoff-Fragmente aus oberägyptischen Gräberfunden und Seidenstoffe, Samte, Damaste und Brokate aus dem 16. bis 18. Jh. Darüber hinaus wer-

Augustusburg (Chemnitz), Schloß Augustusburg

den Exponate aus Glas, Keramik, Holz und Porzellan gezeigt.

Außerdem sehenswert: Im *Rosarium* am Schloßteich stehen die überlebensgroße Sandsteingruppe »Die vier Tageszeiten« v. Johannes Schilling, die in den Jahren 1863 bis 1865 geschaffen wurde und urspr. die Treppe zur Brühlschen Terrasse in Dresden schmückte (dort ersetzt durch Bronzegüsse), sowie die Bronzefigur »Morgenröte« v. Richard Scheibe. – Beachtenswert ist auch das *Warenhaus* (ehem. Schocken) auf der Karl-Marx-Allee, das 1929–30 nach den Plänen v. Erich Mendelsohn erbaut wurde und seinerzeit auf internationales Interesse stieß. – In der Parkstr. 58 steht die *Villa Esche,* eine Jugendstilvilla, die 1902–03 nach Entwürfen v. Henry van de Velde errichtet wurde.

Eingemeindete Orte

Chemnitz-Ebersdorf (nö): *Stiftskirche Zu Unserer Lieben Frauen.* Die für das Dorf recht bedeutende Kirche, eine zweischiffige Halle mit im O angefügtem, langgestrecktem, polygonal endendem Chor und einem in die SW-Ecke der Halle einbezogenen Turm, ist begründet durch die Nutzung als Wallfahrtsstätte im späten MA, was notwendigerweise um 1410/20 zu einem ausgedehnteren Neubau anstelle der vorhandenen roman. Saalkirche führte. Mit der Wallfahrt war eine größere Anzahl v. Klerikern verbunden, die hier stiftsähnlich zusammenlebten.
Während der Chor der Kirche netzgewölbt ist, besitzt das Hallenlanghaus Kreuzrippengewölbe. Sein Aufbau ist asymmetrisch (die Stützenreihe steht in der Flucht der nö Ecke des Turmes – also nach S verschoben), was spätgot. Gepflogenheiten entspricht. Als jüngster Bauteil ist gegen 1460/70 eine zweigeschossige Kapelle n an die Kirche angefügt worden. Sie besitzt im Erdgeschoß ein Maßwerkrippengewölbe.
Südöstlich bei der Kirche existiert noch ein achteckiger Kapellenbau (sterngewölbt) mit Wandmalereien aus dem 15. Jh. Der gesamte Kirchhof war im frühen 15. Jh. befe-

Augustusburg (Chemnitz), Schloß Augustusburg, Portale

stigt worden – 2 Tortürme und Teile der Mauer sind erhalten.
Die überkommene Ausstattung ist noch sehr reich und qualitätvoll. Eine Sitzmadonna (ca. 1320) könnte das Gnadenbild der Wallfahrt gewesen sein. Aus der Zeit des Neubaus der Kirche sind der Mittelschrein eines Flügelaltars sowie ein Vesperbild zu erwähnen. Etwa zeitgleich, jedoch wohl burgundischer Herkunft, ist das kleine Marmorbildwerk des hl. Hieronymus. Hans Witten schuf kurz nach 1500 den Grabstein des Dietrich v. Harras. Vom selben Meister sind auch noch der überlebensgroße Kruzifixus sowie die beiden Pulthalter (Engel und Diakon), um 1513 entstanden, zu nennen. Vom gleichen Entstehungsjahr datiert der Flügelaltar des Chors, einer der stattlichsten in Sachsen, dessen Schrein (Maria mit den hll. Barbara und Dorothea) ein Freiberger Meister geschaffen haben muß. Die gemalten Flügel stammen v. Hans Hesse. Beachtenswert sind weiterhin der Sakramentsschrein und 2 Taufen (15. u. 16. Jh.).

Chemnitz-Kaßberg (w): Die *Kreuzkirche* wurde 1935–36 von Otto Bartning errichtet und nach der Zerstörung 1945 in den Jahren 1951–1954 kaum verändert wieder aufgebaut.
Es handelt sich um einen großen Saalbau mit frei stehendem Glockenturm.

Chemnitz-Rabenstein (w): *Schaubergwerk Felsendome Rabenstein.* Der Kalkstein aus Rabenstein wurde 1375 erstmals erwähnt. Nach jahrhundertelangem Abbau mußte das Bergwerk 1908 stillgelegt werden. Dafür können nun die beiden oberen Sohlen besichtigt werden: Domartige Räume mit wundervollen Kalkkristallen und Teichen kann der Besucher bewundern. Der Schauanlage sind auch der Kalkbrennofen und das ehem. Brennmeisterhaus zugeordnet.

Die *Burg Oberrabenstein,* eine unregelmäßige Anlage auf einem ovalen Grundriß, lag einst an der alten Straße Chemnitz–Altenburg und ist durch einen Wassergraben geschützt. Die ältesten Teile stammen aus dem 12. Jh. Weitere Bautätigkeit gab es vor 1483 sowie 1623/24 und 1774. Das neben dem runden Bergfried ö anschließende Wohngebäude dient als *Burgmuseum*. In seinem Obergeschoß findet man beachtliche Reste von Wandmalerei (1. Hälfte 17. Jh.). Das *Herrenhaus* (Feierabendheim) neben der durch Grabungen ermittelten Unterburg wurde 1776 errichtet und 1903 umgebaut. Es ist ein zweigeschossiger Rechteckbau mit hohem Mansarddach.

Chemnitz-Reichenbrand (sw): Die *Johanniskirche* wurde 1804–10 von Johann Traugott Lohse als klassizistischer Saalbau mit doppelter umlaufender Empore und Kanzelaltar errichtet. Die einheitliche klassizistische Ausstattung ist unverändert erhalten. Die O-Fassade der Kirche ist als monumentale Schauseite mit Kolossalsäulenportikus ausgebildet. Ähnliche Säulenmotive wiederholen sich an der S- und der N-Seite des W-Turmes.

Chemnitz-Schönau (sw): Die ehem. *Spinnmühle* (Zwickauer Str.219) entstand Anfang des 19. Jh. und gehört zu einer interessanten Gruppe früher sächs. Manufakturbauten, bei denen die zeitgenössische Herrenhausarchitektur dem Zweck entsprechend vergrößert und umgeformt wurde.

Augustusburg (Chemnitz), Schloßkapelle

Umgebung

Augustusburg (16 km ö): Das *Schloß Augustusburg* ließ der sächs. Kurfürst August I. anstelle der durch Brand zerstörten Schellenburg 1568–72 unter Leitung des Leipziger Baumeisters Hieronymus Lotter als Lust- und Jagdschloß errichten. Die Stadt trägt erst seit 1899 den Namen dieses Schlosses. Auf der exponierten Porphyrkuppe wurde eine regelmäßige Renaissanceanlage geschaffen, deren 4 quadratische, turmartig erhöhte Eckbaukörper durch schmalere Trakte miteinander verbunden sind. Der geschlossene Innenhof erhält dadurch den Grundriß eines griech. Kreuzes. Nur auf der O-Seite drängt die statt eines Verbindungsganges eingefügte Schloßkapelle über den strengen Umriß der Baugruppe hinaus. Die Nebengebäude, das dem N-Eingang vorgelagerte Torhaus und der Stallhof auf der S-Seite, sind axial auf die N-S-Achse des Gesamtkomplexes bezogen. Der verhältnismäßig nüchterne Eindruck ist das Ergebnis v. Reduzierungen der Bausubstanz um 1800. Auch das Innere wurde davon stark betroffen. Man ist dabei, einiges rückgängig zu machen.
Hauptschmuck des Äußeren sind die reichen Portale im N- und S-Flügel, die wieder farbig gefaßt wurden. Einst gab es einen Umgang in der Höhe des Traufgesimses, der die Säle in den Obergeschossen der Eckhäuser miteinander verband. Von der Ausstattung der Wohn- und Festräume sind nur noch Reste vorhanden. Beachtenswert sind der Bilderzyklus »Krieg der Hasen gegen die Menschen« im sog. *Hasensaal* (Motiv der verkehrten Welt) und die Wandgemälde im *Venussaal* (in Restaurierung befindlich), beide v. Heinrich Göding. Kunstgeschichtlich bedeutsam ist die *Schloßkapelle,* die nach Entwürfen E. van der Meers errichtet und 1572 geweiht wurde. An 3 Seiten des Kapellenraumes umlaufende Emporen werden v. einer architektonischen Ordnung gegliedert, der Raum ist v. einem Tonnengewölbe mit monumentalisiertem Beschlagwerksornament überspannt. Auf der S-Seite steht der geschnitzte und farbig gefaßte *Altar* (W. Schreckenfuchs, Salzburg) mit einem Gemälde (die Familie des Kurfürsten vor dem Gekreuzigten) v. Lucas Cranach d. J.,

darüber die 1758 geschaffene Orgel (Renkewitz). Das Schloß beherbergt heute eine Gaststätte, eine Jugendherberge, ein *Jagdwild- und Vogelkundemuseum* und ein *Motorradmuseum* mit rund 60 gepflegten Originalmotorrädern. Im w Stallgebäude findet man überdies eine stattliche Anzahl historischer Kutschen aus Beständen des Dresdner Hofs. Zu besichtigen ist auch das 1831 wiederhergestellte Brunnenhaus mit seinem hölzernen Göpelwerk zur Wasserförderung aus dem tiefen Brunnen. Die *Stadtkirche* wurde 1840–45 erbaut – der Innenausbau ist nach einem Brand 1893–96 erneuert worden. In *Hohenfichte* existiert noch eine seltene überdachte hölzerne Brücke.

Dittmannsdorf (14 km sö): Die *Dorfkirche* besteht aus einem wohl roman. Saalbau mit spitzem Dachreiter und einem spätgot. dreiseitig endenden Chor. Beachtenswert ist der 1497 v. Hans Hesse geschaffene gemalte Flügelaltar: im Mittelfeld die Darstellung der Dreieinigkeit in einem Medaillon, das v. Engeln gehalten wird, in den Seitenflügeln Maria im Strahlenkranz, Anna selbdritt, Hieronymus und Johannes auf Patmos.

Flöha (11 km nö): *Stadtkirche St. Georg.* Von einem ma Bau ist nur der Chor erhalten, der polygonal endet und mit einem Sterngewölbe überspannt ist. Das Schiff wurde 1741 umgebaut und ist ein bescheidener Saalbau mit Flachdecke. Der Flügelaltar (um 1500) ist qualitätvoll: Zwischen den hll. Georg und Martin steht Maria, in den Flügeln Anna selbdritt sowie ein Bischof. Den Taufstein fertigte 1595 M. Hegewald, die Kanzel wurde 1676 geschnitzt.

Hainichen (23 km nö): Die *Trinitatiskirche* wurde v. G. L. Möckel 1896–99 auf dem Grundriß eines griech. Kreuzes in neugot. Formen errichtet. Aus der alten Stadtkirche wurden 2 Flügelaltäre, etwa 1515 entstanden, überführt, einer mit Anna selbdritt und der Hl. Sippe, der andere mit dem hl. Nikolaus zwischen 2 weiblichen Heiligen im Mittelschrein – die Flügel sind gemalt. Der lebensgroße Kruzifixus des 17. Jh. ziert heute den Altar. – Das *Rathaus* ist ein klassizistischer Bau v. J. T. Heinig. – Im *Gellert-Museum* wird des Dichters Christian Fürchtegott Gellert gedacht, der am 4. 7. 1715 als Sohn des Pfarrers in Hainichen geboren worden ist. Er wurde durch Fabeln, Erzählungen, Lieder und Lustspiele bekannt und ist einer der bedeutendsten Schriftsteller der Aufklärung. Zu sehen sind neben Erstausgaben seiner Werke auch Briefe, Porträts und persönliche Erinnerungsstücke. – Ein *Gellert-Denkmal* (1865) steht auf dem Marktplatz.

Augustusburg (Chemnitz), Hasenhaus, Hasenzyklus »Verkehrte Welt«, um 1573

Höfchen (Chemnitz), Burg Kriebstein

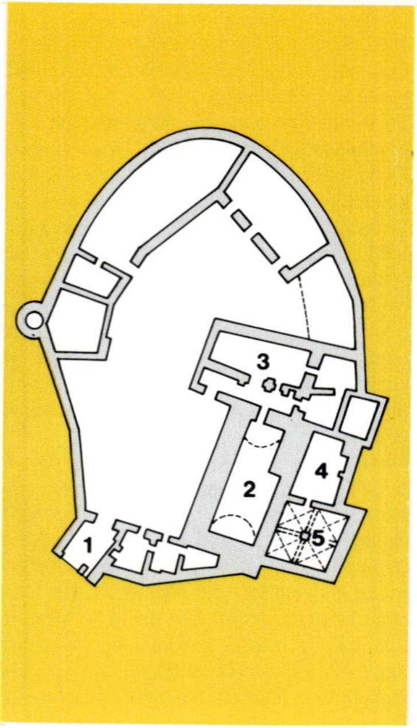

Höfchen (Chemnitz), Burg Kriebstein 1 Torhaus **2** Wohnturm **3** Küchenhaus **4** Halle **5** Kapelle

Höfchen (28 km n): Die *Burg Kriebstein* (Kreismuseum), hoch über dem Zschopautal auf einem Felsen gelegen, wurde 1382 erstmals erwähnt. Der mächtige Wohnturm, der die gut erhaltene Burg beherrscht, ist charakteristisch für den Burgenbau zur Zeit Karls IV. In der teilweise in den Felsen gehauenen Burgkapelle sind Wand- und Deckenmalereien aus der Zeit um 1410 zu sehen. Wichtige Erweiterungen (z.B. Küchenhaus) erfolgten nach 1471, vermutlich durch Arnold v. Westfalen. 1866 gab es tiefgreifende Umgestaltungen.

Eine Kostbarkeit des Museums ist der Anfang des 16. Jh. gemalte Alexiusaltar (die Thematik ist in Sachsen einmalig), darüber hinaus sind sakrale Kunst vom 15. bis 17. Jh. sowie reich ausgestattete Stilzimmer zu sehen.

Lichtenwalde (9 km nö): Im *Schloß* (Bildungsstätte) sind v. der bereits im 13. Jh. existierenden Burg am Steilhang der Zschopau nur geringe Reste erhalten. Die umfangreichsten ma Bauteile besitzt die Schloßkapelle (östlich des N-Flügels), die im Kern aus dem 15. Jahrhundert stammt. Deren einschiffiges Langhaus ist kreuzrippengewölbt, der Chor hat nur eine Flachdecke.

Die Ausstattung (Altar und Taufstein) wurde im 18. Jh. zugefügt. Das Schloß selbst wurde als bedeutende dreigeschossige Dreiflügelanlage 1722–26 errichtet. Nach einem Brand ist die Schloßruine 1905–07 durch den eklektisch arbeitenden Architekten Gustav Fröhlich wieder aufgebaut worden. Die Originalität der Formen (z. B. im interessanten zweiläufigen Treppenhaus) ist damit nur schwer zu identifizieren. Die Wandverkleidung des chinesischen Zimmers scheint sich jedoch original erhalten zu haben. – 1730–37 erhielt das Schloß eine große *Gartenanlage*.

Die besondere topographische Situation erlaubte keinen engeren Bezug zum Schloß und zwang zur Gestaltung eines Terrassengartens am Zschopauhang. Damit entstand in jener Zeit eine ganz individuelle Lösung, die durch die Isoliertheit der einzelnen Parterreflächen voneinander schon auf die Tendenzen im Rokokogarten verweist.

Mittweida (19 km n): *Stadtkirche St. Marien.* Ein Brand war der Anlaß, daß die Kirche ab 1454 neu erbaut werden mußte. Man begann mit dem Chor, dessen Einwölbung 1476 erfolgt sein soll. Die beachtliche Spannweite des Chors setzte man beim anschließenden Bau des Langhauses nicht fort: Durch eine Stützenreihe wurde dem einschiffigen Chor ein Langhaus mit 2 ungleich breiten Schiffen, eine zweischiffige Halle, angefügt, ein drittes, niedrigeres Schiff mit eingefügter Empore verbreiterte das Langhaus noch nach N. Der mächtige Westbau erhielt die Breite des mittleren Schiffs. Unterschiedliche Netzrippenmuster schmücken die Gewölbe des gesamten Raums, an dem bis ins 16. Jh. hinein gearbeitet wurde. Beeindruckend sind die reichen Maßwerke der Chorfenster. Im Scheitel des Chors steht das Sakramentshaus mit vielteiligem Fialenschmuck und Skulpturen. Der Altaraufbau ist dreiteilig und wurde v. V. Otto und J. Richter 1661 geschaffen. Dem Schmerzensmann zur Seite stehen die 4 Evangelisten. Die Predella zeigt das Abendmahl, die Kreuzigung krönt den Altaraufsatz.

Am ö Pfeiler, mitten vor dem Chor, ist die Sandsteinkanzel von A. C. Buchau (1667) aufgestellt. Neben der Treppenbrüstung sitzt Mose, ähnlich dem Werk von Michelangelo. Der Schalldeckel der Kanzel mit einem Gnadenstuhl ist eine Zufügung des 18. Jh. – Am Markt stehen noch einige einfache *Bürgerhäuser* aus dem 18. Jahrhundert.

Sachsenburg (15 km nö): Das *Schloß* (Strafvollzugseinrichtung) auf schroffem Felsen oberhalb der Zschopau ist hervorgegangen aus der seit dem 12. Jh. erwähnten Burg, die im 13. und 14. Jh. ihre bauliche Vollendung (unterteilt in Hauptburg sowie innere und äußere Vorburg) erhielt, dann aber um 1488 unter den v. Schönberg zu einem geschlossenen Gebäudering um den etwa dreieckigen, unregelmäßigen Hof der Hauptburg um- und ausgebaut wurde. Spätere Umbauten (seit 1610 in kurfürstlichem Besitz) haben die Dominanz spätgot. Baudetails (Vorhangbogenfenster, Treppenspindeln, Zellengewölbe usw.) nicht beseitigen können.

Höfchen (Chemnitz), Burg Kriebstein Burgkapelle, Wandmalereien (um 1400/10)

Wiederau (23 km nw): *Clara-Zetkin-Gedenkstätte.* Im ehem. Pfarrhaus, dem Geburtshaus Clara Zetkins (5.7. 1857), befindet sich die Gedenkstätte, die über ihr Leben und Wirken informiert.

Zschopau (13 km sö): Die *Burg Wildeck* (Kreiskulturhaus), in malerischer Lage am Steilufer l der Zschopau an einer alten Handelsstraße nach Böhmen gelegen, existierte bereits im 12. Jh. Die unregelmäßige Anlage mit dem 35 m hohen Bergfried »Dicker Heinrich« inmitten des Burghofes wurde 1545 umgebaut und als Forst- und Wildmeisterei eingerichtet. – Die *Stadtkirche St. Martin* ist ein einschiffiger Bau aus dem Jahre 1494, strebepfeilerbesetzt, mit polygonalem O-Abschluß. Das Innere wurde nach einem Brand 1751 v. J. G. Ohndorff barock mit einer Emporenanlage ausgestattet (Orgel 1755). Der Kanzelaltar entstand erst 1859.

8230 Dippoldiswalde

Dippoldiswalde

Einw.: 6500 Höhe: 360 m S. 259 □ I 9

Die 1218 erstmals erwähnte Stadt scheint ihren Ursprung dem Silberbergbau zu verdanken (1266 bezeugt), der erst 1864 aufgegeben werden mußte. Die Stadt mit ihrem großen, rechteckigen Marktplatz entstand im Zusammenhang mit einer markgräflichen Burg (das Schloß), die auf einem Bergsporn oberhalb der Roten Weißeritz angelegt war. Die im Tal gelegene romanische Nikolaikirche läßt aufgrund ihres Patroziniums aber vermuten, daß davor schon eine Kaufmannssiedlung in der Niederung existierte. 1360 war die Stadt durch einen Mauerring geschützt. Neben dem Handwerk, das für den Bergbau lebenswichtig war, spielte auch die Landwirtschaft eine bedeutende Rolle. Heute ist Dippoldiswalde ein Wirtschafts- und Verwaltungsmittelpunkt (Kreisstadt) dieses Teils des Erzgebirges.

Stadtkirche St. Marien und Laurentius: Die Kirche ist der ehem. Burg ö vorgelagert. Ihr ältester erhaltener Bauteil ist der massive roman. W-Turm (2. Viertel 13. Jh.) mit dem W-Portal, das wohl urspr. noch um eine Vorhalle bereichert werden sollte. Diese Teile belegen die baukünstlerische Bedeutung schon des Gründungsbaus. Dem Turm schließt sich die spätgot. Kirche (um 1500) mit ihrer dreischiffigen Kurzhalle und dem einschiffigen, polygonal endenden Chor an. Nördlich des Chors liegt die Sakristei mit darüber befindlicher Sängerempore (jetzt abgetrennt). Das Langhaus ist sterngewölbt, der einst gewölbte Chor erhielt 1641/42 die flache Kassettendecke, die Hans Panitz mit Aposteln und Propheten bemalte. Im Langhaus sind hölzerne Emporen eingefügt.

Der Altaraufsatz v. 1670 rahmt ein Kreuzigungsgemälde v. J. Fink, Kanzel und Taufstein stammen aus der Mitte des 17. Jh. Die gotisierende malerische Fassung des Langhauses aus der Mitte des 19. Jh. wurde 1975 freigelegt.

Das Stadtbild wird beherrscht v. der Turmhaube, die W. C. v. Klengel 1685 auf die ma Geschosse aufgesetzt hat.

Friedhofskirche St. Nikolai: Die dreischiffige Basilika mit Chorquadrat und Apsis (außen polygonal gebrochen) ist gut erhalten und in der weiteren Umgebung einmalig. Die Verbindung v. Rundbogen (z. B. Obergadenfenster) und Spitzbogen (z. B. Arkaden) verweist auf eine Entstehung kurz vor 1250. Das Äußere ist durch Lisenen, Rundbogen- und Kleeblattfriese gegliedert. Der Chor ist kuppelig kreuzrippengewölbt, das Langhaus hat flache Holzdecken. Die Kirche war reich mit ma Ausmalungen versehen (im Langhaus über den Arkaden in 30 Feldern). Die Bilder befanden sich bei ihrer Entdeckung unter Verputz in schlechtem Zustand und sind nun völlig verblaßt. Zur Ausstattung gehören ein hl. Nikolaus (2. Hälfte 14. Jh.), eine Kreuzigungsgruppe (Anfang 15. Jh.) sowie Altarreste (um 1520), die zu einem Flügelaltar zusammengestellt wurden.

Außerdem sehenswert: *Schloß* (Verwaltungsgebäude). Der heutige Bau geht auf das 2. Viertel des 16. Jh. und die 2. Hälfte des 17. Jh. zurück. Wichtigster Teil ist der zweiachsige Mittelbau auf der Hofseite (um 1530–40) mit seinen Frührenaissanceformen. Der N-Flügel wurde 1840 angebaut. – Das *Rathaus* ist im Kern spätgot. (Ende 15. Jh.). Das O-Portal (1543) und der N-Giebel (nach 1540) wurden jedoch in Renaissanceformen hinzugefügt. Beachtenswert ist das spätgot. Ratssitzungszimmer. – Unter den Wohngebäuden ist vor allem Markt 8 (am Portal bezeichnet 1543) herauszuheben. – Die ehem. *Lohgerberei*

(Freiberger Str. 18) ist nun *Kreismuseum*. Die Wohn- und Produktionsstätte eines Lohgerbermeisters wurde um 1750 erbaut. Neben der Darstellung der Stadtgeschichte werden in einer ruhenden Schauanlage in der originalgetreu rekonstruierten Produktionsstätte die Arbeitsvorgänge der Lohgerberei demonstriert.

Umgebung

Altenberg (20 km sö): Mit der Verleihung entsprechender Privilegien (Stadtrechte) im Jahre 1451 an die Zinnknappschaft des Geisingberges waren der Entwicklung der Stadt Altenberg die Tore geöffnet. Die Zerstörung aller historischen Gebäude im Jahre 1945 und der Wiederaufbau der Stadt mit neuer Struktur haben jedoch ihr im Laufe der Zeit gewachsenes Bild ausgelöscht.
Der Zinnerzabbau war die Lebensquelle der Stadt, die nach dem 1. Weltkrieg nicht mehr den wirtschaftlichen Erfordernissen genügte. Wintersport und Ferienbetrieb sorgten statt dessen damals für einen gewissen wirtschaftlichen Auftrieb. 1935 wurde der Zinnbergbau wiederbelebt und konnte in jüngerer Zeit, infolge intensiverer Verhüttungsverfahren, sogar stark ausgebaut werden. Trotzdem ist er der Konkurrenz auf dem Weltmarkt nicht mehr gewachsen und mußte 1990 endgültig eingestellt werden.
Die *Bergbau-Schauanlage* besteht aus einer Pochwäsche und einem Schaustollen. Während die Aufbereitungstechnologie (Zerkleinerung und Herauswaschen des Zinns) mittels Pochwerken, Schöpfrad, Spitzkasten und Freiberger Langstoßherden für längere Zeit wegen Rekonstruktionsmaßnahmen nicht vorführbar ist, kann man sich aber einen Überblick über den erzgebirgischen Zinnbergbau verschaffen. Die Technologie der Auffahrung und des Ausbaus der Strecken läßt sich in dem 180 m langen Neubeschert-Glück-Stollen studieren.
Altenberg besitzt noch eine sächs. *Postmeilensäule* v. 1722 (rest.)
Bärenstein (19 km sö): Das *Schloß* (Ferienheim) in seiner beherrschenden Lage über dem Müglitztal verdankt seine Entstehung

Dippoldiswalde, Schloß

dem Zinnbergbau am Geisingberg, der es den Herren v. Bernstein ermöglichte, das Schloß (1446 erstmals erwähnt) zu erbauen. Ältester Teil ist offensichtlich der s Rundturm, an den sich 3 unregelmäßige Schloßteile, an denen noch über die Jahrhundertwende hinaus gebaut wurde, anschließen. Ein Raum besitzt ein schönes Sterngewölbe. - Von der 1495 erbauten *Kirche* ist nur der Chor mit seinem Gewölbe erhalten. Das einschiffige Langhaus mit Empore und flacher Decke errichteten 1738 J. Ch. Simon und J. G. Ohndorff, Altar, Kanzel, Taufe und Orgelprospekt stammen aus dieser Bauzeit. - Die Stadt mit ihrem 100 × 75 m großen Marktplatz wurde erst seit 1501 vor dem Schloß angelegt.
Geising (24 km sö): Das Städtchen entstand im Zusammenhang mit dem Zinnbergbau der Gegend und konnte durch den Betrieb v. Erzwäschen, Hammer- und Hüttenwerken zu einem gewissen Wohlstand gelangen. Im 20. Jh. wurde es zu einem Zentrum des Fremdenverkehrs (Wintersport). Zahl-

reiche *Fachwerkhäuser* sind sehenswert. – Die *Stadtkirche* wurde 1484–1513 erbaut, doch 1690 weitgehend neu errichtet (Turm 1694, Portal 1689). Ein eingreifender Innenausbau folgte 1867. So ist der große, im O dreiseitig geschlossene Saal flach gedeckt und hat 3 Emporengeschosse. Neben der barocken Taufe und dem Kanzelaltar (1930 verändert) zählen zur Ausstattung noch ein Flügelaltar v. 1510 mit dem auferstandenen Christus im Mittelfeld sowie ein spätgot. Kruzifix. – Die *Bergbau-Schauanlage »Silberstollen«* liegt im Erdbachtal, 45 Minuten v. der Stadt entfernt. Die Grube war seit dem 16. Jh. bis 1864 in Betrieb.

Hartmannsdorf (12 km sw): Die *Dorfkirche* ist ein typisches Beispiel der unbekümmerten Aneinanderreihung unterschiedlichster Elemente in Form und Farbe. Das ma Bauwerk wurde mehrfach verändert, wesentlich aber geprägt durch die Bautätigkeit v. 1512. Vom flachgedeckten Langhaus ist der sterngewölbte Chor durch einen Triumphbogen abgesetzt. Im Chor sind Reste spätgot. Wandmalerei (bes. gut ein Christophorus) erhalten. Die Emporenbrüstungen des Langhauses sind bemalt: in der unteren Reihe mit alttestamentlichen Darstellungen (um 1700); die obere Reihe zeigt gute bäuerliche Darstellungen der Passionsgeschichte (um 1525). Die Holzdeckenfelder sind mit gut erhaltener Schablonenmalerei versehen. Der Altar entstand 1724, darüber ein spätgot. Kruzifixus. 1687 wurde die Kanzel geschaffen.

Höckendorf (9 km nw): Von der roman. *Dorfkirche* (ca. 1200) sind der Saal (mit Rundbogenfriesen) und der Triumphbogen erhalten. Ihm wurde gegen 1500 ein spätgot. Chor mit polygonalem O-Abschluß und Netzgewölbe angefügt. Den Saal überspannt eine Kassettendecke. Im W ist ein quadratischer Turm vorgelegt. Die zweigeschossige Empore ist auf der N-Seite im Chor mit Gemälden nach Themen des Neuen Testaments geschmückt. 1907 erhielt der Innenraum eine farbige Ausgestaltung, die vom Jugendstil inspiriert ist. Das wertvollste Stück der Kirche ist der Flügelaltar, den ein Freiberger Meister um 1515 schuf. Im Mittelschrein steht Maria Magdalena, umgeben von den hll. Katharina, Petrus, Johannes d. T. und Paulus. Die Predella und die Seitenflügel zeigen Szenen aus dem Marienleben. Die Kanzel entstand Ende des 16. Jh., der Taufstein kurz vor 1500.

Lauenstein (22 km sö): Die 1241 erstmals erwähnte *Burg* wurde vermutlich schon im 12. Jh. auf dem v. der Müglitz umflossenen Höhenrücken zur Beherrschung einer Paßstraße nach Böhmen errichtet. Vor dem Burgzugang entstand das 1340 erstmals genannte Städtchen mit seinem großen Marktplatz. Obwohl der Bergbau der Umgebung auch für diese Stadt Vorteile brachte, hat sie dennoch nie größere Bedeutung erlangt.

Die *Stadtkirche* ist eine dreischiffige, dreijochige Hallenkirche mit einschiffigem dreiseitig geschlossenem Chor und mächtigem W-Turm. Über der Sakristei auf der N-Seite des Chores befindet sich eine Empore, nach O schließt die Bünaukapelle an. Nach einem Brand 1594 wurde die Kirche unter Verwendung der Reste des 15. Jh. erneuert. Die dorisierenden Kapitelle der spätgot. Pfeiler und das Netzgewölbe (Nachfolge v. Pirna, St. Marien) stammen aus dieser Zeit – das Rippengewölbe des Chores dagegen datiert noch aus dem 15. Jh.

Die plastische Ausstattung, die nach dem Wiederaufbau geschaffen wurde, gehört zu den besten Leistungen des Manierismus in Deutschland. Sie ist eng mit der Familie v. Bünau verbunden: Zwischen 1592 und 1602 schuf Michael Schwenke den Altar (die Großplastiken stammen wohl v. Lorenz Hornung), den Taufstein, die Kanzel und das W-Portal. Der Altar ist zugleich ein Epitaph der Familie v. Bünau. Er gehört zu den bedeutendsten Beispielen der Verarbeitung niederländischer und italienischer Anregungen in der dt. Renaissance. Die überaus reiche Stuckdecke in der diagonal an den Chor anschließenden Bünaukapelle entstand um 1600. Der Nosseni-Schüler Lorenz Hornung schuf nach 1609 das gewaltige Bünausche Familienepitaph aus Sandstein mit Alabaster, Achat und Jaspis. Virtuose Feinarbeit zeichnet diese Arbeit aus. Von Hornung stammen auch 3 Grabplatten in der Kapelle sowie 3 Wandepitaphe im Langhaus. Die Orgel ist ein original erhaltenes Frühwerk (1801) des G. F. Jehmlich.

Die Glanzzeit des *Schlosses* (Museum) war unter der Herrschaft des Günther v. Bünau, um 1600, gegeben. Die Bedeutung des

Bergbaus für den damaligen Wohlstand belegen die Bildinhalte des Schloßportals (Mitte 16. Jh.). Bei dem auf unregelmäßig dreieckigem Grundriß sich erhebenden Bau verwendete man Teile aus dem 14. und 15. Jh. (Ruinen des N-Flügels), Rund- und Halbrundtürme (mit Zellengewölbe) des äußeren Berings und die Schloßkapelle (got. Maßwerk), die im 16. Jh. umgebaut, neu ausgebaut und erweitert wurden. Der berühmte Trompetersaal im N des Schlosses wurde 1849 abgetragen. Von der Qualität der damaligen Ausstattung zeugen noch die heute in der Kapelle angebrachten Kopfkonsolen (Michael Schwenke), die Stuckdecke des Wappensaales und der darüberliegende Vogelsaal sowie Räume im S-Bau des Schlosses. Das *Museum* informiert über Regional- und Stadtgeschichte, Jagd und heimische Greifvögel, Landeskultur und den Naturschutz im Osterzgebirge.

Das *Torhaus* des Wirtschaftshofes, das die Verbindung zur Stadt herstellt, hat einen Volutengiebel und ein Renaissanceportal sowie in seinem Obergeschoß einen kleinen Saal mit stuckverzierten Gewölben auf Kopfkonsolen. 2 Wohnhäuser am *Markt* besitzen Sitznischenportale. Auf dem Marktplatz steht der *Falknerbrunnen.*

Pretzschendorf (10 km w): Die 1731-33 nach Plänen v. Johann Christian Simon neuerbaute große *Dorfkirche* hat die Grundrißform eines querliegenden, gestreckten Achtecks. In der Mitte der S-Seite steht der Turm mit dem Haupteingang, der Kanzelaltar mit der Orgel darüber ist auf der gegenüberliegenden n Breitseite angeordnet, der Taufstein v. 1747 steht vor dieser Gruppe. 3 Emporengeschosse umziehen die restliche Raumbegrenzung, dem Altar gegenüber sind 2 Patronatslogen einbezogen. Auch das Gestühl ist auf das liturgische Zentrum hin ausgerichtet. Für die Kirchen zu Lohmen und zu Uhyst wurde diese Kirche Vorbild.

Reinhardtsgrimma (8 km ö): Die *Dorfkirche,* die zusätzlich zum W-Turm über dem Schiff noch einen Dachreiter besitzt, weist Substanz aus verschiedensten Zeiten auf: Die Sakristei, n des Chores, könnte noch aus dem 13. Jh. stammen. Der Rechteckchor wie der quadratische W-Turm sind wohl spätgot., wenngleich das Netzgewölbe dem v. Lauenstein (Nachgotik) ähnlich sieht. Das überaus gestreckte Langhaus erhielt seine Gestalt, Fenster und zweigeschossigen Emporeneinbau mit bis zur Decke hochgeführten Stützen sowie einer auf der S-Seite einbezogenen Patronatsloge im Jahre 1742 durch Andreas Hünigen. Die Orgel auf der W-Empore schuf Gottfried Silbermann 1729-30. Der zweigeschossige Altaraufbau entstand 1601, die Kanzelgemälde datieren v. 1672. Es existieren zahlreiche ältere Grabdenkmäler.

Das *Schloß* (Bildungszentrum) wurde 1767 v. Johann Friedrich Knöbel entworfen und errichtet. Der zweigeschossige Bau mit Mansarddach wird v. einem hohen Dachreiter bekrönt. Die Grundrißdisposition der Dreiflügelanlage mit kräftig bogenförmig vorspringendem Mittelteil auf der Gartenseite (runder Saal) ist typisch für die damalige Rokoko-Raumbildung in Sachsen. Ein Zimmer ist mit Delfter Fayencen ausgestattet. Der Saal besitzt 4 große Gemälde mit Landschaftsszenen. Ein englischer Park mit einem Pavillon (um 1800) gehört zum Schloß.

Die klassizistischen *Buschhäuser,* wohl 1820/30 entstanden, haben halbkreisförmige Tonreliefs über den Türen, die vermutlich v. Ferdinand Pettrich geschaffen wurden.

Schellerhau (16 km s): Die nicht allzu große *Dorfkirche* erhält ihren Reiz durch ihre Ausstattung: Der einfache, im O dreiseitig geschlossene flachgedeckte Saal besitzt aus dem 17. Jh. Malereien an Emporen und Decke. Der Taufstein datiert vom Ende des 16. Jh., der Altar vom Ende des 17. Jh., die Orgel ist ein Werk des 20. Jh. (Schuster). Der W-Turm wurde 1786 erhöht.

Schmiedeberg (7 km s): George Bähr entwarf und errichtete 1713-16 die *Dreifaltigkeitskirche.* Im Grundriß handelt es sich um ein griech. Kreuz mit einer Kreissegmentausbuchtung auf der O-Seite. Ein Dachreiter bekrönt den zentralen Bautyp. Die in 3 Ebenen aufgebaute eingestellte Empore folgt innen einem Achteck, der Kanzelaltar mit der Orgel darüber und der Taufstein davor greifen weit in den Gemeinderaum hinein. Das Bauwerk ist eine Vorstufe auf dem Weg zur Gestalt der Frauenkirche in Dresden. Benjamin Thomae schuf den Kanzelaltar und den Taufstein, die sich seit 1961 mit dem gesamten Raum wieder in ihrer urspr. Farbigkeit präsentieren.

Zinnwald-Georgenfeld (24 km sö): Der Ortsteil Neu-Georgenfeld ist eine typische Kammsiedlung, die 1729–33 für böhmische Exilanten nach vorgegebenem Muster aus Lehm und mit Schindeldeckung errichtet wurde.

7300 Döbeln

Döbeln

Einw.: 27 000 Höhe: 171 m S. 258 □ H 8

Der historische Kern der jetzigen Kreisstadt entstand im 13. Jh. auf einer Insel der Freiberger Mulde bei einer schon 981 erwähnten, auf einem Felsen (sogenannter Schloßberg) im Osten dieser Insel gelegenen Burg. Anfang des 14. Jh. erhielt Döbeln eine städtische Verfassung. Zwischen dem großen Rechteckmarkt und der einstigen Burg erhebt sich die Stadtkirche. Westlich dieser Kernstadt schließt sich die Niederstadt an, deren Zentrum einst eine Jacobikirche war. Die Stadt war ab dem Ende des 14. Jh. mit einem doppelten Mauerring geschützt. 1883 wurde in Döbeln der Maler Erich Heckel († 1970) geboren.

Stadtkirche St. Nikolai: Der heutige Bau geht im wesentlichen auf die Zeit nach 1479 zurück. Die Vorgängerkirche des 13. Jh. brannte 1333 ab, das neuerrichtete frühgot. Bauwerk wurde dann spätgot. als dreischiffige, vierjochige Hallenkirche mit (im Mittelschiff) Stern- bzw. Kreuzgewölben umgebaut. Da die w Gewölberippen Birnstabprofile, die ö jedoch doppelt gekehlte besitzen, könnte bei den Bauarbeiten v. 1479 auch nur an eine Verlängerung des Langhauses nach O und Abschluß mit einem kurzen, dreiseitig geschlossenen einschiffigen Chor gedacht werden. An der S-Seite des Langhauses wurde eine Marienkapelle, heute Sakristei, angefügt und dadurch ein älteres Portal verdeckt. Das W-Portal im Turm datiert noch v. 1370. Die oberen Turmteile entstanden nach den Bränden 1629 bzw. 1733.
Bedeutendstes Ausstattungsstück ist der 11 m hohe, sechsflügelige *Altar,* den 1520 der Meister des Döbelner Hochaltars schuf. Im Mittelschrein stehen die hll. Wenzel, Nikolaus und Leonhard, die Flügelschauseiten haben Hochreliefs, die Rückseiten sind mit Gemälden versehen. Heilige, Evangelisten und die Nikolauslegende sind die dargestellten Themen. Die Predella zeigt den Marientod als Relief, im Gesprenge sind 9 weitere Freifiguren zu sehen.
Beachtenswert sind weiterhin die Kanzel des Tischlers David Schatz (1599), die Sandsteintaufe von Hans Köhler d. J. und ein Abendmahlsrelief von 1500.

Außerdem sehenswert: Die 1857 entstandene *Gottesackerkirche* besitzt aus dem Vorgängerbau des 17. Jh. die 1685 v. Christian Weise bemalte Felderdecke mit biblischen Darstellungen. – Das *Rathaus* (1910–12), in einer Mischung v. Neurenaissance- und Jugendstilformen erbaut, übernahm vom Vorgängerbau ein Sitznischenportal (1571) mit Halbfiguren am Archivoltenansatz. – Das *Stadtmuseum* besitzt u. a. Exponate aus der älteren Geschichte der Stadt.

Umgebung

Choren (12 km sö): Das *Schloß* (Schule) wurde 1755 v. Samuel Locke als zweigeschossiger Bau mit halbrund vortretendem Mittelrisalit und plastischen Tür- und Fensterbekrönungen errichtet. Es besitzt eine geschwungene Auffahrt und Freitreppe und ist v. Wirtschaftsgebäuden regelmäßig umgeben.
Klosterbuch (10 km nw): Von dem ehem. Zisterzienserkloster St. Maria, das vor 1192 gegr. wurde, sind nur noch das *Kapitelhaus* (stark umgebaut) und die Abtei erhalten.
Leisnig (15 km nw): Auf dem Bergsporn über der Mulde befinden sich nacheinander v. N nach S das Schloß Mildenstein, das ehem. Suburbium mit der Matthäikirche und die vor 1286 gegr. Stadt mit regelmäßigem Grundriß und zentralem Markt. Das Schloß Mildenstein ist aus einem ottonischen Burgward (1046 genannt) hervorgegangen, war dann bis ins 14. Jh. Reichsburg (Übergabe an die Markgrafen 1365) und bis ins 19. Jh. Verwaltungsmittelpunkt. Die *Stadtkirche St. Matthäi* war die Kirche einer sog. Urpfarrei und wird 1192 erstmals genannt. Das heutige Bauwerk stammt im wesentlichen aus der 2. Hälfte des 15. Jh.,

erneuert nach einem Brand 1637 und 1882 durch Möckel umgebaut. Der Bau ist eine dreischiffige, vierjochige Hallenkirche mit einschiffigem, polygonal geschlossenem Chor. Nördlich schließt ein zweigeschossiger Anbau an, dem Langhaus ist im S eine Kapelle mit Netzgewölbe (1496) angefügt. Der Chor besitzt ein Netzgewölbe, das Langhaus Sterngewölbe. Der W-Turm wurde in den oberen Teilen erst 1891 errichtet. Der 1663–64 entstandene Altar erhebt sich in 3 Geschossen 9 m hoch und ist ein typisches, teils geschnitztes, teils gemaltes Werk des Manierismus, ein Hauptwerk des Bildhauers Valentin Otte und des Malers Johann Richter. Die Barockkanzel stammt aus der Kirche v. Hainichen. Das *Schloß Mildenstein* geht im Kern auf eine roman. Burganlage zurück. Ein Zeugnis dafür ist der mächtige Rundturm inmitten des Hofes. Auch der Saalraum der roman. Burgkapelle St. Martin mit seinem rundbogigen W-Portal und dem im O angefügten spätgot. Chor ist noch erhalten. Durch das Vorderschloß mit dem Kornhaus (ehem. Palas) ist der Schloßbereich zugänglich.

Die unregelmäßige weitere Randbebauung stammt aus dem 14., 16. und 17. Jh. Das *Kreismuseum Burg Mildenstein* zeigt eine Ausstellung zur Ur- und Frühgeschichte des Kreises D. bis ins 19. Jh. hinein.

Weitere Sehenswürdigkeiten sind die 1540 erbaute und 1674 umgestaltete *Gottesackerkirche* mit einem Schnitzaltar v. 1509 sowie weiteren Bildwerken aus dem 16. und 17. Jh., die spätgot. *Superintendentur* (16. Jh.) (Kirchplatz 3) und das ebenfalls spätgot. *Archidiakonat* (Kirchplatz 5) mit seinem Sitznischenportal.

Der 1866–67 angelegte *Miruspark* mit künstlichen Ruinen weist auch Baureste aus Klosterbuch auf. Er dient als Heimattiergarten.

Leisnig-Tragnitz: Der älteste Teil der *Dorfkirche St. Pankratius* ist wohl der Unterbau des quadratischen W-Turmes. Zwischen ihn und den spätgot. Chor schiebt sich seit 1904 das neuerrichtete Langhaus. Der Reiz der Anlage liegt in dem Versuch der Zusammenfassung der Teile: Der Chor mit seiner ornamental bemalten Felderdecke, den Emporen und Betstuben aus dem 17. Jh. dominiert. Der Altar wurde 1659 v. den Künstlern des Stadtkirchenaltares geschaffen, die Kanzel entstand 1652. Dazu kamen noch ma Reste, z. T. aus Klosterbuch. Die vom Jugendstil geprägte Fassung des Langhauses versuchte sich diesen Elementen anzupassen.

Roßwein (10 km sö): Die Stadt entstand nach 1200 als regelmäßige Marktsiedlung und war seit 1286 Klosterlehen. – Die

Leisnig (Döbeln), Stadtkirche St. Matthäus

Leisnig (Döbeln), Stadtkirche St. Matthäus

Stadtkirche St. Marien wurde 1810–15 nach Zerstörung durch einen Brand durch J.T. Lohse als Saal mit Emporen und flacher Decke neu erbaut; ein Umbau erfolgte 1862. – Das *Rathaus* v. 1862 bewahrt noch ältere Portale v. 1529. – Das *Tuchmacherhaus* ist das nach einem Brand 1806 umgebaute Haus der Abtei v. Altzella (Anfang 16. Jh.). – Am *Markt* sind das Sitznischenportal und die schmuckreichen architektonischen Umrahmungen beachtenswert, die Verwandtschaft mit dem Dresdner Georgentor zeigen.

8000 Dresden

Hauptstadt von Sachsen

Einw.: 501400 Höhe: 120 m S. 259 □ I 8

Übersicht

Dresden, zweitgrößte Stadt Sachsens und Landeshauptstadt, liegt in einer Weitung des Elbtals, die von Pirna bis Meißen etwa 45 km weit reicht. Der Fluß ist in Dresden etwa 130 m breit. Die Elbmetropole erfreut sich wegen ihrer Lage und da hier die bildenden Künste immer eine Sonderstellung einnahmen, des Beinamens »Elb-Florenz«.

GESCHICHTE

Die Gegend um Dresden (von altsorbisch *drežd'ane*) liegt in einem hochwasserfreien Teil des Elbtals. Um 600 zogen Sorben in dieses Gebiet, das, 1004 urkundlich erwähnt, *Nisan* genannt wurde. Es war seit 968 kirchenpolitisch Teil des Bistums Meißen. Die Kirche des Archidiakons dieses Wohngaus war vermutlich die Marienkirche (Frauenkirche) des späteren Dresden, möglicherweise gab es dort auch einen Königshof und einen Elbhafen. 1275 wird bereits eine Brücke erwähnt, 1287 ausdrücklich als »steinern« bezeichnet: Sie machte diesen Elbübergang nach dem Osten bequemer als den im Zuge der Hohen Straße (in der Gegend von Riesa). Beauftragte des Königs waren bis zu ihrer Vertreibung durch die Markgrafen (Dohnaer Fehde 1402) die Burggrafen von Dohna, die eine kleine Burg am Brückenkopf besaßen. Der Standort der ersten Burg der Markgrafen, die dann Stadtherren wurden, konnte noch nicht sicher nachgewiesen werden. Südwestlich des alten Gauzentrums und des Elbübergangs war um 1200 eine regelmäßige Stadtgründung erfolgt, 1216 erstmals urkundlich erwähnt. Es entstand eine Bürgerstadt mit großem Marktplatz, eingestelltem Rathaus und der Stadtkirche im südöstlich anschließenden Quartier. Diese Stadt erhielt eine größere Bedeutung, als 1485, durch die wettinische Herrschaftsteilung, die albertinischen Herzöge sie zu ihrer Residenz erhoben. Ins europäische Blickfeld gelangte sie schließlich, als 1547, durch den Ausgang der Schlacht von Mühlberg, der Albertiner Moritz von Sachsen die Kurwürde erlangte. Den Höhepunkt der politischen Bedeutung ergab dann die Personalunion mit der Krone Polens unter August dem Starken und seinem Sohn Friedrich August II. In der Folgezeit (Siebenjähriger Krieg, napoleonische Herrschaft und Verlust eines Großteils des Territoriums aufgrund der Bestimmungen des Wiener Kongresses) verlor Sachsen und damit seine Residenzstadt an Bedeutung, auch wenn seit 1806 die Wettiner die Königswürde erhielten und bis 1918 das Land regierten. Der Aufschwung im 19. Jh. und die Bedeutung im 20. Jh. waren in stärkerem Maße durch das gewerbefleißige Bürgertum erreicht worden.

Der ummauerten Stadt Dresden wurde 1519 das Altsiedelgebiet um die Frauenkirche mit zugeschlagen und das Ganze als Festung nach niederländischem Vorbild ausgebaut – 1539, nach dem Tode Herzog Georgs, hielt die Reformation Einzug in Dresden. Nach 1547 erfolgte der Ausbau als kurfürstliche Residenzstadt (Schloß, Stallhof, Zeughaus, Jägerhof usw.), 1550 die Eingemeindung der am anderen Elbufer gelegenen Siedlung (seit 1403 Stadtrechte) Altendresden und bis 1591 der

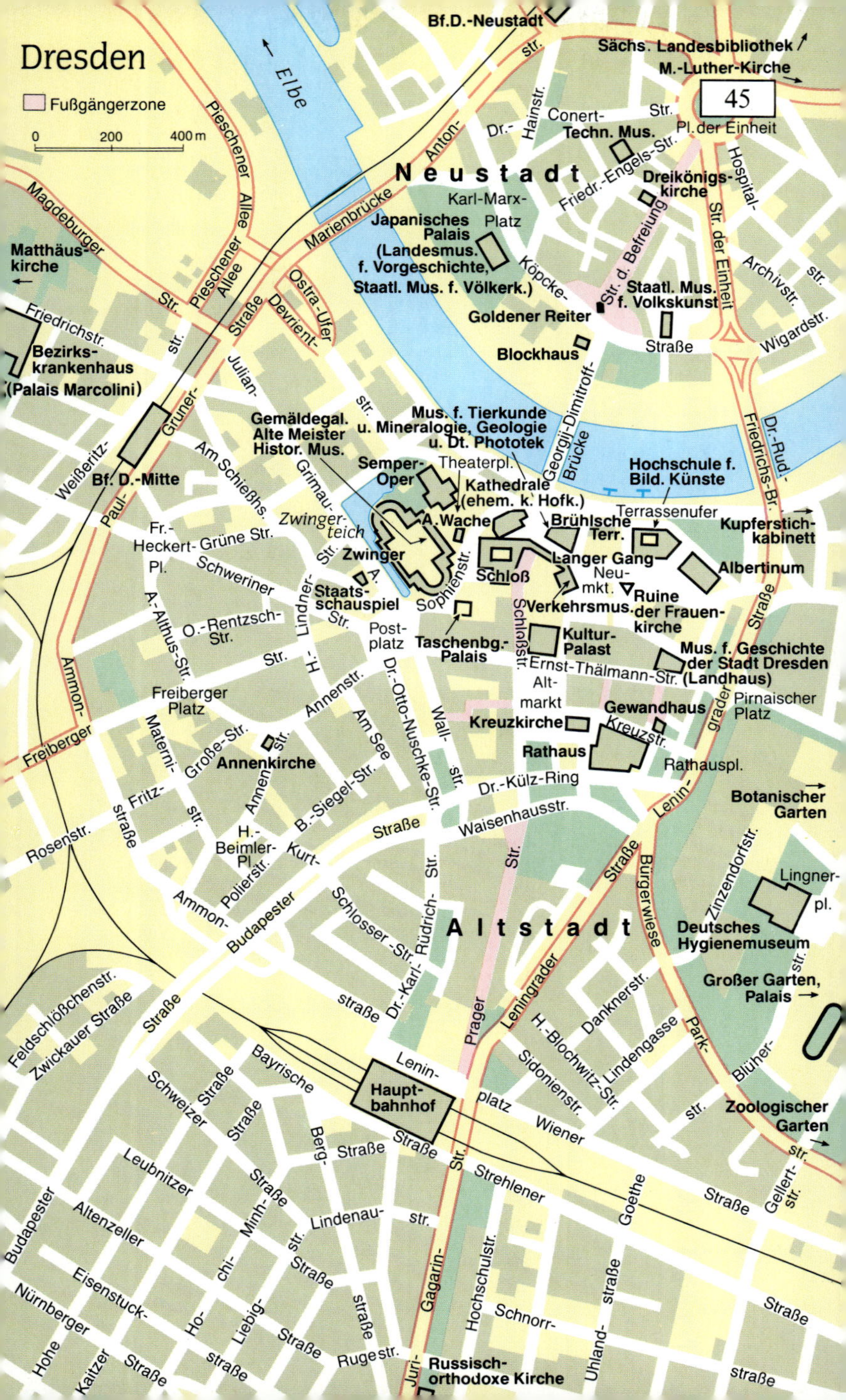
Dresden
Fußgängerzone
0 200 400 m
Elbe
Neustadt
Altstadt
Bf.D.-Neustadt
Sächs. Landesbibliothek
M.-Luther-Kirche
Techn. Mus.
Pl. der Einheit
Dreikönigs-kirche
Japanisches Palais (Landesmus. f. Vorgeschichte, Staatl. Mus. f. Völkerk.)
Karl-Marx-Platz
Staatl. Mus. f. Volkskunst
Goldener Reiter
Blockhaus
Matthäus-kirche
Bezirks-krankenhaus (Palais Marcolini)
Bf. D.-Mitte
Gemäldegal. Alte Meister Histor. Mus.
Mus. f. Tierkunde u. Mineralogie, Geologie u. Dt. Phototek
Semper-Oper
Theaterpl.
Kathedrale (ehem. k. Hofk.)
Hochschule f. Bild. Künste
Terrassenufer
Kupferstich-kabinett
Zwingerteich
A. Wache
Brühlsche Terr.
Zwinger
Langer Gang
Albertinum
Schloß
Neumkt.
Ruine der Frauenkirche
Staats-schauspiel
Verkehrsmus.
Taschenbg.-Palais
Kultur-Palast
Postplatz
Mus. f. Geschichte der Stadt Dresden (Landhaus)
Altmarkt
Gewandhaus
Pirnaischer Platz
Kreuzkirche
Rathaus
Rathauspl.
Freiberger Platz
Annenkirche
H.-Beimler-Pl.
Botanischer Garten
Lingner-pl.
Deutsches Hygienemuseum
Großer Garten, Palais
Zoologischer Garten
Hauptbahnhof
Leninplatz
Russisch-orthodoxe Kirche
Marienbrücke
Georgij-Dimitroff-Brücke
Dr.-Rud.-Friedrichs-Br.
Magdeburger Str.
Pieschener Allee
Anton-Str.
Hainstr.
Conert-Str.
Friedr.-Engels-Str.
Str. d. Befreiung
Str. der Einheit
Hospital-str.
Archivstr.
Wigardstr.
Köpcke-Straße
Ostra-Ufer
Devrient-str.
Friedrichstr.
Gruner-Str.
Julian-str.
Weißeritz-str.
Am Schießhs.
Grimau-Str.
Fr.-Heckert-Pl.
Grüne Str.
Schweriner Str.
H.-Lindner-Str.
Sophienstr.
O.-Rentzsch-Str.
A.-Althus-Str.
Paul-Gruner-Str.
Ammon-Str.
Freiberger Str.
Materni-str.
Große-Str.
Annenstr.
Am See
Dr.-Otto-Nuschke-Str.
Wall-str.
Schloßstr.
Ernst-Thälmann-Str.
Kreuzstr.
Leningrader Straße
Dr.-Külz-Ring
Waisenhausstr.
Prager Str.
Rosenstr.
Fritz-straße
Annen-str.
B.-Siegel-Str.
Kurt-Pollerstr.
Ammon-Budapester Straße
Schlosser-Str.
Dr.-Karl-Rüdrich-Str.
Bürgerwiese
Zinzendorfstr.
Dannerstr.
H.-Blochwitz-Str.
Lindengasse
Sidonienstr.
Park-str.
Blüher-str.
Wiener Straße
Gellert-str.
Feldschlößchenstr.
Zwickauer Straße
Bayrische Straße
Schweizer Straße
Berg-Straße
Leubnitzer Straße
Strehlener Straße
Goethe-straße
Budapester
Altenzeller
Ho-chi-Minh-Straße
Lindenau-str.
Eisenstuck-Straße
Liebig-straße
Hochschulstr.
Gagarin-Str.
Juri-
Schnorr-straße
Uhland-straße
Nürnberger Straße
Hohe
Kaitzer
Rugestr.

Dresden, »Der Goldene Reiter«, August der Starke

Ausbau einer alles umschließenden Festungsanlage modernster Prägung.
Mit der Schaffung des Großen Gartens seit 1676 südöstlich vor den Toren der Stadt und der nach modernen Gesichtspunkten erfolgten Neuplanung der rechtselbischen Stadt nach dem Brand von 1685, die dann 1732 zur Umwandlung des Namens von »Altendresden« in »Neue Königstadt« führte, trat Dresden in das barocke Zeitalter ein. Die Stadt hatte damals die Zahl von etwa 46000 Einwohnern erreicht, darunter gab es viele Polen und Italiener, aber auch böhmische protestantische Exulanten.
Unter Friedrich August II. wurden die Dresdner Kunstsammlungen, die ihren Ursprung in der 1560 gegründeten Kunstkammer hatten, wesentlich erweitert: u.a. kaufte man die »Sixtinische Madonna« von Raffael, aus dem alten Stallgebäude entstand der erste repräsentative Galeriebau Dresdens. Auch die Opernkultur erreichte in dem 1718 am Zwinger errichteten Opernhaus Höhepunkte unter hervorragenden Künstlern. Die Blütezeit dieses höfischen Lebens nahm 1760 ein Ende, trotzdem blieb Dresden ein kulturelles Zentrum. 1816 wurde eine Deutsche Oper gegründet, deren Musikdirektor, bis zu seinem Tode 1826, Carl Maria von Weber wurde. Seine Oper »Der Freischütz« wurde in diesem Haus uraufgeführt. In diesen Rahmen gehört auch das 1841 nach Plänen G. Sempers fertiggestellte neue Theater, in dem 1843 Richard Wagner als Kapellmeister »auf Lebenszeit« angestellt wurde. Er konnte hier seine Werke »Der fliegende Holländer« und »Tannhäuser« zur Uraufführung bringen - die weitere Tätigkeit verhinderte aber seine Flucht nach der Beteiligung am Mai-Aufstand 1849.
Auch die Kunstakademie war ein wichtiger kultureller Faktor in der Stadt. Mit der Berufung Sempers 1834 als Professor wurde

Vorhergehende Doppelseite:

Links: Dresden, Semper-Oper

Rechts: Dresden, Hofkirche

Dresden, »Elbflorenz«

die Architektur in neue Bahnen gelenkt. Neben dem Akademieprofessor Christian Clausen Dahl lebten auch Caspar David Friedrich, Philipp Otto Runge, Ludwig Richter, Georg Friedrich Kersting und andere als Maler längere Zeit in Dresden. Der Bildhauer und Professor Ernst Rietschel war weit über Sachsens Grenzen hinaus gefragt.
Heinrich von Kleist schrieb in dieser Stadt seine berühmte Erzählung »Michael Kohlhaas«, E.T.A. Hoffmann das Märchen »Der goldene Topf«. Später lebten hier der norwegische Dramatiker Henrik Ibsen und der russische Erzähler Dostojewski.
1828 gründete man die Technische Bildungsanstalt, den Vorgänger der heutigen Technischen Universität. Der Beginn der Dampfschiffahrt auf der Elbe und die Eröffnung der 1. deutschen Ferneisenbahn von Leipzig nach Dresden 1839 markieren den Beginn einer zunehmenden Industrialisierung, die das Fundament der ökonomischen Existenz der Stadt wurde. Daneben hatte Dresden aber eine große Anziehungskraft für Rentiers aus aller Herren Ländern. Das »Schweizer Viertel« oder die Kirchen verschiedenster Nationen sind dafür ein Beleg.
In der Nacht vom 13. zum 14.2. 1945 wurden die Altstadt und der größere Teil der Neustadt, eine Fläche von 15 qkm, durch mehrere schwere angloamerikanische Luftangriffe in Schutt und Asche gelegt. Mindestens 35 000 Menschen fanden den Tod – die genaue Zahl wird nie feststellbar sein, da die Stadt voll von Flüchtlingen war. Nahezu sämtliche Baudenkmäler wurden dabei vernichtet oder schwer beschädigt.
Nur ein geringer Teil der wertvollen Ruinen ist in der Folgezeit für einen Wiederaufbau bewahrt worden. Die Arbeiten sind nach 45 Jahren noch nicht abgeschlossen.

SAKRALBAUTEN

Annenkirche (Altstadt, Annenstr.): Der schlichte Barockbau, 1764–69 von Johann

Dresden, Frauenkirche mit Lutherdenkmal

Georg Schmidt vor den Toren der Altstadt errichtet, wurde 1945 schwer beschädigt, ist jedoch bis 1950 als erste ev. Kirche des Zentrums wieder aufgebaut worden. Das obere Turmgeschoß stammt v. G. F. Thormeyer (1823). Im Inneren hat man die Sandsteinfigur »Ecce-Homo« v. Zacharias Hegewald (1635) aufgestellt, die aus der zerstörten Frauenkirche stammt.

Dreikönigskirche (Neustadt, Straße der Befreiung): Die barocke Kirche wurde auf Befehl Augusts des Starken seit 1732 geplant und innerhalb der Häuserzeile der ehem. Hauptstraße bis 1739 errichtet, da die wieder aufgebaute alte Kirche dem Konzept der Neugestaltung der Neuen Königstadt im Wege stand. Pöppelmann lieferte das erste Projekt, das aber auf Verlangen des Rates v. George Bähr überarbeitet werden mußte. Bähr ist vor allem die urspr. Innenraumgestaltung zu danken, nach Pöppelmanns Plan entstand das äußere Erscheinungsbild. Der Turm wurde auf dem vorhandenen Untergeschoß erst 1854–57 nach Plänen K. M. Haenels errichtet. Kostbarstes Ausstattungsstück war der 1738 v. Benjamin Thomae geschaffene Altar, der in Resten nach der Zerstörung der Kirche 1945 erhalten ist.
Das Äußere ist nun wieder aufgebaut (mit Rückgriff auf das hohe Mansarddach des Pöppelmann-Entwurfs), das Innere in veränderter Form zum Teil fertiggestellt. Die veränderten Ansprüche der Gemeinde und der Landeskirche führten dazu, daß man nur die halbe urspr. Raumlänge zukünftig als Kirche nutzen wird (mit dem restaurierten Altar), die andere Hälfte jedoch einen großen Kongreßsaal und Büroräume enthält.

Frauenkirche (Altstadt, Neumarkt): Der mächtige Kuppelbau mit 4 Ecktürmen wurde seit 1722 v. Ratszimmermeister und Architekt George Bähr geplant und seit 1726 errichtet. Eine Projektfolge, in der auch ein Gegenentwurf v. J. Ch. Knöffel eine Rolle spielte, ließ die Pläne erst zu der Qualität ausreifen, die die Kirche zum Symbol protestantischer Kirchenbaukunst machte. 1734 konnte der Kirchenraum geweiht werden - die Laterne auf der Kuppel wurde erst nach dem Tode Bährs (1738) v. seinem Schüler J.G.Schmidt fertiggestellt. Die Raumgestalt der Frauenkirche, die eine konsequente Weiterentwicklung der kleineren Landkirchen Bährs (Schmiedeberg, Forchheim) darstellte, verstärkte durch die ringförmige Anordnung der 8 Kuppelstützen, auf denen zugleich die raumbildenden Emporen ruhten, auch ästhetisch die Konzentration der großen Zahl der Gläubigen in dem Predigtraum. Die liturgischen Elemente, Altar, Kanzel, Taufstein und Orgel, waren in einer Achse angeordnet. Die Gleichwertigkeit der Ansichten verhinderte, daß eine Fassade ausgebildet wird, was die Wirkung der 95 m hohen Kuppel noch steigerte. Sie war einst ein Wahrzeichen v. D. Infolge der Bombenangriffe ist die Kirche in sich zusammengestürzt.

Die Absicht, die Ruine der Kirche unverändert als Mahnmal gegen die Zerstörung stehenzulassen, ist in jüngerer Zeit mehr und mehr umstritten. Nicht nur aus städtebaulichen Gründen wollen breite Bevölkerungskreise dieses Wahrzeichen v. D. wiedererstehen sehen.

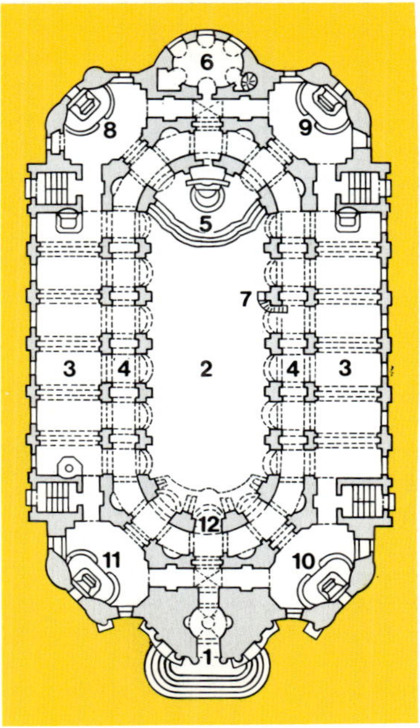

Dresden, Kathedrale SS. Trinitatis, ehem. kath. Hofkirche 1 Haupteingang **2** Mittelschiff **3** Seitenschiffe **4** zweigeschossiger Prozessionsumgang **5** Hochaltar **6** Sakristei **7** Kanzel **8** Sakramentskapelle **9** Kreuzkapelle **10** Gedächtniskapelle (früher Nepomukkapelle) **11** Bennokapelle **12** Silbermann-Orgel

Kathedrale SS. Trinitatis, ehem. kath. Hofkirche (Altstadt, Schloßplatz): Die 1739-55 erbaute ehem. kath. Hofkirche wurde 1980 zur Kathedrale des Bistums Dresden-Meißen erhoben. Sie ist neben der zerstörten Frauenkirche der kunstgeschichtlich bedeutendste Kirchenbau v. D. Die Pläne schuf der vorher in Warschau tätige Italiener Gaetano Chiaveri, die Bauleitung hatte er jedoch nur bis 1749 inne. Seine Nachfolger waren Sebastian Wetzel, Johann Christoph Knöffel und Julius Heinrich Schwarze, durch den der Turmentwurf Chiaveris auf 83 m gestreckt worden ist. Das Bauwerk durchschnitt die alte Festungsanlage und läßt keine achsialen Beziehungen zu umliegenden Bauwerken erkennen. Es ersetzte die durch August den Starken im ehem. Komödienhaus eingerichtete Interimskirche.

Der Kern der Kathedrale ist typisch für eine Hofkirche, wie sie im barocken Sinne durch die in Versailles geprägt worden ist - ein einheitlicher Raum wird allseitig von den Hofemporen umgeben, die architektonische Gliederung zeichnet auch diese Ebene bes. aus. Im Gegensatz zu Versailles war hier die Hofloge nicht gegenüber, sondern neben dem Hochaltar angeordnet. Die Formensprache entspricht dem schweren römischen Spätbarock. Das Raumprogramm in D. ist jedoch reicher als in Versailles, denn hier wurde die kath. Kirche für die ganze Stadt errichtet: Seitenschiffartige Räume sind beiderseits angefügt. Infolge der umlaufenden Hofemporen können kaum räumliche Bindungen an den Mittelraum entstehen, die angefügten Schiffe sind selbständige Gottesdienststätten. 4 kleinere ovale Kapellen füllen die Ecken in den Diagonalen des Grundrisses. Dem Turm

gegenüber ist eine repräsentative Sakristei angeordnet.
Auch diese Kirche ist schwer zerstört worden, doch fing man bald nach dem Kriege an, Teile dem Gottesdienst nutzbar zu machen. Noch sind einzelne Einrichtungsgegenstände nicht vollständig rekonstruiert.
Ein Teil der *Ausstattung* hat durch Auslagerung bzw. Einmauerung die Zerstörungen überstanden. Dazu gehören die meisten Gemälde, der Kanzelkorb, das Orgelwerk und die reichen Silberschmiedearbeiten des Hochaltars. Alle übrigen Teile, die Marmoraltäre, der Stuckmarmorschmuck, aber auch der Rahmen des Hochaltargemäldes und der Prospekt der geretteten Silbermann-Orgel mußten nach sehr unterschiedlichen Vorlagen neu gearbeitet werden. Auch das Gestühl des Mittelschiffs wurde völlig neu geschaffen.
Das Hochaltarbild (Himmelfahrt Christi) sowie die Bilder der beiden Seitenaltäre schuf 1750–52 Anton Raphael Mengs. Der Kanzelkorb wurde aus der Interimshofkirche übernommen und ist ein Werk Balthasar Permosers, der es 1712 bzw. 1722 geschaffen hat. J.J. Hackl fügte 1751 den Schalldeckel hinzu und paßte den Kanzelkorb in den Neubau ein. Von Permoser stammen auch die beiden hölzernen, weiß gefaßten Kirchenväter, die den Hochaltar der alten Hofkirche schmückten und nun am Ende des Mittelschiffs aufgestellt wurden. Das Orgelwerk ist das letzte Opus Gottfried Silbermanns (1750–53), das in den Sommermonaten samstags auch in einer Orgelvesper zu hören ist. Auch die 4 Eckkapellen, die Kreuzkapelle, die Sakramentskapelle, die Bennokapelle und die Johann-Nepomuk-Kapelle, sind wiederhergestellt worden, letztere schmückt nun eine Pieta aus Meißner Porzellan v. Friedrich Preß (1974). Erwähnenswert sind noch die Marmorstatue der hl. Magdalena, 1665 v. Francesco Baratta geschaffen, sowie 2 Marmorstatuen des gegeißelten Christus (1718 und 1723) v. Balthasar Permoser. In der Gruft sind die *Prunksarkophage* der Wettiner zu besichtigen. Die Kathedrale ziert auf den Attiken der Schiffe und in Nischen ein Kranz v. 78 Heiligenstatuen, die unter Leitung v. Lorenzo Mattielli geschaffen wurden (einige ergänzt).

< Dresden, Hofkirche

Kreuzkirche (Altstadt, Altmarkt): Die got. Kreuzkirche (urspr. Nikolaikirche) fiel der Beschießung durch die Preußen im Siebenjährigen Krieg zum Opfer, so daß 1764 ein Neubau begonnen werden mußte, der jedoch erst 1792 fertiggestellt werden konnte. Neben Johann Georg Schmidt arbeitete an den Plänen auch Christian Friedrich Exner (Fassadengestaltung), den Turm vollendete 1788 August Gottlob Hölzer. Der spätbarocke Bau wurde 1897 das Opfer eines Brandes, der eine Neuausstattung im Jugendstil durch die Architektenfirma Schilling & Gräbner zur Folge hatte. Dieser Zustand wurde 1945 weitgehend zerstört. Während der Außenbau in den im 18. Jahrhundert geschaffenen Formen wiederhergestellt worden ist, beschränkte man sich im Inneren auf das Auftragen eines groben Rauhputzes, der das schadhafte Mauerwerk mit den Resten der Jugendstilornamentik erkennbar bewahrte. Diese Gestalt war als Provisorium gedacht, besitzt aber auch einen eigenartigen, ungewohnten Reiz.
Die Kreuzkirche ist die Heimstätte des Kreuzchores, eines Knabenschulchores, der seine Tradition bis ins Mittelalter zurückführen kann.
In den Samstag-Vespern ist meistens der Chor zu hören.

Dresden, Kreuzkirche

Dresden, Russisch-orthodoxe-Kirche

Martinskirche (kath. Teil der Garnisonkirche, Neustadt, Dr.-Kurt-Fischer-Allee): Im Jahre 1900 errichtete die Architektenfirma Lossow & Viehweger die Garnisonkirche, die als Besonderheit Kirchen für 2 Konfessionen unter einem Dach vereinigt. Während der ev. Teil heute als Buchmagazin der Sächs. Landesbibliothek profaniert ist, wird die kath. Martinskirche, nun als kath. Pfarrkirche der Neustadt, weiterhin genutzt.

Matthäuskirche (Friedrichstadt, Friedrichstr.): Das barocke Bauwerk wurde 1728–32, vermutlich nach Plänen v. Matthäus Daniel Pöppelmann, errichtet. Der Oberlandbaumeister ist 1736 in der Gruft der Kirche bestattet worden. Nach der Kriegszerstörung 1945 erfolgte der Wiederaufbau der Kirche 1974–78 in veränderten Formen.

Russisch-orthodoxe-Kirche (s der Altstadt, Juri-Gagarin-Str.): 1872–74 wurde diese Kirche nach dem Entwurf v. H. v. Bosse in Anlehnung an Moskauer Vorbilder aus dem 17. Jahrhundert errichtet. Sie hat 5 Kuppeln, ein Glockenturm krönt die niedrigere Vorkirche. Im Inneren ist eine Marmor-Ikonostasis mit Ikonen von James Marshall zu sehen. Die Kirche wird zu Gottesdiensten genutzt.

FRIEDHÖFE

Alter Kath. Friedhof (Friedrichstadt, Friedrichstr. 54): Anlage v. 1721. In der Friedhofshalle steht eine große Kreuzigungsgruppe v. Balthasar Permoser, die v. ihm als Schmuck der eigenen Grabstätte gedacht war. Der Friedhof diente als Bestattungsort der Katholiken, meist Ausländer, die als Künstler oder Bauleute in D. tätig waren. Der Schriftsteller Friedrich Schlegel (1772–1829) und die Shakespeare-Übersetzerin (»Macbeth«) Dorothea Tieck (1799 bis 1841), der Komponist Carl Maria v. Weber (1786–1826) und der Bildhauer

Dresden, Blockhaus

Balthasar Permoser (1651–1732) sind hier begraben.

Eliasfriedhof (ö der Altstadt, Güntzplatz): Der älteste erhaltene Begräbnisplatz v. D. wurde 1680 nach der Pest angelegt und bis 1876 belegt. Es sind noch interessante Grabmäler aus dem 18. und 19. Jh. vorhanden. Sehenswert ist das Grabmal der Frau des Hofbildhauers Johann Christian Kirchner († 1732), doch ist der ehem. Friedhof nur schwer zugänglich.

Innerer Neustädter Friedhof (Neustadt, Friedensstr.): Der älteste erhaltene Friedhof der Neustadt wurde 1732 angelegt. Der über 12 m lange »Totentanz« v. 1534 v. ehem. Georgentor, der als bedeutendstes Werk der Dresdner Renaissancebildhauerei gilt, wurde 1733 hierher übertragen, muß nun aber einen geschützteren Standort erhalten.
Die Bildhauer Gottfried Knöffler und R. Diez sind hier begraben. – In der Pulsnitzer Str. liegt der 1751 eingerichtete *Alte Israelitische Friedhof,* der jedoch nicht ständig zugänglich ist.

Trinitatisfriedhof (ö der Altstadt, Fiedlerstr.): Der Friedhof wurde 1814 v. dem Architekten F. Thormeyer regelmäßig angelegt. Die Eingangssituation hat C. D. Friedrich als Bildmotiv gedient. Hier fanden die Schriftsteller Otto Ludwig (1813–65) und Georg Freiherr v. Ompteda (1863–1931), die Maler Caspar David Friedrich (1774 bis 1840) und Ferdinand v. Rayski (1806–90) sowie der Arzt, Maler und Philosoph Carl Gustav Carus (1789–1869) ihre letzte Ruhestätte. – Westlich im Anschluß an den erweiterten Trinitatisfriedhof liegt der *Israelitische Friedhof* mit der *Synagoge.*

PROFANBAUTEN

Altstädter Wache (Altstadt, Theaterplatz): Das klassizistische Bauwerk im ionischen Stil wurde 1830–32 nach einem Entwurf

Karl Friedrich Schinkels v. J. Thürmer errichtet. Das Giebeldreieck auf der Schloßseite ziert eine Darstellung der Saxonia, das zum Theaterplatz eine des Mars.

Blockhaus (am Neustädter Brückenkopf): Der Bau der ehem. Neustädter Wache wurde 1730 v. Zacharias Longuelune begonnen und sollte durch eine Pyramide mit aufgesetzter Skulpturengruppe abgeschlossen werden; das Mezzaningeschoß wurde dann 1749, vermutlich v. Johann Christoph Knöffel, aufgesetzt. Nach der Zerstörung 1945 wurde es 1979–80 als Kultur- und Gaststätte neu in Nutzung genommen. – Die *Augustusbrücke* wurde 1907 nach Entwürfen v. Wilhelm Kreis an der Stelle der ma Brücke neu errichtet. Sie übernahm dabei das Gestaltungsmotiv der v. Matthäus Daniel Pöppelmann 1727–31 verbreiterten ma Brücke, die den modernen Schiffsverkehr behinderte. – Das Blockhaus war zugleich auch als Zielpunkt der im 18. Jh. neu geschaffenen Hauptstraße der Neustadt (Straße der Befreiung) gedacht, die durch ihre konvergierenden Straßenfluchten im barocken Sinne eine perspektivische Wirkung hervorrief. Dieses Charakteristikum ist beim Wiederaufbau 1974–80 wiederaufgenommen worden. In die Straßenflucht sind die wenigen 1945 nicht zerstörten Bürgerhäuser des 18. und 19. Jh., gut restauriert, einbezogen. Zwischen Hauptstraße und Blockhaus erstreckt sich der Neustädter Markt, in dessen Zentrum das *Reiterstandbild Augusts des Starken* steht, bekannt als »Goldener Reiter«. Das sich aufbäumende Pferd war damals nur als Kupfertreibarbeit zu verwirklichen. L. Wiedemann führte diese ab 1732 aus, das Denkmal wurde dann feuervergoldet. Der Sockelentwurf stammt v. K. Lipsius.

Brühlsche Terrasse (Altstadt): Der Premierminister Friedrich Augusts II., Heinrich Graf v. Brühl, ließ sich vom Kurfürsten um 1740 die elbseitige Befestigungsanlage des 16. Jh. schenken, um sie zu einer Gartenanlage auszubauen. Die anliegenden Bauwerke, das Palais, die Bibliothek, die Gemäldegalerie sowie ein Belvedere am O-Ende der Terrasse schuf für den Grafen der Oberlandbaumeister Johann Christoph Knöffel. Von diesen Gebäuden ist nichts mehr erhalten. Das Palais Brühl wurde 1899 abgebrochen und durch das *Landtagsgebäude* (1901–06 v. Paul Wallot) ersetzt. Nach der Zerstörung im Krieg wird es nun als Gebäude des neuen Landtags wieder ausgebaut. Das Bibliotheksgebäude wurde 1897 durch die *Sekundogenitur* (Palais des zweitgeborenen Prinzen des Königshauses) er-

< Dresden, Brühlsche Terrasse

Dresden, Großer Garten, Palais (unten)

Gewandhaus, Dinglinger-Brunnen (l), Mosaikbrunnen, Großer Garten v. Hans Poelzig, (r)

setzt. 1945 wurde sie zerstört, 1963-64 wieder aufgebaut und nun in den Komplex des neuen Hotels Dresdner Hof (1989) einbezogen. - 1885-94 entstand an der Stelle der Brühlschen Gemäldegalerie das neue Gebäude der *Akademie der Künste* zusammen mit dem des *Sächs. Kunstvereins* (mit der charakteristischen Glaskuppel, der sog. »Zitronenpresse«) nach Entwürfen v. K. Lipsius in manieristischer Neurenaissance. Es ist nach den Zerstörungen bisher nur teilweise für die Akademie ausgebaut.

Die breite *Treppe* am Schloßplatz entstand 1814, als das Gelände durch den russischen Gouverneur der Öffentlichkeit zugänglich gemacht wurde (damals wurde die Terrasse als »Balkon Europas« der Treffpunkt der Touristen aus aller Welt). Die Freitreppe, die G. F. Thormeyer schuf, wird v. 4 Skulpturengruppen v. Johannes Schilling (1868, in Bronze übertragen: 1908 - Originale seitdem in Chemnitz) geschmückt, die die Tageszeiten darstellen. Schilling schuf auch die beiden *Denkmäler* für seinen Lehrer, den Bildhauer Ernst Rietschel (1872) und für den Architekten Gottfried Semper (1892).

Am Fuß der Terrasse, an ihrer NO-Ecke, steht das älteste Denkmal v. D., das *Moritzmonument* im Renaissancestil, ein Werk v. Hans Walther II. (1553). Man sieht, wie Kurfürst Moritz, der dem Tode nahe ist, sein Schwert an seinen Bruder August weitergibt. Am O-Ende der Terrasse steht das *Albertinum* genannte Museums- und Ausstellungsgebäude v. 1884-87 (→ Museen), dessen Untergeschoß auf das Zeughaus v. 1559-63 zurückgeht. Beachtung verdienen auch die ehem. *Hofgärtnerei* (um 1750), die seit ihrem Wiederaufbau nach 1945 als reformierte Kirche dient, und das *Brunnenbecken,* das v. einem Jungen mit Delphin gekrönt wird und um das Jahr 1750 (zugehörig zum Brühlschen Belvedere) v. Pierre Coudray geschaffen wurde.

Unterhalb der Brühlschen Terrasse befindet sich die Anlegestelle der Weißen Flotte, die vom Frühjahr bis in den Herbst regelmäßige Schiffsverbindungen in beide Stromrichtungen unterhält.

Dresden, Torhäuser am ehemaligen Weißen oder Leipziger Tor

Gewandhaus (Altstadt, Ringstraße 1): Das dreigeschossige, spätbarocke Gebäude wurde 1768–70 von J.G. Schmidt und J.F. Knöbel für die Dresdner Gewandschneiderinnung errichtet. 1945 wurde es bis auf die Umfassungsmauern zerstört und ist 1965–67 als Hotel wieder aufgebaut worden. An seine Rückseite ist der nach 1718 entstandene *Brunnen* aus dem Hof des zerstörten Dinglingerhauses, Frauenstr. 9, versetzt worden.

Großer Garten (sö der Altstadt): Mit der Anlage des größten und schönsten Dresdner Parks wurde 1676 begonnen. Die erste Planung v. M. Göttler wurde seit 1684 durch Johann Friedrich Karcher stark verändert und hat erst um 1718 ihre endgültige barocke Gestalt erhalten. Den Mittelpunkt der Anlage bildet das *Palais*, ein beachtenswerter Frühbarockbau, der 1678–83 v. Johann Georg Starcke in Anbindung an französische Vorbilder errichtet wurde. Das zweieinhalbgeschossige Bauwerk über einem H-förmigen Grundriß ist nicht zum Wohnen geeignet und wird beherrscht v. einem großen Saal im Obergeschoß (durch Freitreppen direkt zugänglich). 1945 brannte auch dieses Bauwerk aus. Das Gebäude befindet sich im Wiederaufbau, doch ist der Ausbau noch nicht eingeleitet, da die zukünftige Verwendung nicht entschieden ist. Auf der O-Seite erstreckt sich vor dem Palais ein großes Wasserbecken; die W-Seite schmückte einst ein Broderieparterre. Das Palais ist v. 8 *Kavalierhäuschen* (beiderseits 4 in Reihe), die 1694 vermutlich auch v. Starcke erbaut wurden, gefaßt. 6 sind nach den Zerstörungen wieder aufgebaut worden. Die Randteile des Großen Gartens sind seit 1873 durch J.C.F. Bouché als Landschaftspark umgestaltet worden. Der »königliche« Große Garten ist seit 1814 der Öffentlichkeit zugänglich.
Beachtung verdienen auch die zahlreichen barocken *Gartenplastiken*, u.a. im Palaisgarten die Figurengruppe »Die Zeit entführt die Schönheit« v. Pietro Balestra (1. Hälfte 18. Jh.), 2 Zentaurengruppen v. A. Corradini am W-Ende des Parks und

2 Statuengruppen am ö Haupttor (l Meleager und Atalante, r Venus und Adonis), die um 1719 geschaffen wurden. Der *Mosaikbrunnen* v. Hans Poelzig entstand 1926. Im Park gibt es weiterhin Freilichtbühnen, eine Parkeisenbahn und am Ufer des Carolateiches einen Bootsverleih. Die NW-Ecke der ca. 1 × 2 km großen Anlage nahm einst das Ausstellungszentrum v. D. ein - ihm benachbart befindet sich der *Botanische Garten*. Der 1861 gegr. Zoologische Garten ist auf der SW-Seite der Anlage zu finden. Er geht in seinem Kern auf einen Entwurf Peter Joseph Lennés zurück, der v. 1858-63 die Anlagen der städtischen Bürgerwiese als fußläufige Verbindung zwischen der Altstadt und dem Großen Garten entwarf und deren letzter Abschluß der Zoologische Garten war.

Japanisches Palais (Neustadt, Karl-Marx-Platz): Das Gebäude wurde 1715 als »Holländisches Palais«, ein Hauptbau mit 2 Flügelbauten, errichtet und auch bald wieder verändert. Eine grundsätzlich andere Gestalt erhielt es, als Zacharias Longuelune und andere es v. 1729-31 zum Japanischen Palais umgestalteten: Es entstand eine geschlossene Vierflügelanlage mit gekehlten Mansarddächern - Japanerhermen wurden als bauplastischer Schmuck einbezogen. Die Architektursprache des Palais ist bes. durch die v. Longuelune in die Dresdner Architektur eingeführte umlaufende Lisene charakterisiert. August der Starke hatte diesen Umbau durchführen lassen, um in dem Gebäude die Leistungsfähigkeit der Meißner Porzellanmanufaktur demonstrieren zu können. Das Gebäude diente in jüngerer Zeit, bis zu seiner Zerstörung, als Sächs. Landesbibliothek. Das noch nicht vollständig wiederhergestellte Bauwerk beherbergt heute das *Landesmuseum für Vorgeschichte* und das *Staatliche Museum für Völkerkunde*. Es handelt sich vorrangig um Studiensammlungen, die nur bei speziellen Ausstellungen zugänglich sind. - Nordwestlich neben dem Palais steht das *Denkmal König Friedrich Augusts I.* v. Rietschel (1843). - Am Karl-Marx-Platz, am ehem. Weißen oder Leipziger Tor, standen 2 klassizistische *Torhäuser,* die 1827-29 v. Gottlob Friedrich Thormeyer errichtet wurden. Nur das nö Bauwerk ist als Standesamt wiederhergestellt. - Zwischen dem Japanischen Palais und dem Blockhaus erstreckt sich der Komplex des 1982-85 an der Köpkestr. errichteten *Hotels Bellevue,* das den einzigen erhalten gebliebenen Barockbau dieser Straße, die »Regierung« (1723 errichtet, 1734 unter Pöppelmann erweitert), einbezogen hat. - Auf das Japanische Palais

Dresden, Hotel Bellevue

führt die ehem. *Königstr.* (Friedrich-Engels-Str.) zu. Diese Straße war urspr. nach v. M. D. Pöppelmann vorgegebenen Musterentwürfen einheitlich bebaut. Ein Teil dieser Gebäude hat die Zeiten überdauert und harrt nun einer stilgerechten Rekonstruktion.

Jägerhof → Museum für Volkskunst (unter: Museen).

Johanneum → Verkehrsmuseum (unter: Museen).

Kulturpalast (Altmarkt): Das 103 m lange und 74 m breite Bauwerk wurde 1966–69 nach einem Entwurf des Kollektivs W. Hänsch und H. Löschau errichtet. Im Inneren befinden sich u. a. ein Konzert- und Kongreßsaal für 2400 Besucher, ein Studiotheater und mehrere Gaststätten. An der W-Seite, zur Schloßstr. hin, sieht man das monumentale *Wandbild* »Der Weg der roten Fahne«, das v. Gerhard Bondzin 1969 unter Mitwirkung v. Studenten der Hochschule für Bildende Künste Dresden geschaffen wurde. Die Bronzetüren am Haupteingang entstanden im selben Jahr. Sie zeigen Dresdens Entwicklung »Vom Fischerdorf zur sozialistischen Großstadt«. – Der Kulturpalast setzte auf der N-Seite des Altmarktes die seit 1953 auf der O- (H. Schneider) und der W-Seite (J. Rascher) eingeleitete Neubebauung des Zentralen Platzes, der bei Kundgebungen die gesamte Bevölkerung fassen sollte, fort. Die ehem. Wilsdruffer Str. (Ernst-Thälmann-Str.) hatte auch die geforderte Breite als Aufmarschstraße erhalten. Die Bebauung der 50er Jahre am Altmarkt verkörpert die Dresdner Variante der verordneten Richtung, die »nationale Traditionen« in der Architektur wieder aufgreifen sollte. Gegen Ende des Jahrzehnts wurde der Formenreichtum bei den anschließenden Bauten wieder reduziert.

Landhaus → Museum für Stadtgeschichte (unter: Museen).

Langer Gang → Schloß.

Marstall → Zwinger.

Neues Rathaus (Altstadt, Dr.-Külz-Ring): Die um die Jahrhundertwende explosionsartig ansteigenden Bevölkerungszahlen der Stadt brachten einen erhöhten Verwaltungsaufwand und erforderten damit auch ein neues Rathaus. An der SO-Ecke der Altstadt wurde 1904–10 nach Entwürfen v. K. Roth und E. Bräter ein gewaltiger Ge-

Dresden, Kulturpalast

bäudekomplex errichtet. Nach der Zerstörung 1945 wurde das Rathaus bis 1965 verändert wieder aufgebaut. Im Treppenhaus des Festsaalflügels ist die Jugendstilausmalung v. O. Gußmann erhalten. Der 98 m hohe Turm ist der höchste im Stadtzentrum. Er wird v. einer fast 5 m hohen Figur, dem »Goldenen Mann« (R. Guhr) gekrönt. Auf 80 m Höhe befindet sich eine Aussichtsplattform. - Neben dem Eingang zum Ratskeller, an der SO-Ecke des Rathauses, steht die *Bronzeplastik* »Bacchus auf seinem trunkenen Esel« v. Georg Wrba. - Auf dem Rathausplatz vor dem Festsaalflügel ist die *Trümmerfrau* v. W. Reinhold als Ehrung derer aufgestellt, die in der Stadt nach den Zerstörungen Aufräumungsarbeiten verrichteten.

Prager Str. (s der Altstadt): Die alte Hauptgeschäftsstraße v. D., die Prager Str., die sich vom s Altstadtrand bis zum Hauptbahnhof erstreckte und dicht und hoch bebaut war, wurde 1945 zerstört, die Ruinen trug man anschließend ab. Mit der Neugestaltung der Straße 1965-78 wurde ein Teilabschnitt einer geplanten durchgängigen Fußgängerzone zwischen dem Hauptbahnhof und dem Neustädter Bahnhof verwirklicht. In der Weiträumigkeit und der rationalen Architektursprache ist das Ensemble ein typisches Beispiel für die damaligen Bestrebungen in der ehem. DDR.
Die Straße wird v. insgesamt 4 Hotels gesäumt, dem repräsentativen *Newa* sowie dem *Königstein*, dem *Lilienstein* und dem *Bastei*. Interessant ist das kreisrunde Filmtheater (1970-72). Der Große Saal hat 1018 Plätze. Das Restaurant *International* entstand 1970-72, das *Centrum-Warenhaus* bis 1978. Seit 1988 ist der nö Abschnitt nach verändertem Konzept im Bau. - Der Hauptbahnhofsvorplatz (ehem. Wiener Platz) erhielt 1974 ein Lenin-Denkmal v. G. Jastrebenetzki (Leningrad). - Auf der Prager Str. befindet sich auch die Dresden-Information.

Schloß (Altstadt, Schloßstr./Theaterplatz): Das ehem. Residenzschloß der sächs. Kurfürsten und Könige, der Wettiner, war eine große Vierflügelanlage im Renaissancestil, seit 1547 unter Verwendung älterer Teile erbaut. Der große Schloßhof war bes. durch 4 Treppentürme in den Ecken sowie den Altan des Schlosses, einen viergeschossigen Arkadengang vor dem großen Schloßturm, geprägt. Das Schloß zeigte sich zuletzt in dem umgestalteten Zustand der Bauzeit v. 1883-1901. Dieses Gebäude ist weitestgehend zerstört. Sein Wiederaufbau ist nun seit 1985 im Gange. Der 1. Bau-

Dresden, Prager Straße

abschnitt rekonstruiert wiederum den W-Flügel, in dessen Erdgeschoß sich die Räume des *Grünen Gewölbes* befinden und dessen 1. Obergeschoß den Thronsaal und das Schlafzimmer Augusts des Starken aufnahmen, die ihr urspr. Aussehen wiedererhalten werden, sowie der W-Teil des N-Flügels, in dem die ehem. Schloßkapelle, in der Heinrich Schütz gewirkt hat, wiederhergestellt wird. Insgesamt wird das Schloß ein Museum mit verschiedensten Abteilungen werden.

Der über der Verbindung Schloßstr.-Elbbrücke sich seit 1530-35 erhebende Georgenbau des Schlosses ist 1899-1901 durch einen Neubau ersetzt worden (ein Portal des alten Baus ist auf der Seite zur Kathedrale zu eingebaut), nach den Zerstörungen im letzten Kriege wurde er 1964-67 wieder aufgebaut und ist derzeit noch interimistisch genutzt. - Der *Lange Gang* zwischen Georgentor und dem Johanneum (ehemaliges Stallgebäude, jetzt Verkehrsmuseum →Museen) diente als Verbindungsgang und umgrenzt mit den Resten der gegenüberliegenden alten Stadtmauer den Stallhof, einen Turnierhof mit Ringstechbahn, Pferdetränke und -schwemme. Die Bronzesäulen der Ringstechbahn sind Originale v. 1601. Der Lange Gang mit seinen 22 toskanischen Rundbogenarkaden wurde 1586 bis 1592 v. Paul Buchner errichtet, die Wandbemalung konnte im Rahmen des Wiederaufbaus nach den noch vorhandenen Entwürfen weitgehend dem urspr. Zustand nachgebildet werden. Auf der Rückseite des Ganges (Augustusstr.) befindet sich der 102 m lange *Fürstenzug*. Die v. W. Walther 1870-76 in Sgraffitotechnik geschaffene Ahnengalerie der Wettiner (in Anschluß an die Wandbemalung der Renaissance) mußte wegen der Verwitterung 1906 auf 24000 Meißner Porzellanplatten übertragen werden - sie haben weitgehend den Krieg überstanden und sind nun restauriert. - Vor der Hauptfassade des Johanneums (Jüdenhof) steht der *Friedens-(Türken-)brunnen* v. 1650, l, im Anschluß an die Fassade, ist das noch nicht restaurierte *Portal* v. der Schloßkapelle, eine der gediegendsten Dresdner Leistungen der Renaissance (vor 1555), zu sehen.

Staatsministerien (Neustadt, Elbufer): Das barocke *Regierungsgebäude* (nun einbezogen in das Hotel Bellevue) war schon lange zu klein. So errichtete man 1890-1896 (O. Wanckel und O. Reichelt) das *Finanzministerium* gegenüber der Brühlschen Terrasse, 1900-1904 folgte stromaufwärts das *Gesamtministerium* (E. Waldow und H. Tscharmann). Sie dienten nach dem

Dresden, Filmtheater, Prager Straße

Dresden, Langer Gang

Dresden, Opernhaus, Exedra mit Pantherquadriga >

Dresden, Langer Gang, Fürstenzug

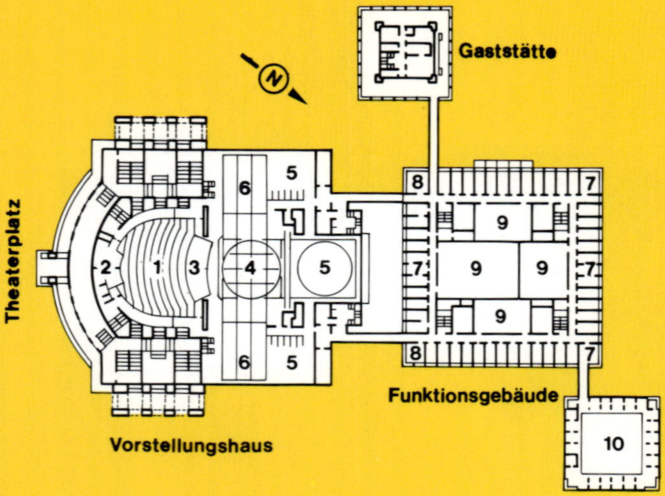

Dresden, Staatsoper/Semper-Oper, Parkettgeschoß, Vorstellungshaus 1 Zuschauerraum **2** Ton- und Lichtregieraum **3** Orchestergraben **4** Hauptbühne **5** Hinterbühne **6** Seitenbühne **Funktionsgebäude 7** Garderoben **8** Schminkraum **9** Probesäle **10** Probebühne

Wiederaufbau bis 1990 als Verwaltungsgebäude auf Bezirksebene und werden zukünftig wieder der Landesverwaltung zugeführt. Vor diesem Ministerium - beginnend vor dem Japanischen Palais und durchgeführt bis zum Rosengarten - wurde in den 30er Jahren das Königsufer als Elbpromenade geschaffen.

Staatsoper/Semper-Oper (Altstadt, Theaterplatz): Nach dem Brand des ersten v. Gottfried Semper geschaffenen Hoftheaters (1838-41) im Jahre 1869 wurde 1871-78 durch den 1849 emigrierten Semper ein neuer Entwurf geliefert und unter Leitung seines Sohnes Manfred das Bauwerk errichtet. Der Neubau im Stil der italienischen Hochrenaissance, der die eigenwillig gekrümmte Form der Hauptfront des Vorgängerbaus übernahm, erhielt zur Mittenbetonung eine zweigeschossige Exedra mit krönender Pantherquadriga aus Bronze (Johannes Schilling) vorgesetzt, darüber hinaus war eine Anpassung an die in jenen Jahren gewachsenen Anforderungen an die Bühnentechnik (40 m hohes Bühnenhaus) notwendig gewesen. Das Rangtheater mit 1712 Sitz- und 300 Stehplätzen hatte eine vorzügliche Akustik und wurde zur Uraufführungsstätte vieler Opern, vor allem v. Richard Strauss. Am 13.2.1945 wurden der Zuschauerraum und das Bühnenhaus bis auf die Umfassungsmauern zerstört, nur Reste der Ausstattung der Foyers und der Treppenhäuser blieben erhalten. Nach langen Auseinandersetzungen entschied man sich schließlich für die originalgetreue Rekonstruktion der Foyers und der Treppenhäuser und für den Wiederaufbau des Zuschauerraumes mittels historischer Formen bei Anpassung an moderne Ansprüche (nur noch ca. 75% Sitzplatzangebot) und

Dresden, Reiterstandbild König Johanns auf dem Theaterplatz vor dem Opernhaus

Einbeziehung technischer Erfordernisse (Beleuchtung, Klimatisierung usw.). Die Bühnentechnik wird modernsten Anforderungen gerecht, was als Erweiterung den Bau zusätzlicher Funktionsgebäude n der Oper zur Folge hatte. 1985 sind die Bauarbeiten, die eine denkmalpflegerische und handwerkliche Meisterleistung darstellen, abgeschlossen worden - seitdem ist das allgemein nun als Semper-Oper bekannte Gebäude die Hauptspielstätte des Dresdner Musiktheaters. - Im Zentrum des Theaterplatzes steht das *Reiterstandbild König Johanns* (1889) v. Johannes Schilling, das den König auch als Dante-Forscher und -Übersetzer ehrt. - Westlich der Oper steht das *Bronzestandbild Carl Maria v. Webers* (1860), das Ernst Rietschel geschaffen hat. - Elbseitig wird der Theaterplatz v. der Gaststätte Italienisches Dörfchen teilweise abgeschlossen, einem Bau, den Hans Erlwein 1912-13 geschaffen hat und der an die Siedlung erinnert, wo die italienischen Künstler, die an der Hofkirche arbeiteten, einst ihre Wohnungen hatten.

Staatsschauspiel (Altstadt, Ostraallee): Mit dem Bau dieses Theaters, 1912-1914 von W. Lossow und H. M. Kühne entworfen und errichtet, wurde das Schauspiel aus dem Hoftheater herausgenommen. Das auf dem kleinen Bauplatz geschickt eingeordnete Gebäude überschneidet jedoch, aufgrund seiner Kubatur, ungünstig die leichte Architektur des Zwingers mit seinem Kronentor. Bis 1948 wurde das ausgebrannte Schauspielhaus in vereinfachter Form wiederhergestellt - als Großes Haus der Staatstheater -, bis 1990 mußte es, nun wieder als Schauspielhaus, einer umfangreichen Sanierung unterzogen werden.

Taschenbergpalais (Altstadt, Sophienstr.): Der Barockbau wurde 1707-11 unter Verwendung älterer Bürgerhäuser mit maßgeblicher Beteiligung v. Matthäus Daniel Pöppelmann umgeformt, bis 1719 als Kronprinzenpalais umgestaltet, der w Seitenflügel 1756 nach Entwurf Johann Heinrich Schwarzes angefügt und der ö 1763 v. Christoph Friedrich Exner ergänzt. Seit

1945 stehen nur noch Teile der Umfassungsmauern, eine neue Nutzung als Hotel ist vorgesehen.
Der *Cholerabrunnen* vor dem Palais ist ein 18 m hohes neugot. Bauwerk, das 1843 nach einem Entwurf v. Gottfried Semper ausgeführt wurde.

Zwinger (Westecke der Altstadt): Der Bereich zwischen der ma Stadtmauer (Gegend der Gaststätte Am Zwinger) und der Festungsanlage des 16. Jh. (Zwingerteich und Zwingergraben) war der Zwingerbereich, der um 1700 für verschiedenartige Festbauten (Reithaus, Ballhaus, Theater) und Gartenanlagen genutzt wurde und in der Folgezeit dem Zwinger den Namen gegeben hat. Statt dieser Bauten und Gärten entstand v. 1711–28 unter der Leitung v. Matthäus Daniel Pöppelmann in mehreren Planungs- und Bauetappen das schönste und kostbarste Barockbauwerk v. D. Der führende Bildhauer bei der plastischen Ausgestaltung war Balthasar Permoser.
Der Beginn der Arbeiten hatte zum Ziel, ein Orangeriegebäude mit den üblichen Gesellschaftsräumen im Bereich der »Scharfen Ecke« der Befestigungsanlage zu schaffen. Der davon umgrenzte Zwingergarten weitete sich in der Folgezeit zum Festplatz, der Zwingerbau selbst wurde eine Arena, deren wichtigste Nutzung anläßlich der Hochzeitsfeierlichkeiten des Kronprinzen mit einer Tochter des Kaisers 1719 gegeben war.

Dresden, Zwinger, Wallpavillon >

Man betritt den 107 m breiten und 116 m langen Festspielplatz, der in den Plänen Pöppelmanns auch eine gärtnerische Gestaltung erhalten hat, durch das Kronentor (1713), das ein nach allen 4 Seiten offenes Obergeschoß mit geschwungener Kuppel besitzt, die v. einer Königskrone und 4 Adlern gekrönt wird. Das Kronentor mit seiner charakteristischen Silhouette ist zu einem Symbol der Stadt D. geworden. Es ist die Mitte der schmalen Langgalerie, die den sw Abschluß des Zwingers bildet. An diese schließen sich im NW die ältesten Teile des Zwingers an: der *Mathematisch-Physikalische Salon,* am Ende einer Bogengalerie der *Wallpavillon* und der *Französische Pavillon.* Der Wallpavillon (bis 1716 Überbauung der bereits vorhandenen Freitreppe zum Festungswall) ist der gestalterische Höhepunkt des gesamten Ensembles. Die letztmögliche Synthese v. Architektur und Bauplastik (Hermen) sowie die spezifische Dynamik der Architektursprache sind der Grund, daß dieses Bauwerk kaum in einer Darstellung über Barockarchitektur un-

Zwinger, Bekrönung des Kronentors

Dresden, Zwinger, Detail

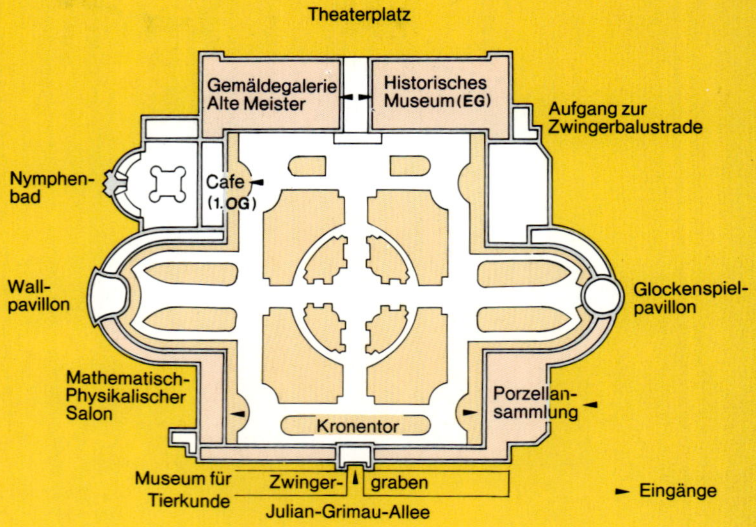

Dresden, Zwinger

erwähnt bleibt. Der Grundriß besteht aus lauter aneinandergefügten Schwingungen. Die Fensteröffnungen durchbrechen kühn die Tektonik des Architravs und lassen die ausgebrochenen Teile mehrere Meter höher, verformt, wiederfinden. Den Wallpavillon krönt die Verherrlichung des sächs. Herkules, Augusts des Starken. Nordwestlich des Französischen Pavillons und vom Hof aus nicht zu sehen, liegt das *Nymphenbad,* ein v. Grottenarchitektur umgebener Hof mit Wasserbecken, Wasserspielen und Statuen v. Nymphen. Auf der Wallseite befindet sich eine Kaskade mit Delphinen, Tritonen und Najaden.
Die dem Wallpavillon gegenüberliegende Seite des Zwingerhofes wurde 1718 in Tag- und Nachteinsätzen, ähnlich der Gegenseite, kopiert, um die Arena für die Hochzeitsfeierlichkeiten zu schaffen. Die Elbseite wurde provisorisch mit einer Holzgalerie abgeschlossen. Im Stadtpavillon, dem *Glokkenspielpavillon,* hängt nun wieder ein Glockenspiel, das aus 40 Glocken aus Meißner Porzellan besteht. Die unvollendete Zwingeranlage wurde auf der Elbseite 1847–54 durch den v. Gottfried Semper errichteten zweigeschossigen *Galeriebau* (Semper-Galerie) geschlossen (→ Museen). Im Zwinger befinden sich mehrere weitere Museen (→ Museen).
Hinter dem Zwinger liegt der 1794–95 neu erbaute *Marstall,* eine klassizistische Vierflügelanlage mit Reithalle an der Rückseite. Das Giebelrelief stellt ein antikes Wagengespann dar.
Heute befinden sich hier und in den anschließenden Neubauten die Werkstätten der Dresdner Staatstheater.

MUSEEN
(Staatliche Kunstsammlungen)

Die Sammlungen gingen aus der »Kunst- und Wunderkammer« hervor, die von Kurfürst August um 1560 gegründet wurde und

Dresden, Zwinger, Glockenspielpavillon >

Dresden, Zwinger, Detail

Dresden, Gemäldegalerie Alte Meister, Andrea Mantegna (1431–1506), Die Heilige Familie

deren Mittelpunkt ein Kirschkern mit 180 eingeschnitzten Menschenköpfen war, der noch heute im Grünen Gewölbe (unter einer Lupe) zu besichtigen ist.
Allmählich ließ das Interesse an Wunderdingen nach, August der Starke (Regierungszeit 1694–1733) und sein Sohn und Nachfolger Friedrich August II. (als König v. Polen August III.) schufen die Gemäldegalerie. Sie kauften in ganz Europa Bilder auf. Durch die Konversion zum Katholizismus galt ihr besonderes Interesse italienischer und niederländischer Malerei der Renaissance und des Hochbarock. Der spektakulärste Ankauf war 1744 der der Sammlung v. 100 der schönsten Gemälde aus dem Besitz des Herzogs von Modena für 100000 Zechinen, u.a. Giorgiones »Schlummernde Venus« und Werke v. Holbein, Rubens, Velázquez, Veronese, Tizian und Guido Reni. Die »Sixtinische Madonna« v. Raffael kam 1754 für 20000 Dukaten aus der Kirche San Sisto in Piacenza nach D. Das Grüne Gewölbe wurde 1721 auf Initiative des Königs v. M. D. Pöppelmann und Le Plat in vorhandenen Schloßräumen gestaltet und eingerichtet.
1940 hatte man die kostbaren Sammlungen in Depots ö der Elbe ausgelagert. Beim Rückzug der Wehrmacht wurden sie in ungeeignete Lagerstätten gebracht. Der Oberbefehlshaber der 1. Ukrainischen Front, Marschall Konew, und seine Leute bargen die Schätze unverzüglich. Die notwendigsten Restaurierungsarbeiten wurden in der Sowjetunion ausgeführt, 1955 und 1958 gab man die Kunstwerke an die DDR zurück.

Gemäldegalerie Alte Meister (Altstadt, Zwinger, Semper-Galerie): Angestammte Heimstatt dieser Sammlung ist das Galeriegebäude im Zwinger, das jedoch wegen gravierender technischer Mängel infolge des schnellen Wiederaufbaus seit 1955 für die Nutzung gesperrt werden mußte und nach umfangreichen Sanierungsmaßnahmen erst Anfang der 90er Jahre die Kunstbestände wieder aufnehmen kann. Bis dahin ist ein Teil der kostbarsten Bestände in der Galerie Neue Meister (Albertinum) ausgestellt. Das Gebäude selbst ist 1847–54

Dresden, Gemäldegalerie Alte Meister, Albrecht von Reesen, 1521, Albrecht Dürer >

Dresden, Gemäldegalerie Alte Meister, Pinturicchio (1454–1513), Bildnis eines Knaben

Dresden, Gemäldegalerie Alte Meister, Raffael (1483–1520), Sixtinische Madonna

für die gesamte königliche Bildergalerie sowie das Kupferstichkabinett v. Gottfried Semper im italienischen Renaissancestil errichtet worden. Mit Rücksicht auf die Zwingerarchitektur ergeben sich, im Vergleich mit anderen Galeriegebäuden aus jener Zeit, gewisse Eigenheiten (mittlerer Durchgang zum Zwinger, seitlich gelegene Haupttreppe, verhältnismäßig flache Rotunde, Herabzonung des Gebäudes auf der Zwingerseite u.a.). Die Bauplastik schuf Ernst Rietschel. Die international bedeutende Gemäldesammlung umfaßt zahlreiche Abteilungen: Altdt. Meister (u.a. Albrecht Dürer, Hans Holbein d.J., Hans Baldung, genannt Grien, und Lucas Cranach d.Ä.), altniederländische Meister (u.a. Jan van Eyck), niederländische Maler des 17. Jh. (u.a. Rembrandt, Peter Paul Rubens, Anthonis van Dyck, Frans Hals und Jan Vermeer van Delft), italienische Meister des 15. und 16. Jh. (u.a. Raffael, Tizian, Giorgione und Veronese), spanische Meister des 17. Jh. (u.a. Velázquez und Bartolomé Esteban Murillo), französische Meister des 17. Jh. (u.a. Nicolas Poussin und Claude Lorrain), dt. Meister des 17. Jh. (u.a. Adam Elsheimer) und italienische, französische und dt. Meister des 18. Jh. (u.a. Canaletto, Antoine Watteau, Antoine Pesne, Anton Graff) sowie Pastelle v. Rosalba Carriera, Maurice-Quentin de La Tour und Jean-Étienne Liotard. Neben den bereits erwähnten Gemälden verdienen Beachtung: »Maria mit dem Kinde, in einer Kirche thronend« (1437) v. van Eyck, der »Dresdner Altar« v. Dürer, die Porträts »Heinrich der Fromme, Herzog v. Sachsen« und »Katharina v. Mecklenburg, Herzogin v. Sachsen« v. Lucas Cranach d.Ä. (1514), »Selbstbildnis mit seiner Frau Saskia« (1635) v. Rembrandt, »Bathseba am Brunnen« (1653–55) v. Rubens und »Bei der Kupplerin« (1656) v. Vermeer.

Gemäldegalerie Neue Meister (Altstadt, Albertinum): Ein Museum für Kunst nach 1800 wurde in D. erstmalig 1931 in der Sekundogenitur (heute zum Hotel Dresdner Hof gehörig) eingerichtet. Heute ist dieses Museum im Albertinum mit untergebracht,

Dresden, Gemäldegalerie Alte Meister, Andrea del Sarto (1486–1536), Opferung Issaks, um 1527 >

Gemäldegalerie Alte Meister, Rembrandt (1606-1669), Selbstbildnis mit Saskia

Jan Vermeer van Delft (1632-1675), Brieflesendes Mädchen

die Exponate sind jedoch momentan, wegen der Hängung herausragender Werke der Gemäldegalerie Alte Meister (siehe dort), stark reduziert.

Der Kern des Albertinums (zwischen Zeughausplatz und Brühlscher Terrasse) ist das alte Zeughaus, 1559 begonnen (C. Voigt v. Wierandt, Melchior Trost, Paul Buchner), das 1884-87 v. K. A. Canzler als Museum und Archiv umgebaut worden ist. Nach Teilzerstörungen wurde es 1961-64 wieder aufgebaut und bietet nun im 2. Obergeschoß der Galerie Neue Meister eine Heimat.

Zu sehen sind dt. Malerei des 19. und 20. Jh., u. a. Werke v. Caspar David Friedrich, Ludwig Richter, Carl Spitzweg, Adolph v. Menzel, Arnold Böcklin, Anselm Feuerbach, Max Liebermann, Lovis Corinth, Emil Nolde, Karl Schmidt-Rottluff, Käthe Kollwitz, Otto Dix und Hans Grundig. Die Malerei des französischen Impressionismus und Nachimpressionismus umfaßt Werke so verschiedenartiger Künstler wie Édouard Manet, Claude Monet, Auguste Renoir, Edgar Degas, Vincent van Gogh, Paul Gauguin und Henri de Toulouse-Lautrec. Die Malerei der ehem. DDR ist mit Werken v. Paul Michaelis, Werner Tübke und Wolfgang Mattheuer vertreten. Einige Dauerleihgaben stammen aus dem Nationalmuseum Warschau und der Nationalgalerie Budapest.

Grünes Gewölbe (Altstadt, Albertinum): Die größte dt. Pretiosensammlung mit Arbeiten aus dem 15. bis 18. Jh. befand sich urspr. im Grünen Gewölbe des Schlosses. Nach der Restaurierung des Bauwerks wird sie auch dorthin wieder zurückkehren. Momentan hat sie noch eine Heimstatt im 1. Obergeschoß des Albertinums (→Gemäldegalerie Neue Meister). Spitzenleistungen unter den etwa 3000 Arbeiten sind »Der Hofstaat zu Delhi am Geburtstag des Großmoguls Aureng-Zeb«, 1701-08 v. Johann Melchior Dinglinger und seinen Brüdern für August den Starken geschaffen und aus 137 goldenen, bunt emaillierten Figuren bestehend, die auf einer vergoldeten Bühne stehen (der Preis der Kostbarkeit, die mit über 3000 Perlen, Smaragden, Rubi-

Dresden, Grünes Gewölbe, Der Großmogul >

Grünes Gewölbe, Weißer Reitelefant

nen und Diamanten geschmückt ist, betrug 58485 Taler), »Das Bad der Diana«, eine Chalzedonschale mit Gold, Silber, Edelsteinen, Elfenbein und Email v. J. M. Dinglinger und Balthasar Permoser (1704), und eine byzantinische Elfenbeintafel aus dem 10. Jh., die den auferstandenen Christus und den Besuch in der Unterwelt darstellt.

Historisches Museum (Altstadt, Zwinger, Semper-Galerie): Das im O-Flügel der Galerie untergebrachte Museum mußte wie die Gemäldegalerie Alte Meister (siehe dort) ihre Pforten schließen. Nach dem Wiederaufbau des gesamten Schlosses werden die sehr umfangreichen Sammlungen dort ein neues Domizil finden. Das Museum besitzt unter vielen anderen Exponaten Prunk- und Gebrauchswaffen vom ausgehenden MA bis zum 18. Jh., Orientalica sowie Prunkkleidung des sächs. Hofs vom 16. bis zum 18. Jh. Besondere Beachtung verdient der Krönungsornat v. August dem Starken, den er bei der polnischen Königskrönung 1697 trug.

Kupferstichkabinett (ö der Altstadt, Güntzstr. 34): Das Museum ist derzeit, zusammen mit der Hochschule für Bildende Künste, im ehem. Gebäude des Kunstgewerbemuseums und der Kunstgewerbeschule untergebracht, die 1906 nach Entwürfen v. W. Lossow, H. Viehweger und H. M. Kühne fertiggestellt wurde. Nach Wiederaufbau des Schlosses soll die Sammlung auch dort ihren Standort haben. Die etwa 500000 Blatt europäische Graphik und Zeichnung vom 15. Jh. bis zur Gegenwart umfassende Sammlung ist eine der bedeutendsten Europas. Weitere Abteilungen umfassen japanische Holzschnitte, illustrierte Bücher und künstlerische Fotografien. Hier befindet sich auch die *Zentrale Kunstbibliothek* mit zahllosen Büchern zu allen Gebieten der bildenden Kunst und etwa 25000 Ornamentstichen.

Münzkabinett (Altstadt, Albertinum): Im Albertinum (Gemäldegalerie Neue Meister) ist eine ganz kleine Schausammlung des Kabinetts untergebracht – das Studiendepot der bedeutenden Sammlung ist in der Güntzstr. 34 (siehe Kupferstichkabinett) mit untergebracht und wird nach dem Wiederaufbau des Schlosses auch dorthin überführt werden. Es handelt sich um eine der ältesten Sammlungen dieser Art. Sie umfaßt etwa 200000 Münzen, Medaillen und Banknoten v. der Antike bis heute. Beachtung verdienen die dt. und italienischen Renaissancemedaillen und die Sammlung der Wettiner Münzprägung.

Museum für Kunsthandwerk (Dresden-Pillnitz, → Pillnitz): Dieser Teil der Staatlichen Kunstsammlungen D. mit seinen wertvollen Beständen hat im Schloß Pillnitz eine neue Heimstatt gefunden.

Porzellansammlung (Altstadt, Zwinger): Diese beachtliche Sammlung umfaßt alles vom frühchinesischen bis zum Meißner Porzellan, Grabbeigaben v. der Sung- und der Ming-Dynastie. Besondere Beachtung verdienen die »Dragonervasen«, die August der Starke 1717 v. Friedrich Wilhelm I. v. Preußen gegen 600 sächsische Dragoner eintauschte.

Grünes Gewölbe, Der Hofstaat des Großmoguls, von J. M. Dinglinger >

Dresden, Ehemaliges Landhaus

Skulpturensammlung (Albertinum): Von der großen Sammlung kann wegen der vielseitigen Nutzung des Albertinums nur ein ganz bescheidener Teil ausgestellt werden. In der Halle, die sich v. dem alten Renaissance-Zeughaus erhalten hat, ist die Kunst bis zum Ausgang der Antike vertreten. Die wertvolle Sammlung enthält u.a. ägyptische Plastik und Kleinkunst, kretisch-mykenische Kunst, griech. Kunst (überwiegend röm. Kopien nach griech. Originalen), röm. Kunst, italienische, französische und dt. Meister des 15. bis 18. Jh. sowie französische und dt. Meister des 19. und 20. Jh. Wegen der Fülle des Materials soll zukünftig die MA-Abteilung der Skulpturensammlung auch im wieder aufgebauten Schloß Schauräume erhalten.

Staatlicher Mathematisch-Physikalischer Salon (Altstadt, Zwinger): Hier sind historische Instrumente aus verschiedenen Gebieten der Naturwissenschaften zu sehen, u.a. ein arabischer Himmelsglobus v. 1279 und eine große Uhrensammlung.

Volkskunstmuseum (Neustadt, Jägerhof, Köpkestr. 4): Die Sammlungen - u.a. sächs. Volkskunst und Trachten, Keramik, Schmiedearbeiten des 18. Jh., erzgebirgische Holzschnitzereien und Spielzeug - sind im ältesten Gebäude der Neustadt, dem Jägerhof, einem 1568-1613 errichteten Renaissancebau, untergebracht. Von der ehem. Vierflügelanlage ist nur der zweigeschossige W-Flügel mit Volutengiebel und 3 Treppentürmen mit welschen Hauben erhalten. Die urspr. Farbigkeit des Gebäudes wird rekonstruiert.

WEITERE MUSEEN

Dt. Hygienemuseum (ö der Altstadt, Lingnerplatz): Das Museum wurde 1928-30 v. Wilhelm Kreis als Stiftung des Industriellen Lingner in der w Verlängerung der Hauptachse des Großen Gartens erbaut, nachdem bereits vorher Hygieneausstellungen in D. (1. internationale Hygieneausstellung 1911) auf den Themenkreis, die medizinische Aufklärung, aufmerksam gemacht hatten. Die Ausstellung soll auf gesundheitserzieherischem Gebiet wirken. Berühmt sind die »Gläsernen Figuren«: Frauen, Männer, Pferde und Kühe. Sie werden auch in alle Erdteile exportiert.

Landesmuseum für Vorgeschichte (Neustadt, Japanisches Palais, siehe dort): Das Landesmuseum stellt die sächs. Forschungsstelle zur Ur- und Frühgeschichte dar. In einer Ausstellung werden die Ergebnisse der umfangreichen Forschungsarbeit dargestellt.

Museum für Geschichte der Stadt Dresden (Altstadt, Ernst-Thälmann-Str. 2): Das Museum ist im ehem. Landhaus untergebracht, einem frühklassizistischen Bauwerk, das 1770-76 v. Friedrich August Krubsacius für die sächs. Landstände (Parlament Sachsens) errichtet wurde. Zu beachten ist, daß die ehem. Hauptfassade sich nach der Landhausstr. wendet, der jetzige Haupteingang aber bis zum Durchbruch der früheren König-Johann-Str. sich zu einem Hof öffnete. In dem Museum wird die Geschichte der Stadt D. v. ihrer Gründung bis zur Gegenwart dokumentiert.

Museum für Tierkunde und Museum für Mineralogie und Geologie (Altstadt, Ständehaus, Augustusstraße): Die Sammlungen sind augenblicklich noch im ehemaligen Landtagsgebäude am Westende der Brühlschen Terrasse, das Paul Wallot 1901-1906 errichtet hat, untergebracht. Sie umfassen etwa 15000 Säugetiere, 50000 Vögel, 200000 Schnecken und Muscheln, 4 Millionen Insekten sowie 50000 Mineralien und 350000 Fossilien. Ein Ersatzbau für diese umfangreichen Sammlungen steht noch nicht zur Verfügung. - Im gleichen Gebäude befinden sich auch noch die *Dt. Fotothek* und das Sächs. Landesamt für Denkmalpflege.

Museum für Völkerkunde (Neustadt, Japanisches Palais, siehe dort): Das Museum besitzt etwa 75000 ethnographische Gegenstände aus allen Kontinenten sowie anthropologische Sammlungen, die einst im Zwinger untergebracht waren. Im Japanischen Palais zeigt das Museum nur Sonderausstellungen - in Herrnhut ist eine ständige Ausstellung zu sehen.

Verkehrsmuseum (Altstadt, Johanneum, Neumarkt): Das Hauptgebäude des Stallhofs, 1586-91 v. Paul Buchner errichtet, erhielt zum Jüdenhof zu 1729 die doppelläufige Freitreppe (M. v. Fürstenhoff). 1744 wurde das Bauwerk als 1. Gemäldegalerie Dresdens umgestaltet. Ein nochmaliger Umbau als Museum erfolgte 1872-76. Nach den Zerstörungen v. 1945 ist das Gebäude für das Verkehrsmuseum wieder aufgebaut worden (bis 1968). Das Museum vermittelt einen ausführlichen Überblick über die historische Entwicklung, den gegenwärtigen Stand und die Perspektive aller Verkehrszweige. Als Exponate dienen hauptsächlich Originale.

AUSSERDEM SEHENSWERT

In der Altstadt: Von dem großen Gebäude nö der Frauenkirche, dem 1744-46 v. J.Ch. Knöffel errichteten und 1762 umgebauten *Coselpalais,* haben sich, wieder aufgebaut, nur die 2 Flügelbauten erhalten. An einen Wiederaufbau des Hauptgebäudes als Sächs. Landesamt für Denkmalpflege ist gedacht. - Die Ruine des 1728-29 v. J.Ch. Knöffel an der Schießgasse errichteten *Kurländer Palais* ist einmal ein wichtiges Architekturzeugnis des typischen Dresdner Stils nach Pöppelmann, andererseits ein wichtiger Blickfang v. der Frauenkirche her, so daß ein Wiederaufbau erfolgen muß. - Das ehem. königliche *Polizeigebäude* an der Schießgasse wurde 1895-1900 v. J. Temper errichtet. Der Erweiterungsbau (1976-79) in Richtung Frauenkirche erschwert durch seinen abweisenden Charakter die wichtige bauliche Abrundung dieses innerstädtischen Gebietes. - Das *Landgericht,* Lothringer Str. 1 (nö der Altstadt), wurde 1888-92 v. A. Roßbach als Vierflügelanlage in Anlehnung an die Palastarchitektur der Florentiner Renaissance errichtet. - Auffallend im Stadtbild ist das moscheeartige, im pseudoorientalischen Stil 1909 nw der Altstadt errichtete Bauwerk, das sich die *Zigarettenfabrik Yenidze* errichten ließ.
Einen schönen Überblick über die Stadt hat man vom Fichtepark in Hohenplauen, wo der 25 m hohe, 1896 errichtete *Fichteturm* (Aussichtsturm) steht. Zu Füßen des Hanges liegt das weite Gebiet der Technischen Universität mit dem charakteristischen Observatoriumsturm auf dem Beyerbau (Bauingenieurgebäude, 1910-13 v. M. Dülfer).

In der Neustadt: Das *Sächs. Staatsarchiv* (am ö Rand der inneren Neustadt, Archivstr. 14) wurde 1911-15 nach Entwurf v. O. Reichelt und H. Koch erbaut, um die gesamten Akten des sächs. Staates aufzunehmen. Es ist mit seinen 12 Magazingeschossen eine herausragende gestalterische und funktionelle Leistung jener Zeit. - Die *Sächs. Landesbibliothek* ist noch immer in einer ehem. Kaserne, Marienallee 12, untergebracht. Sie besitzt u.a. über 700 Wiegendrucke aus dem 15. Jh. sowie zahlreiche Handschriften, u.a. eine v. 3 existierenden Maya-Handschriften (Codex Dresdensis), die in einem Buchmuseum besichtigt werden können. - Das *Armeemuseum* mit seinen reichen Beständen ist im ehem. Zeughaus der sächs. Armee, Dr.-Kurt-Fischer-Platz 3, untergebracht. - In der Straße der Befreiung (ehem. Hauptstr.) befindet sich das *Museum zur Dresdner Frühromantik.* Es handelt sich um das

Wohnhaus des angesehenen Malers Gerhard v. Kügelgen. Sein Sohn, Wilhelm v. Kügelgen, hat das D. des frühen 19. Jh. in seinen »Jugenderinnerungen eines alten Mannes« beschrieben (1870). In dem Museum wird an den Dichter der Befreiungskriege, Theodor Körner, erinnert, der am 23.9. 1791 in der Körnerstr. 7 geboren wurde (Haus im 2. Weltkrieg zerstört). Zu sehen sind neben seiner Uniform und Bibliothek auch Porträts, zeitgenössische Werkausgaben und Briefe. Johann Wolfgang v. Goethe sah 1813 v. einem Fenster dieses Hauses den Einzug der gegen Napoleon verbündeten Armeen. - Am Ende der Straße der Befreiung, auf dem Platz der Einheit, steht ein *Denkmal* seines Freundes Friedrich v. Schiller (in antikem Gewand), das 1914 aufgestellt wurde. - Eine weitere Literaturgedenkstätte in der Neustadt ist das *Jósef-Ignacy-Kraszewski-Museum* in der Nordstr. 28. Der Autor gehört mit etwa 600 Büchern zu den produktivsten Autoren der Welt. Es wird in dem Museum auch an andere polnische Autoren erinnert, die nach dem Warschauer Aufstand 1830-31 ihr Land verlassen mußten. - Erich Kästner wurde am 23.3. 1899 in der Otto-Buchwitz-Str. 66 als Sohn eines Sattlermeisters geboren. Seine Kindheit beschreibt er in dem Buch »Als ich ein kleiner Junge war« (1957).

In der Friedrichstadt: Das *Palais Marcolini,* ein langgestreckter, zweigeschossiger Barockbau mit einer Cour d'honneur als Eingangssituation, ist nach 1727 für den Grafen Brühl errichtet worden und wurde wiederholt umgebaut. Seit 1845 dient es als Krankenhaus. Die urspr. Innenausstattung ist teilweise erhalten. Im Chinesischen Zimmer verhandelten im Jahre 1813 Napoleon und Metternich, der Festsaal zeigt sich nun wieder im restaurierten Zustand. Im O-Flügel wohnte in den Jahren 1847-49 Richard Wagner. Am Ende der ehem. Hauptachse des Gartens (jetzt hinter dem Chirurgiegebäude) steht der *Neptunbrunnen.* Er ist die aufwendigste barocke Brunnenanlage v. D. Sie wurde von Lorenzo Mattielli, vermutlich nach Entwurf Z. Longuelunes, bis 1746 fertiggestellt. - In der Friedrichstr. 44 wurde der Maler und Illustrator der Romantik, Adrian Ludwig Richter, am 28.9. 1803 geboren.

EINGEMEINDETE VORORTE

Blasewitz (5 km ö): Das Dorf erweiterte sich im 19. Jh. beträchtlich durch den Bau v. Landhäusern und den Zustrom v. Sommergästen. Seit 1876 brachte ein v. W. A. Königsheim initiierter Bebauungsplan die Erweiterungen in geordnete Bahnen - Blasewitz entwickelte sich zu einem planvoll angelegten Villenvorort. Geschlossene Bebauung entstand fast nur am Schillerplatz - seit 1893 ist dies der Brückenkopf nach Loschwitz (siehe dort). Die 1892-93 erbaute *Heiliggeistkirche* (Backstein) entwarf E. Scherz. Da der erst 1921 eingemeindete Vorort Blasewitz durch die Zerstörungen 1945 kaum betroffen wurde, hat er seine Bausubstanz bis heute weitgehend bewahren können.

Briesnitz (5 km w): Die *Dorfkirche* wurde 1474 unter Verwendung geringer Reste aus dem 13. Jh. als flachgedeckter, langgestreckter Saal mit W-Turm und polygonal geschlossenem, gewölbtem Chor erneuert. Die heutige Erscheinung ist aber geprägt durch den Umbau L. G. Möckels (1882), der dem Inneren (Wölbung des Langhauses) und dem Äußeren einen völlig anderen Charakter verlieh.
Reste eines Schnitzaltars (1520), Emporenbrüstungsmalereien (N-Empore) sowie eine Sandsteintaufe v. 1595 sind noch vorhanden.

Hellerau (7 km n): Der aus England kommende Gedanke, Produktionsstätten und Wohnungen, isoliert v. der Großstadt, auf bisher unbebautem billigem Gelände als *Gartenstadt* zu errichten, um damit die sozialen Probleme der Zeit zu mildern, wurde hier am Rande der Dresdner Heide für Deutschland erstmalig und bezüglich der Bindung an Produktionsstätten auch einmalig verwirklicht. Angeregt durch den Gründer der Deutschen Werkstätten für Handwerkskunst, Karl Schmidt, entwarf Richard Riemerschmid 1908 einen Bebauungsplan, die Produktionsgebäude der Hellerauer Werkstätten, die Marktbebauung, die des Grünen Zipfels und anderer Straßen sowie Landhäuser. Neben ihm waren noch bedeutende Persönlichkeiten wie Hermann Muthesius, Heinrich Tessenow

Hosterwitz (Dresden), Schifferkirche Maria am Wasser

(u.a. Festspielhaus 1910–1912), Theodor Fischer, Kurt Frick u.a. hier tätig.

Hosterwitz (10 km sö): Die *Schifferkirche Maria am Wasser* ist ein spätgot. Saal mit dreiseitigem O-Abschluß (1497), der 1704 und 1774 vergrößert und umgebaut wurde. Auf dem W-Giebel erhebt sich ein barokker Dachreiter. Im Inneren befindet sich ein Kanzelaltar mit einem *Abendmahlsrelief* v. 1644. – In dem ehem. *Winzerhäuschen* Dresdner Straße 44 lebte Carl Maria v. Weber in den Jahren 1818–26 während des Sommers. Hier komponierte er Teile des »Freischütz«, die Oper »Euryanthe« und die »Aufforderung zum Tanz«. In dem Gebäude befindet sich heute eine Gedenkstätte.

Kaditz (8 km nw): 1740 wurde die spätmittelalterliche *Laurentiuskirche* (jetzt *Emmauskirche*) barock umgebaut. Der obere Teil des W-Turms stammt erst v. 1869. Der Kanzelaltar (Apostelfiguren v. G. Knöffler) datiert v. 1756. – Das stattliche *Pfarrhaus* wurde 1686 erbaut, das Diakonat in der 1. Hälfte des 18. Jh.

Leuben (10 km sö): In der neugot. *Himmelfahrtskirche,* 1901 v. E. Scherz entworfen, befinden sich der Taufstein (1610) der alten Kirche sowie das Grabmal des Hans v. Dehn-Rothfelser († 1561) v. Christoph Walther II. aus der Dresdner Frauenkirche. – Seit 1945 ist der Tanzsaal (Feenpalast) des Gasthofes Leuben als Theater ausgebaut und dient noch immer als Gebäude der *Staatsoperette.*

Leubnitz-Neuostra (6 km sö): Die *Dorfkirche Leubnitz,* ein Saal mit zweijochigem, gewölbtem Chor und mächtigem W-Turm, ist aus verschiedenen got. Entstehungsstufen zusammengefügt. Ein besonderer Schmuck ist die 1671 v. Gottfried Lukas gemalte Felderdecke des Langhauses. Bemalt sind auch die älteren Emporen auf der S- und W-Seite. 1720 ist der Saal dann nach N erweitert worden, verbunden mit dem Einbau einer zweigeschossigen Empore sowie der Orgelempore. Es gibt bemerkenswerte Epitaphe aus dem 16.-18. Jh., darunter das des Oberlandbaumeisters J. F. Karcher und des Bauernastronomen J. G. Palitzsch.

Lockwitz (12 km sö): Die *Dorfkirche,* ein langgestreckter, dreiseitig geschlossener Saal mit imitierten hölzernen Kreuzrippengewölben, erhielt ihre heutige Gestalt 1670. Der Altaraufsatz aus Sandstein entstand 1623 bzw. 1660, die Kanzel Ende des 17. Jh.

Loschwitz (6 km ö): Das Dorf erhielt erstmalig 1705-08, unter Beteiligung v. George Bähr, eine eigene *Kirche.* Der gestreckte, achteckige Bau war innen flach gedeckt und v. einem zentralen Dachreiter bekrönt. 1945 wurde er bis auf die Umfassungsmauern zerstört, der Wiederaufbau wird vorbereitet. - Das kleine, wenig bedeutende Dorf rückte seit 1569 ins Blickfeld, da Rodungen für Weinberge an den Loschwitzer Elbhängen erfolgten. Eine Anzahl *Weinberghäuser* bedeutender Familien entstanden dann dort. 1785 kaufte z. B. Ch. G. Körner den Weinberg Körnerweg 6. F. v. Schiller wohnte dort 1785-87 und schrieb in dem zugehörigen Gartenhäuschen (Schillerstr. 19) Teile des »Don Carlos« und die »Ode an die Freude«. In dem kleinen Gebäude ist ein *Museum* eingerichtet, ausgestattet mit zeitgenössischen Möbeln, Stichen und Gemälden. Das *Denkmal* gegenüber stellt Schillers Abschied v. der Familie Körner 1801 sowie Theodor Körners Abschied v. seiner Familie vor seinem Eintritt bei den Lützowschen Jägern 1813 dar. Mit der Fähre setzte Schiller auch nach dem gegenüberliegenden Gasthof Blasewitz über - die Wirtin, die »Gustel v. Blasewitz«, ist so durch ihn in die Literatur eingegangen. Neben Schiller waren im Körnerschen Weinberghaus auch Goethe, Wieland, Herder, Kleist, die Brüder Humboldt, Tieck, Novalis, Arndt, die Brüder Schlegel und Mozart zu Gast. - In der Collenbuschstr. 4 (Gedenkstätte) wohnte Martin Andersen-Nexö v. 1952 bis zu seinem Tode 1954. - Das Haus Schevenstr. 59 war das Landhaus des Goldschmieds v. August dem Starken, Melchior Dinglinger. Auch der Bildhauer Josef Hermann ließ sich im Weinberg Schillerstr. 12 eine Villa bauen. - Weiter elbabwärts befand sich Findlaters Weinberg mit einem zweistöckigen Landhaus. Prinz Albrecht v. Preußen erwarb das Grundstück und ließ 1850-54 durch Adolf Lohse das dreigeschossige *Schloß Albrechtsberg* erbauen. Östlich davon errichtete der gleiche Architekt 1850-53 für den Hofmarschall des Prinzen die *Villa Stockhausen* (Lingner-Schloß, jetzt Dresdner Klub der Intelligenz) - beide Schlösser sind durch einen großen Landschaftspark miteinander verbunden. Ein 3. Schloß ist die elbaufwärts anschließende *Villa Souchay* (*Schloß Eckberg,* zukünftig Gästehaus des Freistaates Sachsen), die 1859-61 unter C. F. Arnold nach dem Vorbild neugot. englischer Landsitze errichtet wurde. - 1897-98 entstand dann noch flußaufwärts, Pillnitzer Str. 59, durch den Architekten M. Pietzsch das *Künstlerhaus.* Es enthält 16 Künstlerwohnungen und -ateliers und ist ein Beispiel für den Übergang vom Eklektizismus zum Jugendstil. - 1891-93 ist Loschwitz mit Blasewitz durch eine gewaltige *Stahlbrücke* eigentümlicher Konstruktion verbunden worden. C. Köpke und Krüger entwarfen die 141 m zwischen 2 Pilonen frei gespannte Brücke, die wegen ihres urspr. blauen Anstrichs als »Blaues Wunder« bekannt ist. Die weitere Erschließung der in jener Zeit sehr gefragten

Loschwitz (Dresden), Körnerweg 6, Gartenhaus Körners

Ortsteile erfolgte dann 1895 durch die Standseilbahn, die bei 545 m Länge 95 m Höhenunterschied zum Stadtteil Weißer Hirsch bis zur Aussichtsgaststätte Luisenhof, als Balkon v. D. bekannt, überwindet. Nach Oberloschwitz ist die Schwebeseilbahn bis 1901 errichtet worden, die 84 m Höhe bei 280 m Länge überwindet. Beide waren seinerzeit die ersten ihrer Art in der Welt.

Pillnitz (11 km sö): Anstelle des Renaissanceschlosses, das August der Starke 1718 endgültig erworben hatte, sollte eine riesige Parkanlage mit Schloß und zahlreichen Nebengebäuden entstehen. M. D. Pöppelmann konnte schließlich nur das *Wasserpalais* (1720–21) und das *Bergpalais* (1723), 2 dreiteilige Pavillons, die parallel zur Elbe einen Gartenteil rahmten, projektieren und errichten. Das Wasserpalais ist über eine große Freitreppe mit dem Fluß verbunden, so daß Gondeln anlegen können. Durch große Hohlkehlen als Hauptgesims und gekehlte Mansarddächer in Verbindung mit gemalten Chinoiserien wurde der Chinamode Rechnung getragen. Beide Pavillongruppen wurden 1788–91 (Ch. T. Weinlig) durch Flügelbauten erweitert. Das urspr. Schloß verblieb noch weiterhin als Zielpunkt der Anlage. Erst nach einem Brand erbaute Ch. F. Schuricht 1816–26 das *Neue Palais,* wodurch der barocke Garten mit den fassenden Pavillons Ehrenhofcharakter erhielt. All diese Bauten des Klassizismus paßten sich der Chinoiserie Pöppelmanns weitgehend an. Das Zentrum des Neuen Palais, der Festsaal, ist mit Malereien v. C. Vogel v. Vogelstein geschmückt. In den NO-Flügel ist die kath. Kapelle einbezogen, die gleichfalls v. Vogelstein ausmalte. Nordöstlich vom Neuen Palais gibt es eine klassizistische Schloßwache (1824). 1765–1918 diente das Pillnitzer Schloß als Sommerresidenz der Kurfürsten bzw. Könige v. Sachsen. Das Wasser- und das Bergpalais beherbergen heute das *Museum für Kunsthandwerk* der Staatlichen Kunstsammlungen Dresden. Es werden Meisterleistungen an Möbeln, Bild- und Flachschnitzarbeiten, Glas-, Keramik-, Metall- und Edelmetallarbeiten gezeigt. – Nach 1780 wurde die barocke Gartenanlage in Richtung des Hanges als Arboretum im Landschaftsgartenstil erweitert. In diesem Parkteil entstand 1784 durch Weinlig der Rundtempel, 1804 wohl durch Schuricht der chinesische Pavillon, und der Ringrennenbau Longuelunes wurde zur Orangerie umgebaut. Oberhalb v. Pillnitz, am Hange des Borsbergs, wurde v. J. D. Schade eine got. Ruine (1785), die dem Zeitgeschmack

Pillnitz (Dresden), Wasserpalais

entsprach, künstlich errichtet. Die *Weinbergkirche,* 1723-27 v. M. D. Pöppelmann erbaut, ersetzte die abgetragene ev. Schloßkapelle nun außerhalb des Schloßbereichs. Der einfache rechteckige Saal hat 2 eingestellte Emporengeschosse auf 3 Seiten. Die Ausstattung (Abendmahlsrelief v. 1648 auf dem Altar und der Taufstein) wurde aus der alten Schloßkapelle übernommen.

Strehlen (5 km sö): Die *Christuskirche* wurde 1903-05 nach Plänen der Architektenfirma Schilling & Gräbner als charakteristisches Beispiel des Dresdner Jugendstils errichtet und ist mit ihrer 66 m hohen Doppelturmfassade ein Wahrzeichen dieser Gegend. Die farbige Ausgestaltung (Gußmann) konnte in jüngerer Zeit rekonstruiert werden, so daß sie wieder weitgehend dem Original entspricht.

Tolkewitz (6 km sö): Mit der Bevölkerungsexplosion in D. am Ende des 19. Jh. mußten auch neue Bestattungsstätten geschaffen werden. Die Gemeinden der Kreuz-, Frauen- und der Johanniskirche schufen sich im Tolkewitzer Tännicht den *Johannisfriedhof,* dessen Feierhalle v. Paul Wallot entworfen und 1881 eingeweiht wurde. Bedeutsamer jedoch war der Bau des *Krematoriums,* für das die Stadt 1908 Land erwarb. Fritz Schumacher schuf dort eines der bedeutendsten Monumentalbauwerke dieser Art, das 1911 eingeweiht wurde.

Trachau (6 km nw): Im Rahmen des sozialen Wohnungsbaus der 20er Jahre und der städtebaulichen Abrundung eines Randgebietes schuf 1927-28 Stadtbaurat Paul Wolf einen Bebauungsplan, den Hans Richter in den Hochbauten durcharbeitete.
Hier wurden mehrgeschossige Wohnkomplexe, Laubenganghäuser und Einfamiliendoppelhäuser kombiniert und einem Altersheimbereich (heute Stadtkrankenhaus Dresden-Neustadt) gegenübergestellt.
Auch die Versorgungseinrichtungen fanden Berücksichtigung. Die funktionell-sachliche Gestaltung reiht sich ein in gleichzeitige Bemühungen des Dessauer Bauhauses.

Übigau (4 km nw): Das zweigeschossige barocke *Schloß* an der Elbe wurde 1724-25 erbaut. Baumeister war Johann Friedrich Eosander v. Göthe. Die urspr. offenen Bogengänge im Obergeschoß sind nur noch auf der Gartenseite erhalten. Zum Garten führt eine zweiarmige Freitreppe.

Wachwitz (8 km sö): Oberhalb der bewaldeten Hänge, weit über dem alten Ortskern, steht ein neues Wahrzeichen v. D., der 1969

Pillnitz (Dresden), Bergpalais

erbaute *Fernsehturm*. Er ist 252 m hoch. In 148 m Höhe befindet sich eine Aussichtsplattform mit Café, v. der man bei klarer Sicht das Böhmische Mittelgebirge und die Türme des Meißner Doms sehen kann.

Weißer Hirsch (7 km ö): Mit der Eröffnung des Sanatoriums v. Dr. Heinrich Lahmann im Jahre 1883 fand die kleine Landgemeinde breites Interesse. Der Weiße Hirsch wurde zu einem international renommierten Kurort, worauf sich die Bebauung eingestellt hat. Mit der Umwandlung des Sanatoriums in ein sowjetisches Lazarett fand 1945 diese Entwicklung ihr vorläufiges Ende.

Umgebung

Freital (8 km sw): In einem *Renaissanceschloß* aus dem 16. Jh., das 1840 neugot. umgebaut wurde (Burgker Str. 61) und einen klassizistischen Festsaal (1820) besitzt, befindet sich das *Museum »Haus der Heimat«*. Es zeigt die Geschichte des Bergbaus im Freitaler Revier, Bergmännische Volkskunst, Knappschaftsfahnen und -uniformen. Darüber hinaus existiert noch ein hochkarätiger Kunstschatz: Rund 500 Gemälde Dresdner Künstler aus der 1. Hälfte dieses Jh. (z.B. O. Dix, C. Felixmüller, A. Erbslöh, A. Kubin, O. Zwintzscher, H. Grundig, W. Lachnit, H. Jüchser, W. Rudolph, J. Hegenbarth, B. Kretzschmar, C. Querner) sind in den Magazinen aufbewahrt, v. denen etwa 100 v. der neuen Städtischen Kunstsammlung ab 1991 der Öffentlichkeit dargeboten werden sollen.

Grillenburg (20 km sw): Das zweigeschossige *Jagdschloß* wurde 1558 unter Leitung v. H. v. Dehn-Rothfelser erbaut, im 18. Jh. wurde es stark verändert.

Hermsdorf (18 km n): Die *Schloßanlage* des 16. Jh. hatte, ähnlich wie Moritzburg, 4 runde, niedrige Ecktürme (3 davon erhalten, einer davon Ende des 17. Jh. als Kapelle ausgebaut) mit verbindenden Mauern. Der zweigeschossige Hauptbau (Feierabendheim) ist langgestreckt und hat ein Mansarddach. Vor einem breiten Giebelfeld steht ein achteckiger Treppenturm. Die beiden streng dorisch gegliederten Portale mit reichgeschnitzten Holztüren entstanden 1570. Nach dem Brand 1729 erfolgte der Wiederaufbau durch George Bähr. Von der ö Schmalseite des Schlosses geht eine Wasserachse des Barockparks aus. Teilweise ist die Gartenanlage, die hochwertige Skulpturen besitzt, landschaftlich umgestaltet worden.

Strehlen (Dresden), Christuskirche

Tolkewitz (Dresden), Krematorium

Übigau (Dresden), Schloß

Moritzburg (Dresden), Fasanerieschlößchen >

Moritzburg (Dresden), Jagdschloß

Moritzburg (18 km nw): 1542–46 ließ Herzog Moritz am Rand des Friedewaldes, der eines der bevorzugten Jagdreviere der sächs. Kurfürsten und Könige war, ein schlichtes *Renaissanceschloß* errichten. Es stand in einem ummauerten Hof mit 4 runden Ecktürmen. August der Starke ließ es 1723–36 v. M. D. Pöppelmann zu einem barocken Prachtschloß aus- und umbauen. Die nun H-förmige Anlage (der Kernbau ist über die H-Form hinaus beiderseits verlängert) bezog die Rundtürme mit ein und erhöhte sie. Die architektonische Gliederung ist, wie bei vielen sächs. Barockbauten, nur illusionistisch aufgemalt (rekonstruiert). Die dem Schloßbereich benachbarten Teiche sind in Schloßnähe reguliert worden, eine schnurgerade Allee führt v. D. her 5 km auf das Schloß zu. Das Schloß ist v. einer Terrassenanlage umgeben. J. Ch. Kirchner und B. Thomae haben sie mit Statuen geschmückt. Sie schufen auch die Prunkvasen und Puttengruppen auf den Balustraden. Am Hauptaufgang stehen zwei 2 m hohe Statuen v. Piqueuren (Vorreiter bei der Parforcejagd). Im w vorspringenden Flügel liegt die Kapelle, die bereits 1661–72 v. W. C. v. Klengel in das urspr. Ensemble eingefügt wurde. Im Inneren ist sie reich stuckiert. Das Deckengemälde schuf J. Fink um 1670. Es zeigt die Himmelfahrt Christi. Der Altar entstand 1672.

Das Schloß ist heute *Barockmuseum*. Sehenswert sind die geräumige Eingangshalle mit Kreuzgratgewölben, in der sich einige Galakutschen befinden, ein Raum, dessen Einrichtung mittels exotischer Vogelfedern hergestellt wurde, der Speisesaal (das Gegenstück zur Schloßkapelle) mit einer kostbaren Geweihsammlung sowie der Monströsensaal mit außergewöhnlichen Geweihformen. Die Sammlungen umfassen Ledertapeten, barocke Möbel, ostasiatische und europäische Lackmöbel, ostasiatisches und Meißner Porzellan sowie Gemälde v. Lucas Cranach d. J. und Louis de Silvestre. Im Erdgeschoß ist eine *Käthe-Kollwitz-Gedenkstätte* eingerichtet. Die 1867 geborene Malerin und Graphikerin war 1945 in einem Haus am Schloßteich gestorben.

Der n an die Schloßterrasse anschließende Barockgarten ist v. 2 Pavillons gefaßt. – Das Hellhaus nö des Schlosses steht an einem zentralen, erhöhten Punkt des Schneisensystems des Jagdgebietes und ist ein schlichter Barockbau aus der Zeit um 1770. Das 3 km ö liegende, 1769–82 v. J. D. Schade und J. G. Hauptmann errichtete Fasanerieschlößchen zeigt heute eine *vogelkundliche Ausstellung* des Museums für Tierkunde Dresden. Es ist zweigeschossig und wird v. einer Laterne bekrönt, die eine Chinesengruppe abschließt. Westlich des Schlößchens liegt ein Bassin mit einer Figurengruppe v. C. F. Schäfer (Leda mit dem Schwan), ö ein kleiner Hafen mit Mole und Leuchtturm, der einst für theatralische Seeschlachten genutzt wurde.

Zwischen Schloß und Fasanerieschlößchen liegt die Churfürstliche Waldschänke, die 1780 erbaut wurde und in der sich heute ein Hotel befindet. In Moritzburg gibt es auch ein *Wildgehege* und ein *Staatliches Hengstdepot*. Hengstschauen und das Abfischen der Karpfenteiche sind Publikumsattraktionen.

Radeberg (16 km nö): Die kleine Stadt mit rechteckigem Markt ist wohl im 14. Jh. im Anschluß an die ö gelegene Burg angelegt worden. – Das *Schloß Klippenstein* ist ein im 16. Jh. unter Verwendung ma Reste entstandener Renaissancebau, den E. Eckhardt 1628 restaurierte. Hier befindet sich heute ein *Heimatmuseum* u. a. mit einer Sammlung zur Stadtgeschichte.

Radebeul (12 km nw): Das Dorf Radebeul, das sich seit 1870 zu einem Industriestandort entwickelte (Arzneimittel, Druckmaschinen, Werkzeuge u. a.), ist erst 1923 Stadt geworden – 1935 vereinigte es dann 9 ehem. Gemeinden. Die Stadt Radebeul schließt die Lößnitz mit ein, die wegen der klimatisch günstigen Lage bereits seit dem MA dem Wein- und Gartenbau diente. Der früher landesherrliche Teil heißt Hoflößnitz. – *Haus Hoflößnitz (Heimatmuseum)* wurde 1650 v. E. Eckhardt erbaut. Das Obergeschoß des zweigeschossigen Gebäudes mit Walmdach besteht aus Fachwerk, ein achtseitiger Treppenturm ist der N-Seite vorgelagert. Der Saal im Obergeschoß hat qualitätvolle Deckenmalereien auf Leinwand (brasilianische Phantasievögel) v. A. van den Eeckhout. Das *Spitzhaus* (Gaststätte) ist ein etwa gleichzeitig entstandenes Weinberghaus. Das *Bennoschlößchen* entstand schon um 1600. Viele weitere, teilweise verbaute Weinberghäuser sind in diesem Landschaftsteil, der Oberlößnitz, erhalten. – Auch in der *Niederlößnitz* (w anschließend) sind *Weinberghäuser* des 18. Jh. zu nennen: Es seien erwähnt der *Minckwitzsche Weinberg* (Anfang 18. Jh.), das *Weinberghaus Friedstein* (1772) und der *Altfriedstein* (heute Altersheim, 1742). Die repräsentativste Anlage ist aber *Wackerbarths Ruhe* (1727–29), der Alterssitz des Generalfeldmarschalls. Das Hauptgebäude wurde 1853 z.T. umgestaltet. Besonders eindrucksvoll ist das außen achteckige Belvedere (J.Ch. Knöffel) auf halber Höhe, mit dem Hauptbau durch eine Freitreppe verbunden, auch der runde, etwas seitlich angeordnete Jakobstein auf der Bergeshöhe. – In der ehem. *Villa* Barkengasse 6, die mit Gerhart Hauptmanns Jugendjahren verbunden ist, befindet sich die *Puppentheatersammlung* der Staatlichen Kunstsammlungen Dresden. Sie umfaßt Puppen aller Spieltechniken sowie Textbücher, Theaterzettel und Bilderbogen. – Das gefragteste Museum Radebeuls ist aber das *Karl-May-Museum*. Im ehem. Wohnhaus des Schriftstellers, der Villa Shatterhand, wird seit 1985 über Leben und Werk des 1912 in Radebeul Verstorbenen informiert. Zu sehen sind Gegenstände aus dem Besitz v. Karl May: reichverzierte Möbel, kupferne Gefäße und Waffen. In dem 1925 gebauten Blockhaus, der Villa Bärenfett, ist die Ausstellung »Indianer Nordamerikas« zu sehen. Ein Großteil der 850 gezeigten Exponate gehört zur Sammlung des Artisten Patty Frank, der bis zu seinem Tode das Museum leitete. – Das monumentale *Grabmal Karl Mays* in Form eines antiken Nike-Tempels mit steinernem Sarkophag befindet sich auf dem Friedhof in Radebeul-O (Kirchplatz).

Seifersdorf (17 km nö): Das um 1530 errichtete *Wasserschloß* wurde nach Plänen v. K.F. Schinkel neugot. umgebaut und 1822 fertiggestellt. – Die *Dorfkirche*, ein Saal mit dreiseitigem O-Schluß, ist einheitlich 1605 als Renaissancebau errichtet. Gleichzeitig entstanden der Epitaphaltar und der Kanzelfuß. Es existiert noch der Rest eines spätgot. Schnitzaltars.

Das Seifersdorfer Tal wurde ab 1781 in die wohl bekannteste sentimentalische Parklandschaft (44 Staffagen) umgestaltet. Initiatorin der 1791 abgeschlossenen Arbeiten war die Gräfin v. Brühl. Nur Reste sind erhalten.

Tharandt (13 km sw): Das Städtchen entwickelte sich in der 2. Hälfte des 15. Jh. zu Füßen der nach 1200 auf einem steilen Bergsporn entstandenen Burg, die ihre Blütezeit gegen Ende des 15. Jh. erlebte, nach 1568 jedoch verfiel und heute nur noch

Moritzburg (Dresden), Fasanerieschlößchen, Leuchtturm am Hafen

Ruine ist. – Anstelle der Kapelle entstand 1627, neben der Burgruine, die jetzige *Kirche,* 1807 wurde sie nach einem Brand durchgehend erneuert (zweigeschossiger Emporensaal). Am W-Turm ist ein hochwertiges spätroman. Portal unbekannter Herkunft eingebaut. Die Kirche besitzt eine spätgotische Kreuzigungsgruppe (um 1500).

Die Bedeutung Tharandts beruht in der Errichtung der privaten Forstlehranstalt durch Heinrich Cotta im Jahre 1811, die dann 1816 staatliche Forstlehranstalt wurde und heute Teil der Technischen Universität Dresden ist. Der 18 ha große *Forstbotanische Garten* mit seinen Raritäten wurde etwa gleichzeitig mit der Forstlehranstalt gegr.

Wachau (20 km nö): Der zweigeschossige Emporensaal der *Dorfkirche* (1820) behielt den Turm v. 1689 bei. Er hat einen schlichten Kanzelaltar. In der Sakristei existiert ein gutes Kruzifix aus Meißner Porzellan (18. Jh.). – Das *Schloß* (1730) ist eine hufeisenförmige Anlage, zweieinhalbgeschossig, mit hohem Mansarddach. Der dreiachsige Mittelbau ist reich gegliedert und hat einen geschwungenen Balkon, ein Relieffeld im Giebel, eine Auffahrtrampe und eine Freitreppe. Im Inneren sind noch das Vestibül und die Treppenanlage erhalten.

F

9200 Freiberg

Freiberg

Einw.: 51 300 | Höhe: 401 m | S. 258 □ H 9

Die Stadt am Fuß des Osterzgebirges war im Mittelalter die größte Stadt Sachsens. Die älteste Siedlung im heutigen Stadtbereich war das 1160 gegründete Christiansdorf mit der Jakobskirche. Nach der Entdeckung von Silber 1168 bildete sich eine Bergmannssiedlung, die »civitas Saxonum« (Sächsstadt) genannt wurde. Sie lag wahr-

Freiberg, Blick vom Rathaus auf den Marktplatz

Blick auf die Stadt mit Rathaus >

scheinlich in der Gegend des heutigen Donatsfriedhofs. Die Bergleute, die sie besiedelten, kamen aus dem Harz. Um 1180 wurde die Siedlung mit der Nikolaikirche regelmäßig angelegt, um 1215 die sogenannte Oberstadt am Obermarkt mit der Petrikirche. Anschließend erfolgte der Ausbau des Untermarkts mit seiner Marienkirche im Zusammenhang mit einem Herrenhof, aus dem sich die landesherrliche Burg entwickelte (nach 1525 als Schloß Freudenstein bekannt). Die Vorrangstellung der ältesten Jakobkirche wurde schon 1218 an die Petrikirche übergeben - nach der Gründung eines Kollegiatstiftes bei St. Marien im Jahre 1480 übernahm dann die nun Dom gewordene Kirche diese Funktion. Die 4 Siedlungskomplexe mit ihren selbständigen Pfarrkirchen zeugen von der Bedeutung der Gesamtstadt, die früh ummauert war und im hohen und späten Mittelalter als erste freie Bergstadt Deutschlands infolge ihrer fortschrittlichen Verfassung eine Führungsrolle einnahm. - Die Bebauung nach einem Stadtbrand von 1484 prägt noch heute weite Teile des Stadtbildes. Bis zum Dreißigjährigen Krieg war Freiberg die wirtschaftlich bedeutendste Stadt Sachsens (größer als Leipzig). Durch den Besitz von Schmelzhütten und einen ausgedehnten Fernhandel kam die städtische Oberschicht zu Wohlstand. Die Freiberger Münze, die wichtigste des Landes, blieb immer in der Hand des Landesherrn.

1765 wurde die Bergakademie gegründet. Hier studierte der romantische Dichter Friedrich von Hardenberg (Novalis). Besucht wurde sie auch von Georg Forster, Alexander von Humboldt, Johann Wolfgang von Goethe und Theodor Körner.

1913 wurde der Silberbergbau eingestellt, 1969 der Erzbergbau insgesamt (Zinn, Zink, Blei). Die Bergindustrie verlegte sich auf die Verhüttung von Spurenelementen.

Dom (Pfarrkirche St. Marien, Unterstadt): Der Neubau des Domes entstand nach dem Stadtbrand in den Jahren zwischen 1484 und 1512 unter Leitung v. Johann und Bartholomäus Falkenwalt bei Beibehaltung einzelner Teile des ausgebrannten Bauwerks (die O-Teile der Kirche sowie das ehem. Hauptportal). Beim Langhaus handelt es sich neben der Leipziger Thomaskirche um eine der ersten spätgot. obersächs. Hallenkirchen. Die achteckigen, gekehlten Pfeiler des dreischiffigen Langhauses sind so schlank, daß man den Raum als Einheit erleben kann. Zwischen den zum Teil nach innen gezogenen Strebepfeilern sind Emporen gespannt, mit balkonartigen Aus-

Freiberg, Dom, Goldene Pforte

Freiberg, Dom, Tulpenkanzel (rechts) >

buchtungen um die Pfeiler herum (sog. obersächs. Emporen), die das gesamte Langhaus umziehen und damit auch den älteren Chor (um 1400) lettnerartig abtrennen.
Vom roman. Vorgängerbau ist das W-Portal erhalten, die *Goldene Pforte* (um 1230). Ende des 15. Jh. wurde sie an die S-Seite (ehem. Querhaus) versetzt. Seit 1902 wird sie v. einem Jugendstilvorbau (Schilling & Gräbner) gegen das Wetter geschützt. Das Portal gilt als eines der bedeutendsten dt. Beispiele der engen Verbindung v. Architektur und Plastik. Der Name verweist auf die nachgewiesene urspr. Farbigkeit, in auffallendem Maße Gold. Sein Bildprogramm, wahrscheinlich durch die Zisterzienser v. Altzella vermittelt, entspricht in kleinerem Rahmen dem der W-Fassaden der großen französischen Kathedralen, die gleichzeitig entstanden.
Am linken Gewände sind Daniel, die Königin v. Saba, König Salomo und Johannes d. T. zu sehen, am rechten Gewände der Evangelist Johannes (oder Nahum), König David, Batseba und Aaron. Über und unter den Figuren befinden sich Menschen- und Tierköpfe. Im Tympanon thront, v. Engeln umgeben, die Muttergottes, l v. ihr die Hll. Drei Könige, r Josef und der Erzengel Gabriel. In den das Tympanon umgebenden Archivolten wechseln figürliche mit ornamentalen Darstellungen. In der 1. Archivolte mit figürlicher Darstellung sieht man die Marienkrönung und 4 Erzengel, in der 2. Abraham, der die Seelen der Gerechten empfängt, mit Aposteln und Evangelisten, in der 3. zwei Engel, die die Taube des Hl. Geistes verehren, und in der 4. Auferstehende, die v. einem Engel empfangen werden.
Die *Ausstattung* des Langhauses zeugt v. dem Reichtum der Bergbaustadt. Die *Triumphkreuzgruppe* v. 1230 ist eines der Hauptwerke dt. Holzplastik, vergleichbar mit der in Wechselburg (hier jedoch ohne das originale Kreuz und nun nicht mehr in der roman. Umgebung). – Die eigenwillige *Tulpenkanzel* wurde ca. 1510 v. Hans Witten geschaffen. Sie gilt als ein letztes Werk der sächs.-thüringischen Spätgotik, die barocke Züge aufweist. Korb und Schaft sind

Freiberg, Dom, Blick durch das
< Hallenlanghaus nach Osten

als phantastisches Gewächs gebildet, die Gestalten symbolisieren den Ursprung des Freiberger Silberbergbaus gemäß einer Fabel. Benachbart steht die 2., die *Bergmannskanzel* des Domes, v. 1638. Korb und Treppe werden jeweils v. einem Bergmann getragen. Sie ersetzte die ältere, unbequemere Kanzel. - Der *Apostelzyklus* (13 Figuren) an den Strebepfeilern wurde um 1500 geschaffen. Die Achteckpfeiler schmücken die Figuren der klugen und törichten Jungfrauen (um 1510). Der *Hauptaltar* entstand 1649, das Gemälde, das die Reichung des Abendmahls in beiderlei Gestalt darstellt, ist laut Bezeichnung schon 1560 entstanden. - Ein Meisterwerk besonderer Art ist die 1711-14 v. Gottfried Silbermann geschaffene *Orgel.* Mit ihren 45 Registern ist sie das 1. große Werk, das G. Silbermann in Sachsen gebaut hat, jedoch hat es mit den geringsten Veränderungen die Zeiten überdauert und ist damit bes. wertvoll. Den Prospekt entwarf Elias Lindner. Auch die kleine Orgel in der NO-Ecke des Langhauses stammt v. Silbermann, geschaffen für die Freiberger Johanniskirche. Sie dient als Begleitinstrument bei Konzerten. - Die Fürstenempore mit dem sächs. und polnischen Wappen im N-Schiff ist 1726 v. M. D. Pöppelmann entworfen worden.

Der Gesamtraum erhielt 1962 anläßlich der Restaurierungsarbeiten wieder eine den urspr. Befunden angepaßte Farbigkeit.

1585-94 wurde der *Chor* v. Giovanni Maria Nosseni als Grabanlage der protestantischen Wettiner umgestaltet. Im Vorchor steht das Kenotaph (ein leeres Grab) des Kurfürsten Moritz (†1553) v. 1563. Das Renaissancegrabmal ist dreigeschossig und aus verschiedenfarbigem belgischem Marmor gefertigt. Es wird v. der lebensgroßen knienden Figur des Kurfürsten gekrönt. In der S-Kapelle steht das Grabmal der Kurfürstinnen Sophie v. Sachsen (†1711) und Wilhelmine Ernestine v. der Pfalz (†1706), geschaffen 1702-04 v. Balthasar Permoser. Die lebensgroßen Bronzefiguren kniender Fürsten an den Wänden des Chores in einer architektonischen Rahmung wurden bis 1594 weitgehend v. C. de Cesare aus Florenz geschaffen.

Im Gewölbe ist die Ankündigung des Jüng-

Freiberg, Dom, Südliches Seitenschiff mit »obersächsischer Empore« >

sten Gerichts dargestellt. Stuckplastik, verbunden mit Malerei, erzeugt eine einzigartige illusionistische Wirkung.
Zu den Nebengebäuden des Domes gehören die zweischiffige spätgot. *Annenkapelle* (1512) mit interessanten Schlingrippengewölben und daran anschließend die *Begräbniskapelle* der Familie v. Schönberg mit Stukkaturen v. 1672. - Thümerei → Stadt- und Bergbaumuseum.

Jakobikirche (sö der Altstadt): Das neugot. Bauwerk wurde 1890-92 errichtet. Die Ausstattung stammt großenteils aus der Vorgängerkirche. Beachtung verdienen der Schnitzaltar v. 1610 v. Bernhard Ditterich und Sebastian Grösgen, der kelchförmige Taufstein (1555) v. Hans Walther II., das Alabasterkruzifix (1710) v. Balthasar Permoser und die Orgel (1716-17) v. Gottfried Silbermann. Der begnadete »Königlich Polnische und Kurfürstlich Sächsische Hof- und Landorgelbaumeister« lebte in F. v. 1711 bis 1751. - Der hinter der Kirche gelegene *Donatsfriedhof* entstand 1521. Hier befinden sich noch Grabdenkmäler aus dem 18. und 19. Jh.

Johanniskirche (sw der Altstadt): Die Kirche, die 1958 für die kath. Gemeinde stark vereinfacht wiederhergestellt wurde, stammt aus den Jahren 1659-61 und geht auf die ma Kapelle eines Spitals vor den Toren der Stadt zurück. Sie liegt sw des Scheringer-Parks. Der Raum hat eine hölzerne geschwungene Empore. Der geschnitzte Flügelaltar aus dem frühen 16. Jh. ist eine Altenburger Arbeit und stammt aus Oelsnitz im Erzgebirge. Im Zentrum des Schreins sieht man Anna selbdritt.

Nikolaikirche: Die Pfarrkirche der ältesten Bergmannssiedlung wurde am Ende des 12. Jh. gegr. Von diesem Bauwerk ist noch die 1631 erhöhte Westturmgruppe erhalten. Die Kirche selbst entstand als spätgot. Hallenkirche im 14. und 15. Jh. neu. Sie wurde 1750-52 unter Leitung v. Johann Christoph Knöffel und Johann Gottlieb Ohndorff barock erneuert. Aus dieser Zeit stammen auch der Hochaltar v. Johann Gottfried Stecher mit dem Altarbild der Himmelfahrt

Freiberg, Dom, Blick nach Westen
< zur Großen Silbermann-Orgel

Christi v. Christian Wilhelm Ernst Dietrich sowie die Kanzel und die Taufe v. J.F. Geilsdorf. In der *Sakristei* befindet sich noch ein Abendmahlsrelief, das der Meister der Freiberger Domapostel 1510–20 schuf.
Die Kirche ist seit Jahren profaniert und als Lager genutzt, soll aber wieder einer öffentlichen Nutzung zugeführt werden.

Petrikirche (w des Obermarktes): Die Kirche der Neustadt entstand zwischen 1210 und 1218; in ihr amtierte bis 1480 auch der Erzpriester. Nach einem Brand 1386 wurde sie im 15.Jh. got. verändert und 1729–34 das Innere durch Johann Christian Simon, Johann George Enderlein und Johann Christoph Stecher umgebaut. St. Petri ist eine dreischiffige Halle mit Querschiff, einem rechteckigen Chor und einer roman. Doppelturmfassade (einen der Türme kann man besteigen; aus 72 m Höhe hat man eine gute Aussicht) sowie dem an der O-Seite befindlichen runden Hahnenturm. Taufstein, Kanzel und Lesepult schuf Johann Christian Feige 1733–34, die Orgel ist ein Werk v. Gottfried Silbermann (1733–35).
Veränderter Raumbedarf führte dazu, daß Friedrich Preß den Chor als selbständig nutzbaren Gottesdienstraum gestaltet hat; die Emporen wurden teilweise für andersartige Nutzungen unterteilt und abgetrennt.

Donatsturm (O-Seite der Altstadt): Der dreigeschossige spätgot. Turm aus dem 15.Jh. ist Teil der noch erhaltenen und in Restaurierung befindlichen Stadtbefestigung zwischen Terrassen- und Donatsgasse. Das Obergeschoß hat Geschützöffnungen, das Kegeldach entstand 1515. Im Inneren existiert noch ein Göpel zum Aufzug schwerer Verteidigungswerkzeuge.

Rathaus (Obermarkt): Das langgestreckte spätgot. Bauwerk mit 2 Vollgeschossen stammt im wesentlichen aus dem 15.Jh. Das charakteristische übersteile Dach ist leider 1857 durch das niedrigere Satteldach ersetzt worden. Der quadratische Turm auf der Marktseite wurde 1429–42 errichtet. Den Erker schuf 1578 Andreas Lorentz, das Hauptportal entstand 1775. – Der Flur

Freiberg, Eckerker in der Karl-Marx-Straße 1 >

im 1. Obergeschoß ist ein Teil (3 v. 6 Arkaden bei einst größerer Breite) des urspr. Ratssaales. Die frühere Ratsstube ist heute der Stadtverordnetensaal (Balkendecke v. 1876), das Archiv war die Rats- oder Silberkammer. Die kleine Lorenzkapelle im Turm mit Sterngewölbe und vielgliedrigem Kielbogenportal war einst die Vorhalle zum Ratssaal, der urspr. über eine Außentreppe erschlossen worden ist. – Der Obermarkt ist einer der besterhaltenen Marktplätze Sachsens. Ihn zieren weitere bedeutende Gebäude aus verschiedenen Stilperioden: Got. sind Haus *Nr. 1* und *Nr. 23,* die ehem. Ratsapotheke. Aus der Zeit der Renaissance stammen *Nr. 17* (ca. 1530), das mit einem reichen Portal (im Tympanon Bergbaulandschaft im Relief) v. Paul Speck und einem Treppenturm auf der Hofseite ausgestattet ist, und *Nr. 10* v. 1542 mit dreigeschossigem Giebel. Barock sind die Häuser *Nr. 4* (1680–81) und *Nr. 6* (1669).
In der Mitte des Marktplatzes steht ein *Brunnen* mit einem Standbild Ottos des Reichen, des Gründers v. Christianesdorph (1897).

Kaufhaus (Obermarkt 16): Das Gebäude der Gaststätte Ratskeller an der Ecke zur Kaufhausgasse wurde 1545–46 vermutlich v. S. Lorentz d. Ä. errichtet. Es hat zur Marktseite 3 Stockwerke und ein sehenswertes Frührenaissanceportal. Im 1. Obergeschoß ist das Ratsherrentrinkstübchen wieder restauriert. Der an der Kaufhausgasse sich hinziehende Gebäudetrakt ist als städtisches Kaufhaus errichtet worden. Die Kreuzgewölbe im Erdgeschoß ruhen auf toskanischen Säulen (Saal jetzt unterteilt und als Gaststätte genutzt). Der wiederhergestellte Festsaal im 1. Obergeschoß entstand 1685 und hat seine Ausmalung Anfang des 18. Jh. erhalten.

Freiberg, August-Bebel-Straße, Bergmannsbrunnen

Schloß Freudenstein (NW-Ecke der Altstadt): Das Renaissanceschloß wurde um einen rechteckigen Hof anstelle der ma Burg 1566–79 unter Leitung v. Hans Irmisch erbaut. 1784–1805 wurde das Bauwerk unter Mißachtung der alten Geschoßteilung und der unterschiedlichen Höhen der einzelnen Gebäudetrakte mittels gewaltiger Holzkonstruktionen in ein Militärmagazin umgewandelt. Dieses Speichergebäude konnte modernen Anforderungen nicht mehr genügen. Die weitgehende Rückführung in die Formensprache des Schlosses bei neuer Nutzung (Hotel, Stadtbibliothek usw.) wurde in Aussicht genommen. Im Keller des Haupttraktes konnte bereits eine repräsentative Gaststätte eröffnet werden.

Geowissenschaftliche Sammlungen der Bergakademie (Brennhausgasse 14): Die Mineraliensammlung der Bergakademie ist eine der bedeutendsten der Welt. Sie wurde 1765 mit Gründung der Akademie begonnen. Im Werner-Bau sind Minerale, Erze und Gesteine zu sehen, im Humboldt-Bau Fossilien und Kohlen. – *Brennhausgasse 5* ist ein schönes Renaissancegebäude v. ca. 1550.

Lehrgrube »Alte Elisabeth« (Fuchsmühlenweg): Die bereits im 16. Jh. erwähnte Grube besteht aus 2 Schächten und aus einem weitverzweigten System v. Stollen auf mehreren Sohlen bis zu einer Tiefe v. 230 m.
Die Tagesanlagen der Grube können besichtigt werden. Das originalgetreu erhaltene Gebäudeensemble zeigt alle für diese Zeit des Silberbergbaus typischen Arbeits- und Aufenthaltsräume, darunter die Betstube mit einem Orgelpositiv v. 1790. Dazu

gehören auch die älteste Dampfförderungsanlage des Erzgebirges v. 1848, Schornsteine und das gußeiserne Schwarzenberg-Gebläse v. 1830 in neugot. Formen. - In der Himmelfahrtsgasse findet man den ehem. Abrahamsschacht. Das Gebäudeensemble stammt weitgehend aus der 1. Hälfte des 19. Jh.

Naturkundemuseum (Waisenhausstraße 10): Das Museum, das den Einfluß des Bergbaus auf die Landschaft zeigt, befindet sich in einem um 1530 errichteten Patrizierhaus.

Stadt- und Bergbaumuseum (Am Dom 1): Das Museum zur Kulturgeschichte des Bergbaus befindet sich im spätgot., nach 1484 errichteten Domherrenhaus (Thümerei). Ein Wendelstein ist ihm straßenseitig vorgelegt. Zu sehen sind u.a. Skulpturen aus der Zeit um 1500, Kunsthandwerk aus dem 17. und 18. Jh., eine Ausstellung zur Geschichte des Freiberger Bergbaus sowie eine original eingerichtete Betstube mit Orgel. Ziel der Exponate ist es, die Wechselbeziehungen zwischen materieller Produktion und kulturgeschichtlicher Entwicklung darzustellen. - Beiderseits schließen an das Museumsgebäude noch spätgot. Häuser an, die in kirchlichem Besitz sind und verschiedensten Aufgaben dienen. Darüber hinaus stehen auch auf dem Untermarkt schöne Bürgerhäuser aus der Zeit der Renaissance und des Barock.

Außerdem sehenswert: Im Gebäude *Mönchstr. 3* findet man die Reste des Mitte des 16. Jh. abgerissenen Franziskanerklosters (gegr. 1223 oder 1233), ein zweistöckiges spätgot. Gebäude mit Kielbogenfenstern. - *Kirchgasse 11* besitzt in der Eingangshalle ein prächtiges Sterngewölbe auf einer Mittelstütze. Der langgestreckte Bau diente den kurfürstlichen Bergbehörden als Verwaltung. - Zwischen der Mönchstr. und Schloß Freudenstein sind weitere Spuren der *Stadtbefestigung* zu sehen (frühes 15. Jh.). - Das dreigeschossige spätgot. *Kornhaus* v. 1471 war einstmals ebenfalls ein Teil der Stadtbefestigung (S-Seite).
In der Talstr. gibt es noch einige *Gerberhäuser* mit den charakteristischen Trockenböden (Leder war im Bergbau unverzichtbar).

Umgebung

Bieberstein (14 km n): Die *Dorfkirche* wurde 1676 unter Benutzung v. Resten eines Vorgängerbaus errichtet. Der Altar entstand 1679, die Kanzel 1743. - Das *Alte Schloß*, malerisch über der Bobritzsch gelegen, wurde 1650 auf alten Grundmauern errichtet und 1761 als Eremitage eingerichtet. Die Architekturformen ahmen dabei Motive barocker Grotten nach. - Das *Neue Schloß* (Jugendherberge) wurde um 1600 mit dem ma Bergfried zu einer geschlossenen Baugruppe zusammengezogen und 1710–20 nochmals stark verändert: Die Freitreppe an der W-Seite und das vierläufige Treppenhaus stammen aus dieser Zeit. Beim Schloß liegt ein Landschaftspark mit altem Baumbestand.
Brand-Erbisdorf (7 km s): Die *Pfarrkirche* von Erbisdorf gestaltete man nach einem Brand 1624 als großen Emporensaal mit anschließendem, polygonal endendem Chor. Im Inneren befindet sich die lebensgroße Figur eines Bergmanns (1685 von S. Lorentz).
Das *Städtische Museum* ist im 1837 erbauten Huthaus der ehem. Grube Einigkeit untergebracht. Es ist ein bergmännisches Heimatmuseum.

Freiberg, Brunnen mit Otto dem Reichen

Cämmerswalde (37 km sö): Die spätgot. *Dorfkirche* oberhalb des Ortes, auf einem kleinen Hügel im ummauerten Kirchhof stehend, wurde 1419–22 erbaut. Die barokke Umgestaltung erfolgte 1703–08. Altar, Kanzel, Taufstein und Holzdecke datieren noch aus dem 17. Jh. Die Orgel wurde 1763 v. Adam Gottfried Böhme gebaut. An der Wand gibt es 3 spätgot. Figuren aus einem Altar. – Südöstlich des Ortes liegt die 1962 bis 1967 angelegte *Rauschenbachtalsperre.*

Dörnthal (20 km s): Die *Wehrkirche,* auf einer Anhöhe innerhalb eines befestigten Friedhofs liegend, stammt in ihrem Kern vermutlich aus dem 13. oder 14. Jh. Der Chor wurde 1520–39 errichtet. Das dem Kirchenraum aufgesetzte, auskragende Befestigungsgeschoß mit Schießscharten und Gießluken stammt aus dem 15. Jh. Im Inneren sind ein spätgot. Flügelaltar aus dem frühen 16. Jh. (ehem. Großhartmannsdorf) und ein großes Kruzifix, ebenfalls aus dem 16. Jh., zu bewundern. – Weitere erzgebirgische Wehrkirchen befinden sich in *Mittelsaida* (nw), *Lauterbach* (→Marienberg) und *Großrückerswalde* (→Marienberg).

Frauenstein (20 km sö): Die *Stadtkirche* am Marktplatz ist 1873 (nach einem Brand 1869) unter Verwendung älterer Reste wieder aufgebaut worden. – Die *Burg,* auf einem hohen Felskegel gelegen, wurde 1272 zum erstenmal urkundlich erwähnt: als »castrum Vrownstein«. Sie wurde vermutlich kurz vor 1200 durch die Markgrafen erbaut. 1728 brannte sie aus und verfiel. Als Ruinen erhalten sind der N-Turm (der »Dicke Merten«), der S-Turm, der Palas, die Kapelle, ein kleiner Hof mit Zisterne sowie die 250 m lange Ringmauer mit 6 der urspr. 7 Ringmauertürme. – Unterhalb der Burg liegt ein *Renaissanceschloß,* das v. dem kurfürstlichen Baumeister Hans Irmisch 1585–88 errichtet wurde. Das Hauptportal mit seiner toskanischen Ordnung schmückt ein Wappen des Bauherrn v. Schönberg und seiner Gemahlin. Im Inneren des Schlosses ist u. a. das *Gottfried-Silbermann-Museum* untergebracht. Silbermann ist 1683 im benachbarten Kleinbobritzsch geboren worden. Zu sehen sind Dokumente und Bilder über sein Leben und Wirken, originale Orgelbauteile und ein Orgelfunktionsmodell. Von den ca. 45 erbauten Instrumenten sind noch etwa zwei Drittel erhalten geblieben.

Großhartmannsdorf (14 km s): Die *Dorfkirche,* ein Rechtecksaal mit W-Turm und zweigeschossiger Empore, wurde 1738 erbaut. Die Ausstattung (u. a. Altargemälde v. J. B. Grone) stammt aus der Bauzeit, die Orgel schuf 1741 Gottfried Silbermann.

Oberbobritzsch (15 km sö): Die wohl weitgehend auf das MA zurückgehende *Dorfkirche* ist ein langgestreckter Saal mit Dreiachtelschluß im O- und W-Turm. Das Innere hat zweigeschossige Emporen, eine Flachtonne und datiert einschließlich der Kanzel v. 1710. Die 1716 v. G. Silbermann gebaute Orgel ist stark verändert. Der Flügelaltar v. 1521 ist einer der bedeutendsten Sachsens (Frührenaissance-Ornamentik tritt bereits auf). Im Zentrum des Schreins der Patron der Kirche, St. Nikolaus.

Pfaffroda (25 km s): Die *Dorfkirche St. Georg* besitzt eine 1715 v. Gottfried Silbermann gebaute einmanualige Orgel.

7230 Geithain

Geithain

Einw.: 7300 Höhe: 229 m S. 258 □ G 8

Geithain liegt am Südrand der Leipziger Tieflandbucht. Die Stadt, die um 1200 (1209 als Civitas erwähnt) aus einem um 1180 gegründeten Waldhufendorf unterhalb einer Burg entstanden sein muß, ist später ummauert worden. Der Straßenmarkt von beträchtlicher Länge ist durch spätere Einbauten verkleinert worden. Im

Geithain, Stadtkirche St. Nikolai

Geithain-Wickershain, Marienkirche

Mittelalter bildete die Leineweberei die wirtschaftliche Grundlage, im 18. Jahrhundert hatte die Barchentweberei größere Bedeutung.

Pfarrkirche St. Nikolai (sw Stadtrand): Die Kirche entstand wohl schon früh im Bereich der ehem. Burg. Das Bauwerk besteht aus einem nach S verschobenen got. Chorpolygon aus dem 14. Jh., einem dreischiffigen spätgot. Hallenlanghaus, mit dessen Bau 1504 begonnen wurde (die Reformation verhinderte die Fertigstellung), und einer spätroman. Zweiturmfassade mit sehenswertem Portal aus dem frühen 13. Jh. Anstelle v. Gewölben hat das Langhaus eine bemalte Felderdecke, die Andreas Schilling aus Freiberg 1594–95 schuf. Der Freiberger Michael Grünberger fertigte 1611 den Altar, Peter Beseler, gleichfalls aus Freiberg, 1597 die Kanzel. – Das *Pfarrhaus* muß unter Verwendung älterer Festungsteile errichtet worden sein. Es besitzt ein Sitznischenportal, Zellengewölbe mit Sternmuster und Malereien v. 1562.

Marienkirche (Geithain-Wickershain): Die ehem. Wallfahrtskirche ist aus einer roman. Chorturmkirche (1186 erwähnt) hervorgegangen, v. der der quadratische Turm mit gekuppelten Schallöffnungen ist. Der Chor wurde 1424 ö angefügt, das w an den Turm anschließende Schiff 1475 zum flachgedeckten quadratischen Saal erweitert. Die Inneneinrichtung stammt, außer einer spätgot. Sakramentsnische, aus dem 18. Jh.

Umgebung

Altmörbitz (12 km sw): Die *Dorfkirche* wurde wohl im 14. Jh. als Saal mit einem polygonal schließenden, durch einen got. Triumphbogen abgetrennten Chor erbaut, gekrönt v. einem hohen Dachreiter. Bemerkenswert ist das malerische Innere durch die flache Holzdecke mit got. Schablonenmalerei im Chor, die Chorempore entstand 1559. Decke und Emporen des Schiffs sind Arbeiten des 18. Jh.

Frohburg (Geithain), Stadtkirche St. Michael

Bad Lausick (Geithain), Stadtkirche St.Kilian, Romanisches W-Portal

Bad Lausick (11 km nw): Die *Stadtkirche St. Kilian,* eine kreuzförmige, dreischiffige roman. Pfeilerbasilika, ist eine der ältesten Kirchen Sachsens. Sie wurde vermutlich im 1. Viertel des 12. Jh. erbaut. Sehenswert sind das roman. W-Portal und im Inneren der roman. Taufstein, der spätgot. Flügelaltar (um 1500) sowie die Orgel, die 1722 Gottfried Silbermann für Auligk erbaute, Trampeli umbaute und die 1958 nach Bad Lausick überführt wurde. Die Seitenschiffe der Kirche erhielten im Barock gurtlose Kreuzgratgewölbe, 1739 ist auch der hölzerne Vierungsturm aufgesetzt worden. - Das seit 1821 bestehende Herrmannsbad hat als Moorbad größere Bedeutung.

Borna (24 km nw): Die *Stadtkirche St. Katharinen* ist eine 1411 begonnene spätgot. Hallenkirche, die durch die bis 1455 geschaffenen Maßwerkgewölbe des Moyses v. Altenburg aus dem gewohnten Bild herausfällt. Der roman. Westbau ist in die spätgot. Baugruppe mit einbezogen worden. Im 19. Jh. geschaffene räumliche Veränderungen konnten 1964-67 weitgehend rückgängig gemacht werden. Das wichtigste Ausstattungsstück ist der v. Hans Witten 1511 geschaffene und signierte Flügelaltar v. beachtlicher Größe (das Gesprenge bis ins Gewölbe reichend). Im Schrein eine vollplastische Gruppe der Heimsuchung, in den Flügeln 14 Reliefs aus dem Marienleben, die Gemälde bringen Darstellungen der Passion. - *Kunigundenkirche* (auch Königskirche, nw vor der Stadt): Die flachgedeckte, querschifflose Backsteinbasilika ist vor 1200, vermutlich unter kaiserlichem Einfluß, erbaut worden. Reste roman. Wandmalerei in der Hauptapsis, die Malereien im Schiff aus dem 15. Jh. Schnitzaltar (um 1510), Madonnenfigur aus Sandstein (Anfang 15. Jh.). - Das *Rathaus* v. 1438 ist nach einem Brand 1668 stark verändert worden. - Im *Reichstor* (1753), einem Rest der Stadtbefestigung, befindet sich das *Museum der Stadt Borna.*

Eschefeld (14 km w): Die *Dorfkirche* besteht aus einem roman. Saal und einem

Gnandstein (Geithain), Burg

Kohren-Sahlis (Geithain), Stadtkirche St. Gangolf in Kohren

spätgot. Chor. Zur Ausstattung gehören u.a. ein Schnitzaltar v. 1510 mit 6 Flügeln (im Schrein Maria und 2 Heilige), eine Kanzel (17. Jh.) und ein spätgot. Taufstein.
Frohburg (15 km w): Die *Stadtkirche St. Michael* ist eine im 15. Jh. errichtete Hallenkirche mit einschiffigem Chor und Sterngewölben. Nach der Zerstörung im Dreißigjährigen Krieg wurden das Innere sowie die Turmhaube erst 1670 wieder aufgebaut. Die Ausstattung des 17. und 18. Jh. ist gut erhalten. – Der heutige Bau des auf einer Anhöhe gegenüber der Stadt über der Wyhra gelegenen *Schlosses* entstand als unregelmäßige Vierflügelanlage Mitte des 16. Jh. Es wird u.a. durch das Museum genutzt. Besucher können so einige Räume besichtigen.
Gnandstein (13 km sw): Die *Dorfkirche* ist ein einheitlich bis 1518 errichteter gewölbter spätgot. Bau. Die Ausstattung aus dem 16. Jh. ist weitgehend erhalten. – Die *Burg* wurde vermutlich im 10. Jh. gegr. Es handelt sich um eine fast rechteckige Anlage mit 2 Höfen. Sehenswert sind der roman. Palas (1180–90), der in spätgot. Zeit erhöht wurde, der 35 m hohe Bergfried (um 1100), nach O und N v. mächtiger Schildmauer (»Hoher Mantel«) umgeben, der got. Palas und die spätgot. Burgkapelle mit Zellengewölben in Sternform sowie einer steinernen Empore. Hier befinden sich 3 spätgot. Flügelaltäre (1502–04) aus der Werkstatt v. Peter Breuer sowie ein spätgot. Kruzifixus. In der Burg ist das *Kreismuseum* untergebracht. U.a. besitzt es Gemälde v. Anton Graff, Jacob Philipp Hackert und Ferdinand v. Rayski. Eine Gedenkausstellung erinnert daran, daß der Dichter Theodor Körner nach seiner Verwundung im Juni 1813 einige Tage auf der Burg weilte.
Kohren-Sahlis (10 km sw): Bei der *Stadtkirche St. Gangolf* (Kohren) handelt es sich um eine flachgedeckte, dreischiffige Pfeilerbasilika aus der Übergangszeit um 1230 (gleichzeitige Verwendung v. Rund- und Spitzbogen sowie einer außen gebrochenen Apsis), die im 15. Jh. (Weihe 1517) zur spät-

Kohren-Sahlis (Geithain), Burg

got. Hallenkirche mit Netzgewölben umgebaut wurde. Die Seitenschiffe sind unterschiedlich breit, der Westbau ist erst eine Zutat v. 1879. Zur Ausstattung gehört u.a. ein Altar v. 1616–17. – In der Ernst-Thälmann-Str. 18, im ehem. Wohnhaus (mit Werkstatt) eines Töpfers, ist das *Töpfermuseum* untergebracht. Zu sehen sind Töpferwaren des Kohrener Töpferhandwerks vom 17. Jh. bis zur Gegenwart. – Von der *Burg* sind nur noch 2 roman. Rundtürme erhalten. Sie geht auf eine slawische Befestigungsanlage zurück, die im 12. Jh. zur Burg ausgebaut wurde. – Beim *Herrenhaus* im Ortsteil *Sahlis*, einem wiederholt umgebauten Barockbau aus dem 18. Jh., befindet sich ein Rokokogarten mit Kinderfiguren, die die Jahreszeiten darstellen. – Im *Gartenhaus* des Herrenhauses im Ortsteil *Rüdigsdorf* befindet sich ein Freskenzyklus v. Moritz v. Schwind (1818): »Amor und Psyche«.

Nenkersdorf (18 km nw): Die *Dorfkirche* war einst eine roman. Saalkirche, die Anfang des 14. Jh. eine Chorerweiterung erhielt. Eine Neuausstattung des Inneren (Emporen, Kanzel, Betstuben und Felderdecke) erfolgte im 17. Jh., Höhepunkt des 1969-74 restaurierten Bauwerks blieb aber der große Flügelaltar v. 1519, der eine ungewöhnlich hohe Qualität zeigt.

Prießnitz (10 km nw): Die im Kern spätgot. *Dorfkirche* erhielt ihre heutige Gestalt (Verbreiterung und Neuausstattung des Schiffs) 1616, veranlaßt durch den Patronatsherrn H. v. Einsiedel. Die reiche Ausstattung (Altar, Kanzel, Taufe, Betstube und Epitaphe) erfolgte in den Formen des niederländischen Manierismus. Bis 1975 wurde alles restauriert.

9610 Glauchau

Glauchau

Einw.: 27600 Höhe: 266 m S. 258 □ G 9

Die Kreisstadt liegt am rechten Ufer der Zwickauer Mulde im erzgebirgischen Bek-

Kohren-Sahlis (Geithain), Töpfermuseum

Glauchau, Denkmal für Georgius Agricola

ken. Um 1170 wurde hier auf dem Hochufer des Flusses oberhalb einer bereits bestehenden slawischen Siedlung eine Burg durch die Herren von Schönburg errichtet. Östlich davon entstand im 13. Jh. eine Stadt mit großem Marktplatz zwischen 2 parallel verlaufenden Straßenführungen - zwischen Burg und Markt erhebt sich die Stadtkirche. Hauptgewerbe waren die Tuch- und die Leineweberei, im 18. Jh. wurde die Baumwollmanufaktur eingeführt.
In Glauchau wurde 1494 der Mineraloge und Bergbauwissenschaftler Georgius Agricola (eigentlich Georg Bauer, †1555) geboren.

Stadtkirche St. Georg: Das barocke Bauwerk wurde unter Benutzung v. got. Umfassungsmauern 1726-28 errichtet. Es ist ein zweigeschossiger Emporensaal mit auf den Emporenstützen ruhendem Spiegelgewölbe. Der polygonal geschlossene Chor ist schmaler als der Saal. Der spätgot. Flügelaltar (im Mittelschrein Gruppe der Anna selbdritt) v. ca. 1510 stammt aus der Vorgängerkirche. Die Orgel wurde 1730 v. Gottfried Silbermann gebaut.

Schloß Forderglauchau: Die hufeisenförmige Anlage wurde 1527-34, wohl v. Andreas Günther, anstelle eines Schloßvorwerks errichtet. Die Hauptfront ist durch 4 Zwerchhäuser gegliedert. Einige Räume haben gute Stuckdecken. Ein Archiv und die Kreisbibliothek sind in dem Bauwerk untergebracht. Es stellt den Zugang dar zu Schloß Hinterglauchau.

Schloß Hinterglauchau: Das Schloß, eine unregelmäßige Anlage um einen dreieckigen Innenhof, wurde im wesentlichen nach 1460 und 1525ff. an der Stelle der alten Burg errichtet. Am Umbau des Hauptflügels an der O-Seite (1460-70) war vermutlich Arnold v. Westfalen beteiligt. Sehenswert sind die Kapelle im Erdgeschoß und der sog. Steinerne Saal im Obergeschoß, der um 1720 in mehrere Räume unterteilt wurde, die z. T. gute Stuckdecken haben. Im Schloß ist das *Städtische Museum* un-

Glauchau, Schloß Hinterglauchau

tergebracht. In der Kunstsammlung sind spätgot. Plastiken sowie Gemälde und Skulpturen des 19. und 20. Jh. zu sehen, u. a. Werke v. Max Klinger und Georg Kolbe, weiterhin umfaßt sie ein graphisches Kabinett und eine Sammlung mit Meißner Porzellan.

Außerdem sehenswert: Der *Gottesacker* wurde 1556 angelegt und besitzt ein Portal v. 1580–85 in Renaissanceformen. – Die *Dorfkirche* in *Glauchau-Jerisau* ist ein mehrfach veränderter roman. Bau, die im Ortsteil *Gesau* stammt v. 1741 (barock).

Umgebung

Waldenburg (8 km nö): Die *Stadtkirche St. Bartholomäus* ist ein zweischiffiges spätgot. Bauwerk mit Netz- und Sterngewölben, das im 15. Jh. errichtet wurde. Das heutige Aussehen wurde 1874 durch G. L. Möckel geprägt. Bes. beachtenswert ist das Sandsteinepitaph derer v. Schönburg, 1567 v. Christoph Walther II. geschaffen. Der Taufstein entstand um 1600. – Das *Museum der Stadt Waldenburg* (Geschwister-Scholl-Platz 1) geht auf eine Stiftung des Fürsten v. Schönburg-Waldenburg zurück, der 1840 das Naturalienkabinett der Leipziger Apothekerfamilie Linck erwarb und dafür 1844 das Museum errichten ließ. – In der Nähe v. Waldenburg liegt der *Park Grünfeld,* der, urspr. als Barockanlage angelegt, 1780–95 in einen Landschaftspark umgewandelt wurde. Sehenswert sind der Gesundheitsbrunnen (ca. 1790), das Badehaus und das Mausoleum (1813–19). – Von der Burganlage ist nur das Untergeschoß des quadratischen *Turmes* erhalten, das Schloß ist ein Neubau v. 1909–14.

Wolkenburg (16 km nö): Die got. *Alte Dorfkirche* wurde um 1400 erbaut. Im Inneren befindet sich ein schöner Epitaphaltar aus farbigem Marmor (1657 v. Johann Böhme). Eine gußeiserne Grabplatte des Friedrich v. Einsiedel kennzeichnet den Beginn der

Nutzung des Bauwerks als Erbbegräbnis (1793). - Bei der *Neuen Dorfkirche* handelt es sich um die ehem. Schloßkirche. Das klassizistische Bauwerk, ein Emporensaal, wurde 1794-1804 nach Plänen v. Johann August Giesel aufgeführt. Über der Eingangsfront (Säulenportikus) erhebt sich ein zweigeschossiger Turmaufbau. Sehenswert sind die gußeisernen Reliefs nach Entwürfen v. Christian Daniel Rauch (in den Portikusvorbauten sowie im Inneren; in Lauchhammer gegossen) sowie die Gemälde v. Adam Friedrich Oeser und Hans Veit Schnorr v. Carolsfeld (in der Taufkapelle). - Das *Schloß,* das sich auf einem Bergvorsprung über der Mulde erhebt, geht auf eine Anlage aus dem 13. Jh. zurück. Sein heutiges Aussehen erhielt das Bauwerk im wesentlichen im 18. Jh. Es dient als Wohnhaus. Heute betritt man die Anlage v. N her durch einen quadratischen Turm, einst erfolgte der Zugang v. O durch eine Bastion. Einen Besuch wert ist auch der an die Neue Dorfkirche anschließende *Schloßpark.*

Glauchau, Schloß Forderglauchau

8900 Görlitz

Görlitz

Einw.: 74 800 Höhe: 208 m S. 259 □ L 8

Görlitz liegt in der östlichen Oberlausitz am linken Ufer der Lausitzer Neiße. Die Ortsteile am rechten Ufer der Neiße gehören seit der Anerkennung der Oder-Neiße-Grenze zu Polen.

Geschichte: Der Ort entstand an einem wichtigen Übergang über die Neiße am Kreuzungspunkt der alten Handelsstraßen Stettin-Frankfurt/Oder-Prag und Leipzig-Breslau (Hohe Straße). 1071 wird eine *villa Gorelic* erstmals urkundlich genannt. Die Stadt Görlitz wurde zwischen 1210 und 1220 gegründet, um 1250 fast um das Doppelte (Gebiet um den ehemaligen Obermarkt) nach Westen erweitert und im späten 13. Jh. stark befestigt (Doppelmauer). In dem 1346 gegründeten Lausitzer Sechsstädtebund, zu dem neben Görlitz auch Bautzen, Zittau, Löbau, Kamenz und das heute polnische Lauban (Luban) gehörten, spielte sie die führende Rolle.

Im 15. und 16. Jh. erlebte Görlitz seine wirtschaftliche Blüte durch die Tuchmacherei. Gehandelt wurde hauptsächlich mit Tuchen und mit Färberwaid, einem blauen Farbstoff. 1547 wurde die Blütezeit der Stadt durch ein kaiserliches Strafgericht gegen die selbstherrlichen Bürger (Pönfall) beendet. 1633 stürmten kaiserliche Truppen unter Wallenstein die Stadt. 1635 ging die Landesherrschaft der gesamten Oberlausitz von der böhmischen Krone an die Kurfürsten von Sachsen über, was die Stadt in die Randlage brachte. Durch den Wiener Frieden von 1815 aber fiel Görlitz an Preußen, womit es zur Provinzstadt Niederschlesiens wurde. Unabhängig davon konnte sich Görlitz im 19. Jh. zu einer nicht unbedeutenden Industriestadt entwickeln. Wichtig war in diesem Zusammenhang der Bau der Eisenbahn von Dresden nach Breslau im Jahre 1847. Görlitz, das 1945 kaum Kriegsschäden erlitt, konnte seine historische Bausubstanz erhalten und ist im internationalen Rahmen, trotz der Verluste in den letzten Jahrzehnten durch Verwahr-

Görlitz, Panorama

losung, ein bedeutendes Denkmal historischer Städtebaukunst.
Mit der Übergabe Schlesiens an Polen wurde der Restteil Niederschlesiens, westlich der Neiße, an Sachsen angeschlossen.

SAKRALBAUTEN

Annen-Kapelle (nahe dem ehem. Frauentor): Als Privatkapelle eines Patriziers, des Kaufherrn Hans Frenzel, errichtete Albrecht Stieglitzer zwischen 1508 und 1512 das Bauwerk mit reichen Netzgewölben und einer Verkündigungsgruppe über dem N-Portal. Seit 1865 ist es profaniert und in schulischer Nutzung, 1950 wurde es restauriert.

Frauenkirche (Postplatz): Pfarrkirche der s Vorstadt ist die Frauenkirche, ein dreischiffiger spätgot. Hallenbau, neu errichtet 1449–86, der schöne Netzgewölbe und eine elegante spätgot. Maßwerkbrüstung an der W-Empore besitzt. Der Chor ist einschiffig. Der W-Turm mit seiner niedrig ansetzenden barocken Haube (1735) hat ein interessantes spätgot. Doppelportal.

Hl. Grab (Heilige-Grab-Str.): Bürgermeister Georg Emmerich stiftete nach einer Pilgerfahrt nach Jerusalem seiner Stadt G., als Endpunkt eines Stationsweges der Passion Christi, der an der Hauptkirche begann, den Golgathahügel mit seinen Bauten. Einst war ihm noch im N der Ölberggarten (jetzt Obstgarten) angeschlossen. Emmerich folgte damit einer damals geläufigen Idee, die hl. Stätten in der Heimat nachzubilden. Für die Bauwerke, die 1481–1504 errichtet wurden, konnte er die an der Peter-und-Pauls-Kirche tätigen Baumeister Conrad Pflüger und Blasius Börer verpflichten. Es handelt sich um eine zweigeschossige, in got. Formen ausgeführte Heiligkreuzkapelle, das Salbhäuschen (sterngewölbt) mit einer Beweinungsgruppe (wohl v. Hans Olmützer 1500 geschaffen) und der aus 2 Räumen bestehenden

Görlitz, Hl.-Grab-Kapelle

Görlitz, Oberkirche

Heiliggrabkapelle mit einem orientalisierenden Kuppeltürmchen.

Kreuzkirche (Erich-Mühsam-Str.): Das Bauwerk wurde 1913-16 nach Entwürfen des Dresdner Architekten Rudolf Bitzan in modern-monumentalen Formen errichtet. Es ist der bemerkenswerteste Bau aus jener Zeit in G.

Nikolaikirche (Große Wallstr.): Bei dem n vor der Stadtmauer gelegenen Gotteshaus handelt es sich um die älteste Hauptkirche der Siedlung, deren Neubau, eine turmlose, dreischiffige, spätgot. Hallenkirche mit fünfseitigem O-Abschluß, 1452 begonnen wurde und erst 1520 unter Leitung des Baumeisters Wendel Roskopf d.Ä. fertiggestellt werden konnte. Bei einem vom Expressionismus inspirierten Umbau zu einer Gefallenen-Gedächtnisstätte wurden 1925 die eigenwilligen Betongewölbe eingebaut, die eine nach einem Brand 1717 eingebrachte hölzerne Decke ersetzten. Der Altar datiert noch aus der Zeit nach 1717.

Der aufgelassene *Nikolaifriedhof* zeigt eine seltene Fülle historisch interessanter Grabmäler. U.a. befindet sich dort das Grab des Naturphilosophen Jakob Böhme, der Schuhmacher und Garnhändler in G. war und hier auch am 17.11.1624 starb. Auf der Grabtafel v. Minna Herzlieb, die mit Goethe befreundet war und ihm als Vorbild für die Ottilie in seinem Roman »Die Wahlverwandtschaften« diente, steht zu lesen: »Goethes Liebe verklärte Dir einst die glückliche Jugend, Goethe-Liebe, sie schmückt Dir das erlösende Grab.«

Oberkirche oder Dreifaltigkeitskirche (Obermarkt): Die ehem. Franziskaner-Klosterkirche (gegr. 1234) besteht aus einem langgestreckten got. Chor (1371-81) und einem ursprünglich einschiffigen Langhaus, das im 15.Jh. durch Einbeziehung eines Kreuzgangflügels zum zweischiffigen Raum umgestaltet wurde. Das Obergeschoß über dem Kreuzgang öffnet sich als Empore zur Kirche. Südlich lehnt sich die Barbarakapelle an. Der schlanke Turm an

Görlitz, St. Peter und Paul

Görlitz, St. Peter und Paul, Westportal, Detail

der N-Seite des Chores (14. und 15. Jh.) hat eine barocke Haube. Die *Ausstattung* der Kirche ist sehenswert. Zu ihr zählen ein spätgot. Altar (1510) mit doppelten Flügeln (im Schrein Maria im Strahlenkranz, in den Flügeln szenische Reliefs aus dem Marienleben), ein barocker Altar (1713) v. Caspar Georg Rodewitz, eine Kanzel v. 1670, Chorgestühl v. 1484, ein Schmerzensmann v. ca. 1500, ein Kreuzigungsgemälde mit Stifterpaar v. 1524 und eine große Grablegungsgruppe, die 1492 v. Hans Olmützer geschaffen wurde. Die Gewölbemalereien im Seitenschiff, u. a. Engelskonzert, stammen aus der Mitte des 15. Jh. - In der Nähe des Turmes steht ein *Straßenbrunnen* v. 1590 mit einer Sandsteinplastik aus der 2. Hälfte des 17. Jh.

Hauptstadtpfarrkirche St. Peter und Paul (Peterstr.): Die fünfschiffige spätgot. Hallenkirche ersetzte eine spätroman. Basilika aus der Zeit um 1230/40. Mit dem Neubau wurde 1423 unter Leitung v. Hans Baumgarten und Hans Knoblauch begonnen. Die Unterkirche, die vierschiffige Georgenkapelle unter dem Chor, wurde 1457 geweiht. Die Kirche wurde in den Jahren 1490-97 gewölbt. Die Fertigstellung leiteten Conrad Pflüger, Urban Laubanisch und Blasius Börer. Mit den 3 nebeneinanderliegenden polygonalen Chorabschlüssen war eine ö Grundrißlösung (Breslau, Prag, Wien) in die obersächs. Spätgotik gebracht worden, die Nachfolge fand (Annaberg, Pirna). Die Fünfschiffigkeit sollte den Kirchenbau der Konkurrentin Bautzen übertreffen. Schlanke Proportionen, reiche Sterngewölbe und prächtige Maßwerke fügten sich zu einem Gesamteindruck, der dieses Bauwerk zu einer der bedeutendsten Stadtkirchen Sachsens werden ließ. Bei einem Brand 1691 ging die spätgot. Ausstattung der Kirche fast vollständig verloren. Zur *Neuausstattung* gehören der Altar (1695) v. Georg Hermann aus Dresden, eine Kanzel v. 1693, Ratsgestühl v. ca. 1695 sowie die berühmte »Sonnenorgel« (zahlreiche Prospektpfeifen sind radial - wie Sonnenstrahlen - angeordnet) v. Eugenio Casparini (1703), dem Lehrer Andreas Silbermanns (Bruder v. G. Silbermann). Das schmiedeeiserne Gitter der Taufkapelle

Görlitz, St. Peter und Paul, Konsole >

Görlitz, Haus in der Peterstraße

Görlitz, Alte Waage, Konsolen

entstand 1617. Beachtung verdienen auch die Gemälde (um 1515) an der W-Wand, die Christus und die 12 Apostel darstellen. Bei einer Restaurierung 1889–91 erhielten die vorher barock abgeschlossenen W-Türme neugot. Helme aus Beton. Das W-Portal in der Turmgruppe (mit reichem ornamentalem Schmuck) stammt noch v. der Vorgängerkirche (1230). Beachtenswert sind auch die flachen Vorhallen auf der S- und der N-Seite (1543 bzw. 1553), die mit kurvierenden Rippengewölben überspannt sind. 2 auf einer Säule ruhende Arkaden unterteilen die Ansichten, antike Formen wurden unbefangen verwertet. Das Bauwerk und seine Ausstattung wurden in den letzten Jahren einer Generalrestaurierung unterzogen.

PROFANBAUTEN

Alte Waage (Untermarkt 14): Der Renaissancebau wurde um 1600 v. Jonas Roskopf auf ein spätgot. Untergeschoß aufgesetzt. Roskopf blendete diesem die ionischen $^{3}/_{4}$-Säulen mit Flachbogen und Konsolen vor. Sie sind mit Köpfen verziert. Unter diesen findet man auch ein Porträt des Baumeisters.

Biblisches Haus (Neißstraße 29): Das fünfachsige, dreigeschossige Gebäude im Renaissancestil wurde um 1570 errichtet. Zwischen den Fensterreihen liegen 2 Reliefbänder, durch korinthische Pilaster rhythmisiert, die Szenen aus dem Alten und Neuen Testament zeigen. Dieses letzte erhaltene Beispiel derartigen Fassadenschmucks war sicher auch einst das bedeutendste. Im Inneren besitzt es eine hohe Halle als späte Nachfolge der bekannten Görlitzer Zentralhallen. Das Gebäude ist bis heute nicht saniert und unbewohnt.

Gerhart-Hauptmann-Theater (Demianiplatz): Das Theater wurde 1851 v. Gustav Kießler erbaut und 1927 erweitert.

»Napoleonhaus« (Obermarkt/Leninplatz 29): Das Bürgerhaus ist nach dem Stadtbrand v. 1717 v. einem bedeutenden Archi-

Görlitz, Alte Waage und Rathaus >

Görlitz, »Napoleonhaus«

Görlitz, Rathaus, Wappen des Ungarnkönigs Matthias Corvinus

tekten (J. F. Karcher?) mit seiner reichgeschmückten Fassade und dem dreiachsigen Mittelrisalit mit Kolossalpilastern errichtet worden. Das säulenflankierte Portal trägt einen vorschwingenden Balkon. Im Erdgeschoß befindet sich die *Görlitz-Information.*

Neißeviadukt (s des Stadtzentrums): Die 475 m lange und 35 m hohe Eisenbahnbrücke mit 32 Bogen wurde 1844–47 für die Bahnstrecke G.-Breslau v. G. Kießler erbaut (am Brückenkopf ein Blockhaus). Sie gilt als ein bedeutendes technisches Denkmal des frühen Eisenbahnbaus.

Oberlausitzer Bibliothek der Wissenschaften (Neißstr. 30) →Städtische Kunstsammlungen.

Rathaus (Untermarkt): Das Gebäude auf der W-Seite des Untermarkts ersetzte im 14. Jh. das einst in Platzmitte stehende Rathaus des 13. Jh. Im Kern stammt das Bauwerk aus dem 14. und 15. Jh. Im 16. Jh. wurde es v. Wendel Roskopf d. Ä. und Wendel Roskopf d. J. im Renaissancestil umgebaut. Am Turm (Unterbau aus dem 14. Jh., Aufsatz v. 1511–16 und Haube v. 1742) sind 2 Uhren v. 1584 angebracht. Zwischen Turm und S-Flügel befinden sich eine Freitreppe und eine Verkündigungskanzel, die 1537–38 v. W. Roskopf d. Ä. geschaffen wurden. Die Kandelabersäule mit der Justitia datiert v. 1591, das Wappen des Ungarnkönigs Matthias Corvinus, der zeitweilig die Lausitz besaß, v. 1488. Die Säule mit der Justitia sowie die Brüstung der Kanzel wurden 1951 durch Nachbildungen ersetzt (Auslagerungsverlust). Eindrucksvoll ist weiterhin der kleine Hof, der durch den Gerichtsflügel mit dem Gerichtserker (1564), den Archivflügel (1534) und den kleinen Ratssitzungssaal (1564–66) umschlossen wird. Nach 1900 wurde das Rathaus auf aufdringliche Art nach N erweitert. Von den Innenräumen sind der *Kleine Ratssitzungssaal* und das *Ratsarchiv* (Ausstattung aus der 2. Hälfte des 16. Jh.) sowie das *Oberbürgermeisterzimmer* (Ausstattung aus dem frühen 18. Jh.) bes. sehenswert. – Auf dem Untermarkt steht der *Neptunsbrunnen* v. 1756 v. J. G. Mattausch. – Die

Görlitz, Rathaustreppe mit Verkündigungskanzel und Justitia >

Langen Lauben auf der S-Seite des Untermarktes sind ein repräsentatives Beispiel für die Reihung typischer Görlitzer Patrizierhäuser des beginnenden 16. Jh., der sogenannten Tuchhallenhäuser, wie sie in den restaurierten Beispielen Untermarkt 2, 3 und 4, die zur Gaststätte Goldener Baum vereinigt sind, studiert werden können: Die sehr tiefen Baugrundstücke wurden so bebaut, daß das Vorder- und das Hinterhaus in den Geschossen gegeneinander versetzt sind. Eine dazwischengeschobene Treppenhalle ermöglicht über Podeste den Zugang zu beiden Hausteilen, und sie kann über das freibleibende Halbgeschoß v. oben her belichtet werden. Diese Lösung wird gern mit dem Tuchhandel in Verbindung gebracht. Der Haustyp ist, stets variiert, über das gesamte Stadtbild verstreut anzutreffen. Auch hinter den Hirschlauben der O-Seite des Untermarktes sind derartige Beispiele zu finden.

Schönhof (Brüderstr. 8): Das Bauwerk wurde unter Verwendung älterer Bauteile 1526 v. Wendel Roskopf d. Ä. als 1. Gebäude der Frührenaissance in G. erbaut. Die streifenweise Gliederung durch Gesimse sowie die Rhythmisierung der Streifen durch Pilaster wirken teilweise noch unbeholfen. Bes. eindrucksvoll ist die städtebauliche Lösung mit dem übereck gestellten Erker in der Straßenflucht. Er war einst noch mit einem Turm bekrönt und v. 2 Giebeln seitlich gefaßt. Das Portal entstand erst 1617. – Das Haus Brüderstr. 11 wurde 1547 ebenfalls v. Wendel Roskopf d. Ä. erbaut.

Stadthalle (sö der Altstadt, Straße der Freundschaft): Der monumentale Jugendstilbau wurde 1911–12 nach Entwurf v. B. Sehring erbaut. Der hohe Hallenraum wird seitlich v. niedrigeren Begleiträumen flankiert. Die Eingangsfront ist klassizierend. – In unmittelbarer Nähe, am S-Rand des Stadtparks, steht die *Meridiansäule,* die den 15. Längengrad, auf dem sich G. befindet, bezeichnet. – Im Stadtpark steht ein *Brunnen* mit einer Bronzestatue des Naturphilosophen Jakob Böhme v. 1898.

Vogtshof (n hinter der Peter-und-Pauls-Kir-

Görlitz, Prunkgemach
< im Haus Untermarkt 5

Görlitz, Stadtbefestigung, Turm des Reichenbacher Tores

Görlitz, Kaisertrutz, Vorwerk des Reichenbacher Tores

Görlitz, Rundturm

che): Das Gebäude nimmt die Stelle einer früheren Burg ein. Mittelalterliche Bausubstanz wurde im 19. Jh. teilweise abgebrochen, um eine Strafanstalt zu errichten. 1965–75 erfolgte der Umbau als Studentenheim (Klemm).

Warenhaus Centrum (Demianiplatz): Bei dem 1912–13 v. Schmanns, Potsdam, entworfenen Bauwerk handelt es sich um das einzige original erhaltene Großkaufhaus aus dem frühen 20. Jh. Vorbild war der 1904 fertiggestellte Wertheim-Bau (Messel) in Berlin, v. dem die Vertikalgliederung der Werksteinfassade und die Lauben zum Platz zu übernommen sind. Eindrucksvoll ist der große Lichthof im Inneren mit interessanten Treppen zu den Galerien und mit Brücken.

Stadtbefestigung: Die erstmals im 13. Jh. angelegte Befestigung wurde schließlich zu einer mit starker Doppelmauer, zahlreichen Mauertürmen und Weichhäusern besetzten Befestigung ausgebaut, v. der ansehnliche Reste an der O-Seite – zur Neiße hin – und beim Nikolaitor erhalten sind. Als letzte Bastion ist noch die am Vogtshof zu sehen. Folgende Türme, ehemals bei Toren, stehen noch im Stadtgebiet: der *Dicke Turm* (beim Frauentor) mit Stadtwappen v. 1477, der *Reichenbacher Turm* (quadratischer Teil 14. Jh., zylindrischer Teil 1484, barokker Aufbau 1782) mit dem Vorwerk *Kaisertrutz* (→Museen), einst mit dem Reichenbacher Tor mit doppeltem Mauerzug verbunden, der *Rundturm* (mit barocker Haube) beim Nikolaitor und vor der Nikolaivorstadt das sog. *Finstertor* mit der Scharfrichterei (1666 und 1676). An der O-Seite der Stadt ist die *Ochsenbastei* auf 220 m Länge als Gartenanlage zwischen 2 originalen Mauern (Zwinger) gestaltet.

MUSEEN

Staatliches Museum für Naturkunde (Marienplatz): Das Museum geht auf die 1811 gegr. Ornithologische Gesellschaft zurück. Die Sammlungen umfassen heute 15 000 Präparate v. Wirbeltieren, 5000 Vogeleier, fast 15 000 Schnecken- und Muschelschalen, 1,5 Millionen Insekten, ein Herbarium mit 100 000 Pflanzen und über 12 000 Stück Mineralien, Gesteine und Versteinerungen. Ausgestellt sind zahlreiche Tierpräparate.

Städtische Kunstsammlungen: Sie sind in 3 Gebäuden untergebracht: Im *Kaisertrutz,* einem vor der eigtl. Stadtmauer gelegenen Teil der Stadtbefestigung (Barbakane), der 1490 begonnen und 1850 zur Stadtwache umgebaut und erhöht wurde, sind die stadtgeschichtliche und MA-Abteilung sowie die Gemäldegalerie und die Skulpturensammlung untergebracht. Es ist ein Rundbau mit 19 m Durchmesser, dessen Hof jedoch exzentrisch angeordnet ist: Die Wandstärke steigert sich so v. 1,7 m bis zu 4,5 m. In der Mitte steht ein Turm. Zu den Exponaten gehören Werke v. Ferdinand v. Rayski, Fritz v. Uhde, Wilhelm Trübner, Lovis Corinth, Max Slevogt, Gustav Seitz, Fritz Cremer, Will Lammert und Waldemar Grzimek. – Im *Reichenbacher Torturm* befinden sich eine Waffensammlung und eine Ausstellung über die Görlitzer Stadtverteidigung im MA. – In der *Neißstr. 30* schließ-

lich ist das *Kulturgeschichtliche Museum der Oberlausitz* untergebracht. Das Barockhaus wurde 1726–29 für den Damastgroßhändler Ameis errichtet. Es ist ein palastartiger dreigeschossiger Bau mit Kolossalpilastern an den Ecken und dreiachsigem Mittelrisalit. Das Portal ist plastisch bes. reich behandelt. Die Hofflügel und das Hinterhaus haben z.T. offene Umgangskorridore. Das Haus wurde dann Sitz der 1779 v. K.G.v.Anton und A.T.v.Gersdorf gegr. Oberlausitzischen Gesellschaft der Wissenschaften, zu deren Mitgliedern u.a. Alexander v.Humboldt, Jacob Grimm und Hoffmann v.Fallersleben gehörten.
Angeschlossen war ihr die *Oberlausitzer Bibliothek der Wissenschaften,* eine der ältesten Bibliotheken Sachsens, die heute noch genutzt werden kann. Weiterhin bewahrt das Gebäude eine Münzsammlung und ein graphisches Kabinett, das etwa 36000 Blatt umfaßt. Es kann nach Voranmeldung darin gearbeitet werden.

Außerdem sehenswert: Auf dem *Jüdischen Friedhof* (Biesnitzer Str.37) ein *Mahnmal* für die Opfer des KZ Biesnitzer Grund.

Umgebung

Arnsdorf (14 km nw): Die spätroman. *Dorfkirche* erhielt 1430, nach einem Brand, den Saal ersetzt. Er ist mit einer 1582 gemalten Felderdecke auf einer Mittelstütze überspannt. In Schiff und Apsis Reste ma Wandmalerei, Altar und Kanzel 1.Hälfte 18.Jh., Rokokoorgelprospekt.
Ebersbach (6 km nw): Die spätgot. *Dorfkirche* besteht aus einem fast quadratischen Schiff, auf Mittelstütze gewölbt, einem rechteckigen Chor und dem W-Turm. Die Raumausstattung ist einheitlich barock (Altar v. 1723), der Taufstein v. 1591.
Friedersdorf (12 km sw): Die *Saalkirche* aus der frühesten Gotik besteht aus der Apsis, dem Chor, dem Saal und dem W-Turm. Sie brannte 1661 aus und wurde anschließend teilweise neu gewölbt und stuckiert. Diese Arbeiten sind grob, doch zeittypisch. Altar und Kanzel wurden 1668 v. Bahnisch aus Zittau geschaffen.
Herwigsdorf (23 km sw): Die kleine rechteckige *Dorfkirche* wurde 1545 anstelle einer abgebrannten errichtet. Das Erscheinungsbild ist jedoch besonders durch Baumaßnahmen und die Ausstattung aus dem 2.Jahrzehnt des 18.Jh. geprägt. Erwähnenswert sind die doppelte Emporenanlage, die Betstube, der Kanzelaltar und die bemalte Felderdecke.
Jauernick-Buschbach (10 km sw): Die kath. *St.-Wenzel-Kirche* liegt auf einer Anhöhe in einem noch teilweise mit Wehrmauern versehenen Friedhof. An das kupplig überwölbte Chorquadrat schließt ein Rechtecksaal an (um 1230). Kanzel und Altar datieren vom Ende des 18.Jh.
Königshain (8 km nw): Die *Dorfkirche* ist eine spätroman. Anlage, bestehend aus Apsis, Chorquadrat und Saal. Dieser erhielt 1573 das Tonnengewölbe mit Stichkappen und angeputzten Graten. – *Steinstock:* v. Wassergraben umgebener kleiner spätmittelalterlicher Schutzbau. – *Altes Schloß:* Rechteckbau mit 2 der Längsseite vorgestellten quadratischen Türmen (17.Jh.). – *Neues Schloß:* Schlichter zweigeschossiger Hauptbau mit pavillonartigen eingeschossigen Flügelbauten (Mitte 18.Jh.) – Reste einer *Parkanlage* mit klassizistischen Denkmälern. – Die *Königshainer Berge* sind ein beliebtes Ausflugsziel.
Landeskrone (4 km südwestlich): Von dem 420 m hohen Gipfel mit Aussichtsturm hat man einen hervorragenden Ausblick über G.
Niesky (20 km nw): 1735 als regelmäßige Anlage v. der Brüdergemeine gegründet, seit 1935 Stadt. Der Zinzendorfplatz (110 m × 165 m) zeigt die charakteristische städtebauliche Konzeption der Brüderunität. – Die kath. *Kirche* entstand 1935 nach einem Typenprojekt aus vorgefertigten hölzernen Bauteilen und Bauplatten (1961 umgestaltet).
Ostritz (16 km s): Die kath. *Pfarrkirche* besteht aus einem spätroman. Chor aus der 1.Hälfte des 13.Jh., einem einschiffigen spätgot. Langhaus v. 1427, das 1615 umgebaut wurde, und einem Turm mit Barockhaube. Das reiche spätroman. Portal ist nur noch als Kopie erhalten. Zur Ausstattung zählen eine Sandsteinkanzel v. 1609 und ein Hochaltar v. 1773. Erwähnenswert sind auch die barocken Nebenaltäre. – In der Görlitzer Str. steht eine *Andachtssäule* v. 1716, auf dem Hutberge eine Kreuzigungsgruppe v. 1711, das *Heimatmuseum* be-

Ostritz (Görlitz), Zisterzienser-Nonnenkloster Marienthal

findet sich in der Brauhausstr. - Die Hauptsehenswürdigkeit v. Ostritz ist das *Zisterzienser-Nonnenkloster Marienthal* in der Neißeniederung, n der Stadt gelegen, das 1234 v. Kunigunde, der Frau König Wenzels II., gestiftet wurde. Von einem Neubau der Anlage aus der 2. Hälfte des 17. Jh. sind die Klosterkirche (einschiffig, mit Stichkappentonnengewölbe), die Abtei und die Propstei erhalten. Der Klausurkomplex sowie 2 Ehrenhöfe entstanden seit 1743/44. Der böhmische Einfluß ist, vor allem beim Mittelrisalit des Hauptbaus, deutlich spürbar, die seitlichen Flügelbauten sind niedriger gehalten. Im n, unter der außen sichtbaren Kuppel, befindet sich die Kreuz- oder Michaeliskapelle (1756 geweiht), deren Kuppelfresko (die Anbetung der Ehernen Schlange und des Kreuzes darstellend) vermutlich v. Giovanni Battista Casanova aus Dresden geschaffen wurde. Die qualitätvolle Kapelle mit ihrer Stuccolustro-Ausstattung wurde 1968-72 restauriert. Kapitelsaal, Refektorium und Kreuzgänge besitzen gleichfalls eine schon restaurierte Ausmalung. Die barocke *Klosterbibliothek* (zweigeschossig) besitzt noch ihre barocke Ausstattung v. 1752. Sie beherbergt zahlreiche ma Handschriften, teilweise mit einzigartigen Buchmalereien (u. a. einen Psalter aus dem frühen 13. Jh.). - Die *Brauerei* und ein *Lusthaus* wurden im 18. Jh. erbaut. - Auf dem Stationsberg befindet sich eine kolossale *Kreuzigungsgruppe* v. 1728.

Reichenbach (13 km w): Die *Pfarrkirche St. Johannis* besteht aus einem w Breitturm, dem Saal und einem längsrechteckigen Chor, dem sich im S ein Nebenchor anlegt. Es handelt sich um einen in der Spätgotik erweiterten roman. Gründungsbau. Zur Ausstattung gehören ein Altar v. 1685 und eine Kanzel v. 1688. - Die einschiffige, gewölbte und im O polygonal schließende kath. *Kapelle St. Anna* ist gleichfalls um 1500 entstanden.

Zodel (9 km n): Die got. *Dorfkirche* aus der Zeit um 1300 war Mittelpunkt der dörflichen Wehranlage. Der hohe W-Turm besitzt im Erdgeschoß keine Türen und ist nur vom Kircheninneren her zugänglich. Das einschiffige Langhaus hat Kreuzgratgewölbe, der rechteckige, eingezogene Chor eine Kreuzrippenwölbung. Die Emporen wurden im 17. Jh. zugefügt. Bei Restaurierungsarbeiten 1950 hat man Wandmalereien aus der 2. Hälfte des 14. Jh. freigelegt. Sie können als die bedeutendsten Fresken in der Oberlausitz bezeichnet werden. Dargestellt sind Christus in der Mandorla (Gewölbefeld) sowie Heilige in perspektivischen Architekturrahmungen. Der kleine spätgot. Altar (ehem. Niederseifersdorf) ist 1504 datiert, die kleine Kanzel stammt aus dem 17. Jh.

7240 Grimma
Grimma

Einw.: 18 500 Höhe: 130 m S. 258 □ G 8

Die Kreisstadt liegt im Tal der Mulde. Hier ließ der Markgraf von Meißen im frühen Mittelalter eine Burg errichten, um den Übergang über den Fluß zu sichern. Eine Brücke wurde erstmals 1292 erwähnt, sie wurde 1716-19 nach Plänen von Matthäus

Zodel (Görlitz), Dorfkirche, Wandmalereien

Daniel Pöppelmann ausgebaut. Diese große Muldenbrücke, ein Barockbau, ist noch heute in Gebrauch. Nur der Mittelteil ist durch eine Stahlkonstruktion ersetzt.

In Grimma wurde 1550 nach Meißen (ehemaliges Afrakloster) und Schulpforta (ehemaliges Zisterzienserkloster bei Naumburg) im ehemaligen Augustinerkloster die 3. Fürstenschule Sachsens eingerichtet. Unter ihren Schülern war der Kirchenlieddichter Paul Gerhardt (1607–76).

Augustinerkirche: Die einschiffige, frühgot. Kirche des ehem. Augustinerklosters, die um 1290 begonnen wurde, hat man im 15. Jh. umgebaut. Sie ist ein langgestreckter Saal mit geradem O-Abschluß und Dreifenstergruppe sowie hölzernem Tonnengewölbe mit Stichkappen.

Sie folgte so dem Vorbild des Mutterklosters in Gotha. Der N-Seite hat man eine dreigeschossige Empore, über einen außen angefügten Treppenturm erschlossen, eingefügt, die Orgelempore ist über dem Altar angeordnet. Die Kirche wurde letztmalig 1960 restauriert, ist dann aber infolge Nichtbenutzung stark verfallen und einsturzgefährdet.

Friedhofskirche zum Hl. Kreuz: Im Inneren der seit 1566 erbauten und 1910 veränderten Kirche befindet sich ein beachtlicher spätgotischer Altar mit dreifachen Flügeln, 1519 geschaffen und für die Kirche erworben.

Es handelt sich vermutlich um eine Wittenberger Arbeit. Dargestellt ist die Legende des hl. Nikolaus.

Stadtkirche Unserer Lieben Frau: Das frühestgot. Bauwerk mit spätromanischem doppeltürmigem Westbau wurde um 1230 begonnen und gegen 1300 fertiggestellt. Die Kreuzrippengewölbe der dreischiffigen Pfeilerbasilika mit Querhaus und Rechteckchor sind jedoch späteren Datums. Der Schnitzaltar mit den gemalten Außenflügeln entstand im Jahr 1520. Er wird dem Meister des Knauthainer Altars zugeschrieben. Im Schrein ist die Geburt Christi dar-

Grimma, Augustinerkirche

gestellt. Es existieren weitere Schnitzfiguren aus dem Anfang des 16.Jh. sowie der Taufstein v. 1598.

Rathaus: Nach einem Brand 1538 wurde das gotische Gebäude v. 1442 in den Jahren bis 1585 im Renaissancestil wiederhergestellt. Es hat einen rechteckigen Grundriß und 2 Geschosse; das Obergeschoß wird über eine Freitreppe an der W-Seite erschlossen.
In einem *Bürgerhaus* (Markt 11) aus dem 16.Jh. hatte der Leipziger Verlagsbuchhändler Göschen, der sich als Verleger v. Klassikerausgaben einen Namen machte, ab 1796 seine Druckerei. Hier wohnte auch in den Jahren 1787-1801 sein Korrektor, der Schriftsteller Johann Gottfried Seume (1763-1810).
In Grimma begann Seume seine berühmt gewordene Fußreise nach Syrakus, die er in dem Buch »Spaziergang nach Syrakus im Jahre 1802« beschreibt. - Das Haus *Markt 15* hat ein Portal v. 1572, *Nr. 23* wurde 1724 errichtet.

Schloß: Das Gebäude, das auf eine 1200 erstmals erwähnte Burg zurückgeht, stammt im wesentlichen aus dem 16.Jh. Es besteht aus einem O- und einem W-Flügel, durch verbindende Mauern wird ein trapezförmiger Hof begrenzt. Das ehem. Schloß dient heute als Verwaltungsgebäude.

Außerdem sehenswert: Flachgedeckte, einschiffige *Kapelle* des um 1240 gegründeten Georgenhospitals. - *Döringsches Freihaus,* Klosterstr. 5, 1618-21 erbaut. - Das *Kreismuseum Grimma* befindet sich in der Paul-Gerhardt-Str. 43. Neben der Darstellung der Stadtgeschichte und einer Sammlung überwiegend heimischer Minerale ist die Arbeits- und Wohnumwelt im 19. und 20.Jh. dargestellt. Beachtenswert ist die umfangreiche Korbsammlung, die ca. 900 Objekte umfaßt.
Die *Gattersburg,* ein 1792 erbautes Landhaus oberhalb der Mulde, wird heute als Ausflugsgaststätte genutzt.
Im Ortsteil *Nimbschen* existiert die Ruine

Grimma, Zisterzienserinnenkloster Marienthron

des *Zisterzienserinnenklosters Marienthron.* Aus dem im Jahre 1285 dorthin verlegten Kloster floh Ostern 1523 die Nonne Katharina von Bora, die spätere Frau Martin Luthers.

Umgebung

Colditz (15 km sö): Kleinstadt an der Zwikkauer Mulde. - Die *Stadtkirche St. Ägidien* hat einen spätgot. Chor mit Netzgewölbe aus der 1. Hälfte des 15. Jh. und ein Langhaus sowie einen W-Turm, die vermutlich aus dem 16. Jh. stammen. Die Ausstattung besteht u. a. aus einem Altar (1598) und 2 im gleichen Jahre gearbeiteten Alabasterreliefs, die die Geburt und Taufe Jesu zeigen. - Die *Friedhofskirche St. Nikolai* ist ein einschiffiger roman. Bau aus dem 12. Jh. mit tonnengewölbtem Chor und Apsis. Auf der N-Seite des Langhauses ein roman. Portal. - Das *Alte Rathaus* ist ein Renaissancebau v. 1540, der 1650-57 erneuert wurde. 3 Seiten des dreigeschossigen Bauwerks haben reiche Volutengiebel. Die Portalanlage wurde 1936 wiederhergestellt. Im Inneren gibt es zahlreiche Frührenaissancedetails.

Das *Schloß,* jetzt Krankenhaus, ist eine ausgedehnte, unregelmäßige Anlage um 2 Innenhöfe, die in der alten Substanz im wesentlichen 1578-91 im Renaissancestil unter Verwendung älterer Bauteile errichtet wurde. Vom Hauptbau (Hinterschloß) sind das Fürstenhaus und die durch 3 Geschosse reichende, mit Kreuzrippengewölben überspannte Allerheiligenkapelle hervorzuheben, deren reichdekoriertes und plastisch geschmücktes Renaissanceportal (Andreas Walther II.) beachtenswert ist. Weiterhin sind zu nennen das Beamtenhaus (1. Hälfte 17. Jh.) und der Torbau vor dem Zwinger des Hauptschlosses (1506). Das Vorderschloß enthielt die Stall- und Wirtschaftsgebäude. - In der Kurt-Böhme-Str. 1 ist das *Städtische Museum Colditz* untergebracht. Das Barockgebäude entstand 1730. Es besitzt Kreuzgewölbe sowie eine Spindeltreppe aus Rochlitzer Porphyr. Dargestellt ist

Klinga (Grimma), Dorfkirche

vor allem die Entwicklung der keramischen Industrie (Rohstoff Colditzer Erde). Außerdem gibt es eine Abteilung »Fluchtbewegung«, die originale Gegenstände, die v. kriegsgefangenen Offizieren im Alliierten-Sonderlager Colditz als Mittel zur Flucht gefertigt wurden, zeigt.

Westlich der Stadt liegt der 1700 ha große Colditzer Forst.

Döben (3 km ö): Die große *Dorfkirche* (Saal, Chorrechteck und got. polygonal geschlossener Chor anstelle der Apsis) stammte urspr. aus der Zeit um 1200. Der Chorturm ist nachträglich durch Aufstokkung entstanden. Der stattliche Spätrenaissancealtar wurde 1591 geschaffen. Kanzel (mit tragender Mose-Figur) und Emporenanlage entstammen dem 17. Jh., die bemalte Felderdecke ist gegen 1700 hinzugekommen. Der roman. Taufstein steht noch auf dem Friedhof.

Hohnstädt (zu Grimma gehörig, 1,5 km n): Das Gebäude Schillerstr. 25 ist das *Göschenhaus*, das ehem. Wohnhaus des Verlegers Georg Joachim Göschen (1752–1828). Es wurde 1775 erbaut und 1795 v. Göschen erworben. Hier befindet sich heute ein kleines *Museum* mit einer Seume-Gedenkstätte. Der Garten wurde 1800 v. Göschen angelegt. Hier besuchte Friedrich Schiller seinen Verleger am 16. und 17. 9. 1801. – Das *Herrenhaus* ist ein Barockgebäude v. 1700, im Inneren der schöne Mendelsohn-Saal. – Die *Dorfkirche* ist eine roman. Saalkirche mit Chorquadrat und Apsis, deren Saal um 1840 erweitert wurde. Der Chorturm entstand 1895. An der S-Seite ist eine Kapelle mit Kreuzrippengewölben angefügt.

Die Einrichtung besteht u. a. aus einem Altaraufsatz (1658) mit einer Kreuzigungsgruppe sowie einer Kanzel und einem Taufstein (beide 1653).

Klinga (10 km nw): Die *Dorfkirche* ist eine der wenigen in ihren wesentlichen Teilen (W-Turm, Saal, Chorquadrat und Apsis) erhaltene spätroman. Anlage. Emporen und bemalte Felderdecke stammen aus dem 17. Jh. Neben dem W-Portal stehen 2 roman. Taufsteine – ein Renaissancetauf-

Klinga (Grimma), Dorfkirche

stein steht im Chor. Der barocke Kanzelaltar stammt aus der 1. Hälfte des 18. Jahrhunderts.

Kössern (10 km sö): Das *Jagdhaus* ist um 1711, vermutlich v. Matthäus Daniel Pöppelmann, errichtet worden. Die Architektursprache einschließlich der aufgemalten Ergänzungen schließen sich weitgehend den Formen des Taschenbergpalais in Dresden an. Das Treppenhaus ist seitlich eingeordnet, der stattliche Saal in der Mittelachse des Obergeschosses hat eine bemalte Decke.

Pomßen (8 km w): Die spätroman. *Dorfkirche* mit W-Turm, Saal, Chorquadrat und Apsis sowie einer s, schon roman. Saalerweiterung (Kapelle) besitzt eine ungewöhnlich reiche Ausstattung aus der Zeit der Renaissance und des Barock: unter anderem Emporen v. 1668 und die bemalte Felderdecke, eine Loge v. 1686, eine Orgel v. 1660–71. Der dreiteilige Altaraufbau wurde nach 1573 v. Andreas Lorentz aus Freiberg geschaffen.

Die Kanzel stammt aus der Zeit um 1660, ein Kruzifix noch aus dem 16. Jh. Zahlreiche Denkmäler erinnern an die Familie v. Ponickau (16.–18. Jh.).

Trebsen (7 km nördlich). Die einschiffige *Stadtkirche* besitzt noch einen roman. Triumphbogen, an den sich im O der got. Chor, polygonal endend, v. 1518 anschließt. Der Westbau zeigt das Baujahr 1552. Die Haube entstand 1731. 1755 wurden die Emporen der Kirche eingefügt. Kanzel und Taufstein entstanden um 1800. Die *Pfarre* hat ein Portal von 1520 (erneuert).

Das 1522–24 entstandene *Schloß* war eine Dreiflügelanlage v. bedeutenden Abmessungen um einen regelmäßigen Rechteckhof. Durch Zufügung eines 4. Flügels mit Arkadengang entstand die geschlossene Vierflügelanlage.

Der Rest eines mächtigen Rundturmes am N-Flügel zeigt, daß eine ältere Anlage vorangegangen war. Es existieren mehrere spätgotische Backsteinziergiebel, innen sind zahlreiche Räume mit Zellengewölben überspannt.

8280 Großenhain

Großenhain

Einw.: 19400	Höhe: 124 m	S. 259 □ I 8

Großenhain wurde um 1200 im Anschluß an die slawische Siedlung *Ozzec* durch die Markgrafen von Meißen gegründet. Der Stadtgrundriß nähert sich dem Kreis, um den großen zentralen Markt herum ordnet sich ein verhältnismäßig regelmäßiges Straßennetz. Großenhain war im Mittelalter neben Görlitz und Zwickau ein Zentrum der Tuchmacherei. Teile der Stadt wurden bei einem Feuer 1744 zerstört.

Stadtkirche St. Marien: Nach der Brandkatastrophe wurde die Kirche in den Jahren 1744-48 v. Johann Georg Schmidt, einem Schüler v. George Bähr, dem Erbauer der Dresdner Frauenkirche, unter Verwendung v. Teilen der abgebrannten ma Kirche barock wieder aufgebaut. Über dem fünfseitigen O-Abschluß, dem Chor der ma Kirche, erhebt sich ein schlanker Turm, der erst 1801 fertiggestellt wurde. In der Mitte der N-Seite wurde die neue Altarinsel geschaffen - ihr gegenüber erstreckt sich eine T-förmige Raumerweiterung nach S. Der Innenraum hat eine Muldendecke und rings umlaufende Emporen. Der große Kanzelaltar v. 1755 (Ch. W. Mieth) mit der Orgel v. 1777 und der Sandsteintaufe (1748) bilden eine Einheit. Ein spätgot. Flügelaltar aus der ehem. Katharinenkirche v. 1499 ist im Turm aufgestellt (im Schrein Maria mit 2 weiblichen Heiligen). Es ist ein bedeutendes Werk der Großenhainer Schule.

Colditz (Grimma), Stadtkirche St. Ägidien

Kreismuseum (Kirchplatz 4): Das Museum ist in der 1556 erbauten ehem. Lateinschule eingerichtet. Es stellt die Geschichte des Kreises und der Stadt v. der Ur- und Frühgeschichte bis zur Gegenwart dar. Zu sehen sind u. a. Münzfunde, Ofenplatten, Spielzeug sowie ein Modell, das die Stadt um 1630 zeigt.

Außerdem sehenswert: Ruine des 1540 abgebrannten *Nonnenklosters* der Reuerinnen. Zu sehen sind u. a. der Turm, die N-Wand des Chors der Kirche und Teile der Klausur (verbaut). - Das Haus *Frauenmarkt 2* stammt noch aus der Zeit vor dem Stadtbrand, es handelt sich um einen Barockbau aus der 1. Hälfte des 18. Jh. Das zweigeschossige Bauwerk hat einen mittig angeordneten Fronterker.

Umgebung

Zabeltitz (8 km nw): Die *Dorfkirche* ist ein Renaissancebau v. 1581. An den W-Turm (Haube und Laterne stammen aus dem 18. Jh.) schließt im O ein quadratisches Schiff und ein eingezogener quadratischer Chor an. Im Inneren befinden sich eine Kanzel und ein Taufstein v. 1580 (Christoph Walther II.)

Das *Palais* ging aus einem um 1560 errichteten Wasserschloß hervor. Es wurde 1728 nach Plänen v. Johann Christoph Knöffel im Auftrag des Grafen v. Wackerbarth erbaut. Das Gebäude, in dem heute eine Schule untergebracht ist, ist dreigeschossig und hat einen eingezogenen Mittelteil. Die Gliederung ist, wie häufig üblich, aufgemalt. Knöffel entwarf auch die barocke Gartenanlage mit einem 160 m langen Teich und mehreren Plastiken des 18. Jh.

Der sog. *Große Stall* ist ein langgestreckter zweigeschossiger Renaissancebau, der um 1590 v. Paul Buchner errichtet wurde. Er hat Volutengiebel und an der Gartenseite einen Treppenturm. Im Erdgeschoß befindet sich eine zweischiffige Halle mit toskanischen Säulen.

H

9270 Hohenstein-Ernstthal

Hohenstein-Ernstthal

Einw.: 16800 Höhe: 344 m S. 258 □ G 9

Hohenstein, Kreisstadt im Zwickauer Hügelland an stark abschüssigem Gelände, wurde 1513-17 als Bergarbeitersiedlung gegründet, nachdem am Hohenstein Silber gefunden worden war. Es erhielt 1521 Stadtrechte. Der durch Kupfer-, Arsen- und Goldabbau erweiterte Bergbau wurde jedoch bald durch die Textilindustrie abgelöst.
Die ehemalige Webersiedlung Ernstthal legte Ende des 17. Jahrhunderts (1694 Marktrecht) Christian Ernst von Schönburg an. Die Strumpfwirkerei kam bald als Erwerbsquelle hinzu.
Über einer Heilquelle wurde 1829-30 ein Badehaus errichtet. 1898 wurden die beiden Orte vereinigt.

Stadtkirche St. Christophorus (Ortsteil Hohenstein): Das barocke Bauwerk wurde 1756-57 nach Plänen v. Johann Gottlieb Ohndorff unter Benutzung älterer Fundamente errichtet.
Im Inneren, das 1889 erneuert wurde, befinden sich noch der Orgelprospekt aus der Mitte des 18. Jahrhunderts sowie der Taufstein v. ca. 1618 (Michael Hegewald).

Stadtkirche Ernstthal: Der Kirchenbau, der seit 1687 entstand, wurde 1717 erweitert und 1904 umgebaut. Der Turm datiert aus dem Jahre 1938.

Karl-May-Gedenkstätte (Ortsteil Ernstthal, Karl-May-Str. 54): In diesem etwa 300 Jahre alten und nur 4,25 m breiten Haus wurde Karl May am 25.2.1842 als 5. v. 14 Kindern geboren. Seine Kindheit beschrieb er in »Mein Leben und Streben« (1910; unter dem Titel »Ich« 1916).
Der weltbekannte Schriftsteller erzielte allein in dt. Sprache Gesamtauflagen seiner Werke in Höhe v. nahezu 80 Millionen Exemplaren.

Stadtmuseum (Altmarkt 30): Neben 2 Weberstuben aus dem 19. Jh. sind hier Sammlungen zum Hohensteiner Erzbergbau zu besichtigen.

Außerdem sehenswert: Die Stadt besitzt eine Anzahl *Fachwerk-Bürgerhäuser* sowie charakteristische Weberhäuser. - Westlich der Stadt liegt der *Sachsenring*, eine 1927 eröffnete 8731 m lange Motorradrennstrekke.

Umgebung

Oberlungwitz (2 km s): Im *Heimatmuseum* in der Hofer Str. 189 sind Zwirn- und Strickmaschinen sowie eine beachtenswerte Strumpfwirkstube aus der Zeit um 1820 zu sehen.
Rußdorf (Ortsteil v. Limbach-Oberfrohna, 6 km n): Die *Dorfkirche St. Johannes* ist 1729-34 neu errichtet worden. Die originale Ausstattung des Raumes, unter reicher Verwendung v. Bandelwerk und Lambrequins als Details, läßt die kulturell gegebene Bindung zum Altenburger Land erkennen: Die Kanzel tritt aus der umlaufenden Empore heraus und ist so nicht direkt mit dem Altar verbunden.
Die Zusammenfassung der liturgischen Elemente, Altar, Kanzel, Orgel und Taufstein, im O der Kirche ist trotzdem gegeben.

7700 Hoyerswerda
Hoyerswerda

Einw.: 67900 Höhe: 119 m S. 259 □ K 8

Hoyerswerda (sorbisch: *Wojerecy*) liegt im Südosten des Niederlausitzer Braunkohlenreviers an der Schwarzen Elster. Es wurde vor 1268 inmitten von sorbischen Siedlungen als Herrensitz gegründet, 1423 erhielt es Stadtrechte. Mit der gesamten Lausitz wurde Hoyerswerda 1635 sächsisch, blieb jedoch eine kleine Landstadt. 1815 fiel es als westlichste Stadt mit an Schlesien. Mit der Entdeckung von Braunkohlelagern im 19. Jh. entwickelte sich auch Industrie. Die 1945 zur Festung erklärte Stadt wurde schwer zerstört. 1946 hatte sie 7264 Einwohner.
1955 wurde mit dem Aufbau der Wohnstadt Hoyerswerda-Neustadt begonnen, einer Wohnstadt für die etwa 40000 Beschäftigten des Kombinats Schwarze Pumpe (12 km nordöstlich bei Spremberg; nach einem kleinen Wegegasthof benannt), des größten Braunkohleveredlungswerks Europas. Die zweite »sozialistische Stadt der DDR« (nach dem ehemaligen Stalinstadt) besteht aus 9 Wohnkomplexen mit etwa 20000 Wohnungen. Hier wurde 1958 erstmals die industrielle Großplattenbauweise in der ehem. DDR angewandt.
Die Schriftstellerin Brigitte Reimann lebte 1960–66 in Hoyerswerda. Über das Leben einer Brigade des Kombinats Schwarze Pumpe berichtet der Kurzroman »Ankunft im Alltag« (1961). Nach ihm wurde ein ganzer Typus DDR-Literatur »Ankunftsliteratur« genannt. Ihr Hauptwerk, der unvollendete Roman »Franziska Linkerhand« (1974), beschreibt das Leben einer Architektin in der entstehenden Stadt.

Sehenswürdigkeiten in Hoyerswerda-Altstadt

Stadtkirche St. Johannes: Die dreischiffige spätgot. Hallenkirche mit fünfseitigem O-Schluß wurde um 1500 errichtet. Der W-Turm mußte nach einem Brand um 1850 erneuert werden. Im Inneren der Halle befinden sich schöne Stern- und Netzgewölbe. 1945 wurde die Kirche schwer beschädigt. Der Altaraufsatz stammt nun aus Zabeltitz (2. Hälfte 16. Jh.), der Taufstein (1. Hälfte 17. Jh.) aus Diehsa (Kreis Niesky).

Kreuzkirche: Der einschiffige Barockbau wurde im 1. Viertel des 18. Jh. als ehem. Friedhofskirche aufgeführt. Nach starken Beschädigungen 1945 hat man ihn für eine profane Nutzung restauriert. Die Felderdecke zeigt Bemalung (um 1720), der Altaraufsatz stammt aus der Bauzeit.

Amtshaus (»Lessinghaus«): Zweigeschossiger Barockbau v. 1702. Er hat im Erdgeschoß Kreuzgewölbe, im Obergeschoß Balkendecken. In diesem Hause war der junge Lessing häufig zu Gast.

Rathaus: Dreistöckiger Renaissancebau (1591–92). Nach der Totalzerstörung 1945 wurde das Bauwerk am alten Standort als Nachbildung neu errichtet. Das originale Rundbogenportal (mit Inschrift und Wappen der v. Promnitz) ist in den Neubau einbezogen.

Schloß: Das dreigeschossige Renaissancegebäude, das seit 1592 unter Einbeziehung ma Bauteile errichtet wurde, hat einen fast elliptischen Grundriß und geht auf eine Wasserburg des 13. Jh. zurück. Ein kleiner Hof ist durch die Baukörper eingeschlossen. 1727 wurde der W-Flügel verlängert und ein Eingangstrakt mit Barockportal hinzugefügt. Veränderungen erfolgten noch 1911 und nach 1945. – Im Schloß befindet sich das *Kreisheimatmuseum*. Informiert wird u. a. über die Ur- und Frühgeschichte der Lausitz und über sorb. Kultur im 19. und 20. Jahrhundert. Ein Zinnfigurendiorama stellt den Aufstand der Bauern v. 40 Dörfern gegen die Hoyerswerdaer Herren v. Schönberg im Jahre 1525 dar.
Dem Museum angeschlossen ist eine Museumsstraße, die Lange Straße. Hier kann man in etwa 200 Jahre alten Häusern (stark erneuert) eine Schuhmacher-, eine Blaudrucker- und eine Geigenmacherwerkstatt besichtigen.

Umgebung

Knappensee (7 km sö): Bei dem 300 ha großen See handelt es sich um ein Tagebaurestloch. Es ist rekultiviert und dient als Naherholungsgebiet.

Wittichenau (5 km s): In der einschiffigen barocken kath. *Kreuzkirche* v. 1780–81 findet sich ein spätgot. Flügelaltar (in Schreinmitte eine gekrönte Maria) aus dem endenden 15. Jh. – Die dreischiffige spätgot. Pseudobasilika, die kath. *Stadtkirche Mariae Himmelfahrt*, wurde nach einem Brand 1429 erbaut. Der O-Abschluß ist fünfseitig, der W-Turm ist kräftig nach N verschoben. Die Sternwölbung entstand wohl 1527. Die Ausstattung ist weitgehend barock. Der Hochaltar (1722–23), ein hoher Ädikulaaufbau mit durchbrochenen Seitenflügeln aus Stuckmarmor, schuf M. W. Jäckel, Prag (Gemälde v. 1870). Vom gleichen Künstler wohl auch die Figurengruppe auf dem Taufstein. Darüber hinaus sind ein Gemälde der Taufe Christi (Andreas Dreßler, Kamenz, 1597) und spätgot. Holzskulpturen beachtenswert. – Das *Jakubetzstift* ist ein zweigeschossiger Barockbau v. 1780. – Auf dem Markt eine Postmeilensäule v. 1732.

K

8290 Kamenz

Kamenz

Einw.: 18100 Höhe: 198 m S. 259 □ K 8

Die jetzige Kreisstadt entstand nach 1200 als Marktsiedlung bei einem sorbischen Dorf und einer deutschen Burg. Sie liegt auf der Hochfläche über dem Steilhang der Schwarzen Elster am Rand des Lausitzer Berglandes und zeigt eine auffallende Regelmäßigkeit. 1346 trat die Stadt dem Sechsstädtebund der Lausitz bei – 1410 erwarb sie die Herrschaft über das Burglehen, und 1432 wurde die Burg des einstigen Stadtherrn abgebrochen. Die Lage am Flußübergang der Hohen Straße, der wichtigen West-Ost-Fernhandelsstraße, gab dem Ort eine strategische Bedeutung. Die Grundlage der Industrialisierung bildeten Tuchmacherei, Gerberei und Töpferei. Ein Stadtbrand 1842 zerstörte große Teile der Stadt. Der Rückgang des Verkehrs auf der Hohen Straße infolge der Verlagerung der Transporte auf die Schiene (Kamenz wurde erst 1871 an das Eisenbahnnetz angeschlossen) brachte der Stadt arge wirtschaftliche Rückschläge. In Kamenz wurde am 22. 1. 1729 der Dichter der Aufklärung, Gotthold Ephraim Lessing, als Sohn eines Pfarrers geboren.

Franziskaner-Klosterkirche: Die Franziskaner kamen nach Kamenz erst im spätesten MA und mußten daher ihr Kloster vor den Toren der Stadt (mit einer eigenen Mauer geschützt) erbauen. Die Klosterkirche St. Annen ist eine 1493–1507 errichtete dreischiffige spätgot. Hallenkirche mit einem einschiffigen Chor. Die Netzgewölbe im Inneren ruhen auf schlanken Achteckpfeilern. Die turmlose Kirche hat Ziergiebel mit Backsteinblenden. Von der urspr. reichen Ausstattung sind noch 5 spätgot. Altäre, zwischen 1510 und 1520 entstanden, erhalten. Es handelt sich um den Haupt- oder Annenaltar, den Franziskusaltar (zu sehen ist die Stigmatisierung des hl. Franziskus), den Heilandsaltar (Christus zwischen den hll. Franziskus und Bernhard), den Marienaltar (Maria zwischen den hll. Wolfgang und Ottilie) sowie den Altar der Hl. Sippe. Darüber hinaus gibt es noch zahlreiche Einzelfiguren. – An der N- und O-Seite gibt es noch Reste der *Klostermauern*, die Teil der Stadtbefestigung waren. Südwestlich der Kirche liegt das ehem. *Klostertor*, das den Durchgang durch die Stadtmauer in das ehem. Klosterareal darstellt. Es ist mit einem Wohnhaus aus dem späten 18. Jh. überbaut. Von der Stadtbefestigung (1835 niedergelegt) sind darüber hinaus nur noch ein runder Mauerturm *(Basteiturm)* in der Zwingerstr. und der *Pulsnitzer Torturm (Roter Turm)* erhalten.

Justkirche: Im Chor der gotischen Friedhofskirche aus dem 14. Jh. befindet sich ein vollständiger got. *Wandgemäldezyklus* v. ca. 1380. Dargestellt sind das Leben Jesu, die klugen und die törichten Jungfrauen sowie Engel. Die vermutlich v. einem aus Böhmen stammenden Meister geschaffenen Malereien wurden 1937 freigelegt und zählen zu den hervorragendsten künstlerischen Leistungen der Lausitzer Kunstlandschaft. - Im Schrein des spätgot. Flügelaltars aus der Zeit um 1500 (ehemals in der Klosterkirche) ist die Marienkrönung zu sehen.

Katechismuskirche: Die 1338 gestiftete und 1724 erneuerte Kirche war ein bastionartiger Teil der mittelalterlichen Stadtbefestigung. Die Kirche ist auf steil abfallendem Gelände errichtet, das Gefälle wurde im Raum beibehalten. Über der flachen Kirchendecke, unterhalb des Daches, befindet sich ein Schießschartengeschoß. Die reizvoll bemalte Holzdecke und die Emporen im Innenraum stammen aus der Zeit des Umbaus.

Stadtkirche St. Marien: Die spätgot. vierschiffige Hallenkirche ist das beherrschende Bauwerk der Altstadt, an deren S-Rand gelegen. Es wurde um 1400 begonnen und um 1480 fertiggestellt. Zum urspr. Konzept gehörten nur 3 Schiffe. Erst nach den Hussitenkriegen erweiterte man das Langhaus um ein Schiff. Seitdem sind jeweils 2 Schiffe unter einem Satteldach zusammengefaßt. In der NW-Ecke befindet sich ein hoher Turm mit einer Barockhaube. Die reiche, im 19. Jh. reduzierte *Ausstattung* umfaßt u. a. einen großen spätgot. Flügelaltar (im Schrein Maria mit Johannes d. T. und dem Apostel Johannes) aus dem späten 15. Jh., den Michaelsaltar (der hl. Michael als Seelenwäger) v. 1498, einen kleinen Flügelaltar mit Brustbild Christi v. 1505, eine spätgotische Triumphkreuzgruppe aus dem späten 14. Jh., eine Kanzel v. 1566, bemalt v. Andreas Dressler, sowie 3 Votivgemälde von 1542 (Kreuzigung, Altes und Neues Testament), geschaffen von Wolfgang Krodel.
Beachtung verdient auch ein schreinartiger Reliquienbehälter mit 2 Armreliquiaren aus dem späten 14. Jh. und das Epitaph v. Lessings Vater. Im N-Schiff ist noch der bemalte Braunaer Herrschaftsstand (um 1580) bemerkenswert.

Rathaus: Das Gebäude wurde nach dem verheerenden Stadtbrand 1842 nach Plänen v. Karl August Schramm (Zittau) errichtet und zeigt eine Mischung v. Formen der

Kamenz, Franziskaner-Klosterkirche

Kamenz, Katechismuskirche

Neugotik und der Neurenaissance. – Auf dem Markt steht der *Andreasbrunnen,* eine Renaissanceschöpfung v. 1570. – Südlich des Rathauses liegen die *Fleischbänke,* ein klassizistischer, gewölbter Laubengang aus der Zeit nach 1842, in dem die Metzger noch bis zum Anfang dieses Jh. ihre Waren feilboten.

Lessingmuseum (Lessingplatz 3): Das Museum wurde 1929–31 errichtet. Eine Ausstellung dokumentiert Leben und Werk des Dichters und großen Humanisten. Zu sehen sind u.a. Erstausgaben seiner Werke, zeitgenössische Literatur, Handschriften und originale Sachzeugen zur gesellschaftlichen Situation im Deutschland des 18. Jh. sowie zur Herausbildung des bürgerlichen dt. Nationaltheaters. – Das *Lessingdenkmal* vor dem Museum schuf H. Knaur 1863.
Lessings Geburtshaus brannte 1842 ab. An seinen Standort im Lessinggäßchen erinnert eine *Gedenktafel.*

Museum der Westlausitz (Pulsnitzer Str. 16): Das Museum ist in einem Bürgerhaus mit einer spätbarocken Fassade v. 1745 eingerichtet, dem Ponickau-Haus. Besondere Beachtung verdient die Ausstellung zur naturhistorischen Entwicklung der Landschaft. Dargestellt werden die Festgesteine sowie aufschlußreiche Bodenbildungen. Die reichhaltige Fauna wird mittels zahlreicher Präparate demonstriert. Darüber hinaus gibt es eine stadtkundliche Abteilung.

Außerdem sehenswert: Vom *Aussichtsturm* des 294 m hohen Hutbergs im W hat man einen guten Überblick über die Stadt. Der Hutberg ist zudem, bes. in der Zeit um Pfingsten, Anziehungspunkt unzähliger Besucher aus nah und fern, die die Blüte der überaus reichen Rhododendren- und Azaleenbestände bewundern wollen. – Das *Malzhaus* (Zwingerstr. 7) ist ein zweigeschossiger Renaissancebau aus dem späten 16. Jh. Im Erdgeschoß befindet sich eine dreischiffige Halle mit Kreuzgewölben, unter dem Dach liegen 4 Schüttböden. – Das ehem. *Barmherzigkeitsstift* (heute Krankenhaus) ist eine klassizistische Gebäudeanlage v. 1824 (1828 erweitert).

Umgebung

Elstra (6 km südlich): Die dreischiffige barocke *Stadtkirche* (kreuzgewölbte Hallenkirche) wurde 1726, vielleicht auf den Grundmauern eines ma Vorgängerbaus, er-

Kamenz, Stadtkirche St. Marien

richtet. Die Haube des W-Turmes entstand 1902. Die Kanzel im Innenraum hat vermutlich Andreas Böhmer 1734 geschaffen. Der barocke Altar aus Marmor und Sandstein mit dem Gemälde von Ch. W. E. Dietrich nach einem Rubens-Bild datiert von 1733. Der Orgelsprospekt wurde 1751 gearbeitet. – Das *Rathaus* ist ein schlichter Barockbau aus der Zeit nach 1717 mit einem hübschen Glockentürmchen und einer hohen Haube.

Königsbrück (17 km w): Die Stadt entwikkelte sich bei einer Zollfeste der böhmischen Könige an einer Furt über die Pulsnitz im Verlauf der Hohen Straße. Erst gegen Ende des 15. Jh. wurde sie jedoch mit Stadtrechten ausgestattet. – Die barokke *Stadtkirche* wurde um 1682 begonnen und 1690 fertiggestellt. Der Turm hat eine geschwungene Haube v. 1719. In dem langgestreckten, einschiffigen Inneren sind sowohl der Altar v. 1692 mit Gemälden (Szenen aus der Passion) als auch 2 spätgot. Tafelgemälde eines Flügelaltars v. 1475 (aus Krakau bei Kamenz) bemerkenswert. Dargestellt sind die Geißelung und die Kreuzigung Christi. – Die *Hospitalkirche,* 1579 als Begräbniskirche erbaut und wiederholt umgebaut, ist ein langgestreckter Rechteckraum mit flacher Bretterdecke und W-Turm. Es existieren ein barocker Flügelaltar aus der Zeit um 1728 und ein spätgot. Kruzifix aus der Stadtkirche (frühes 16. Jh.).

Das *Schloß* ist ein dreigeschossiger Barockbau aus der Zeit um 1700 mit einer aufgemalten Pilastergliederung.

Vor dem Schloß liegt der Wirtschaftshof mit dem Torhaus. Von dem Vorgängerbau im Renaissancestil aus dem 16. Jh. ist lediglich ein Rest mit einem Portal (um 1550) erhalten.

Nebelschütz (4 km ö): Die kath. barocke *Dorfkirche* wurde 1740–43 v. Zacharias Hoffmann, fast zeitgleich mit der auch v. ihm erbauten Stadtkirche v. Schirgiswalde, errichtet. Der Innenraum folgt der Disposition des Mittelschiffs der ehem. kath. Hofkirche in Dresden (Rechteck mit beiderseitigen halbkreisförmigen Abschlüssen). Dem Walmdach ist ein Dachreiter aufgesetzt, der W-Turm wurde 1830 verändert. Der große Hochaltar mit Säulenarchitektur

< Kamenz, Stadtkirche St. Marien

Panschwitz-Kuckau (Kamenz), Kloster Marienstern, Nonnenempore im Süden

und Skulpturen ebenso wie die Seitenaltäre, die Kanzel und die Taufe stammen aus der Bauzeit. Den Hochaltar schmückt ein Gemälde (Mariä Himmelfahrt) v. F. K. Palko (1744).

Oberlichtenau (10 km sw): Das *Schloß* wurde um 1720 im Barockstil errichtet, 2 zweigeschossige Seitengebäude bilden eine Art Cour d'honneur, die gärtnerisch gestaltet ist. Seit 1744 war das Schloß im Besitz des sächs. Premierministers Graf Brühl und wurde daher 1758 und 1760 v. den preußischen Truppen vollständig geplündert. Sehenswert sind der Festsaal mit Stuckdekorationen und der barocke Park mit zahlreichen Gartenplastiken.

Panschwitz-Kuckau (8 km sö): *Kloster Marienstern*. Das 1248 gegr. Zisterzienser-Nonnenkloster ist eine der 2 Klosteranlagen Sachsens, die die Reformations- und Säkularisationszeit unbeschadet überstanden haben. Sie werden heute noch im urspr. Sinne genutzt. Bei der Kirche des Klosters handelt es sich um eine dreischiffige Hallenkirche mit Kreuzrippengewölben aus dem 14. Jh. und geradem Chorabschluß. Der Kreuzgang der Klausur ist in das S-Schiff der Kirche integriert, so daß dieses im Kirchenraum nur als Empore wirksam wird. Die Nonnenempore liegt in den W-Jochen der Klosterkirche. Die W-Fassade wurde 1720–21 barock verändert. Das hohe Dach schmückt nur ein Dachreiter – gemäß Zisterziensertradition ist die Kirche turmlos. Im N-Fenster der O-Fassade befinden sich sehenswerte Glasmalereien aus der 2. Hälfte des 14. Jh. (sehr gedunkelt). Dargestellt sind weibliche Heilige sowie die hll. Benedikt und Bernhard. Die Innenausstattung stammt teilweise v. Prager Künstlern: 1751 schuf Franz Lauermann den Hochaltar aus Marmor mit vergoldeten Holzplastiken v. Ignaz Platzer. Auch der barocke Schmerzensmann (1718) und die barocke Schmerzensmutter (1720) sowie einige barocke Grabdenkmäler stammen v. Prager Künstlern. Im Schrein eines spätgot. Flügelaltars sieht man Maria Magdalena, die v. Engeln getragen wird. Ein spätgot. Schreinaltar v. ca. 1500 zeigt Anna selbdritt. Ein Vesperbild datiert aus der Mitte des 14. Jh. - Die *Klostergebäude* s der Kirche umfassen einen Kreuzgang mit Kreuzrippen- und Zellengewölben sowie einen O- und S-Flügel aus der Mitte des 13. Jh. (teilweise barock umgestaltet), in denen sich eine Kapelle und der Kapitelsaal befinden, und einen W-Flügel, das Äbtissinnenhaus, aus dem 17. Jh. Der sog. *Neue Konvent* s des O-Flügels wurde 1789-92 in barocken Formen errichtet. In der *Klosterbibliothek* befinden sich wertvolle Manuskripte und Buchmalereien. - In der Cisinskistr. 16 im Geburtshaus des sorb. Dichters Jakub Cisinski (1856-1909) befindet sich eine Gedenkstätte, eine weitere ist in der Cisinski-Oberschule, Crostwitzer Str. 6, eingerichtet. Zu sehen sind die Werke des bedeutendsten sorb. Dichters, zahlreiche Dokumente und Gegenstände aus seinem Nachlaß.

Pulsnitz (12 km sw): Der Ort wurde 1375 durch Karl IV. zur Stadt erhoben. Sie ist seit dem 17. Jh. als »Stadt der Pfefferkuchen« bekannt. - Die *Stadtkirche St. Nikolai* hat spätgot. Umfassungsmauern aus dem frühen 16. Jh. Nach einem Brand wurde sie 1742-45 unter Leitung v. Andreas Hünigen barock wieder ausgebaut. Der Turm erhielt 1781 seine heutige Gestalt. Der Innenraum gehört zu einem in Sachsen im 18. Jh. häufigen Typ mit doppelten umlaufenden Emporen über ovalem Grundriß. Darüber spannt sich eine hölzerne Flachkuppel. Blickpunkt des Raumes ist der große Empire-Altar aus Ton (J. G. Lehmann). Ihm gegenüber der Rokoko-Orgelprospekt. Die zellengewölbte Sakristei an der S-Seite wurde 1934 als Rietschel-Gedächtnis-Kapelle eingerichtet. Der Bildhauer Ernst Rietschel wurde 1804 in Pulsnitz geboren. Er schuf auf dem 1815 angelegten *Friedhof* das Grabdenkmal für F. E. Rietschel und Frau. - Das *Rathaus* ist ein Renaissancebau (mehrfach verändert) mit einem Sitznischenportal (bezeichnet 1555). Der Hausflur ist mit einem Zellengewölbe überspannt. Hier befindet sich heute auch das *Heimatmuseum*. Es gibt Einblick in die Geschichte der Stadt und der bedeutendsten Gewerbe: Töpferei, Blaudruck und Pfefferküchlerei. Besonderes Interesse verdient das Rietschel-Gedenkzimmer. Der Bildhauer (1804-61) schuf u. a. das Goethe-Schiller-Denkmal vor dem Nationaltheater in Weimar. - Dem Museum angeschlossen ist der *Perfert*. Dies ist ein befestigter Bauernspeicher, ein Fachwerkbau, der in der 1. Hälfte des 15. Jh. in einem Sumpfgelände errichtet wurde. - Das *Alte Schloß* ist ein Renaissancebau aus der Zeit um 1600 mit einem noch erhaltenen Sitznischenportal, das Mansard-Walmdach stammt aus dem 18. Jh. - Das *Neue Schloß* ist ein langgestreckter, zweigeschossiger Barockbau v. 1718, ihm vorgelagert eine barocke Gartenanlage.

Rosenthal (10 km ö): Die *Wallfahrtskirche St. Marien* (kath.), eine dreischiffige barokke Hallenkirche v. 1778 mit mächtigem W-Turm und geschwungener Haube mit Laterne, wurde 1945 schwer beschädigt. Sie ist jedoch wiederhergestellt und modern ausgestattet. Beachtenswert ist das wohl got. Gnadenbild über dem modernen Altar.

Bei der *Brunnenkapelle* handelt es sich um einen achteckigen Barockbau v. 1766. Im Inneren befindet sich der Marienbrunnen. - Die *Administratur*, ebenfalls barock, wurde 1755 aufgeführt. Sie ist heute Sitz eines neu entstandenen Zisterzienserpriorats.

9650 Klingenthal

Klingenthal

Einw.: 13000 Höhe: 561 m S. 258 □ F 10

Die Kreisstadt liegt im vogtländischen Zwotatal an der tschechoslowakischen Grenze. Der Ort wurde 1591 als *Hellhammer* gegründet und war ursprünglich eine Bergbausiedlung (Kupfer, Zinn und Eisenerz). 1604 wurde er nach seinem damaligen Besitzer Nikolaus Klinger Klingenthal genannt. 1659 kam mit Exulanten aus dem benachbarten böhmischen Graslitz (wegen ihres Glaubens Vertriebene) die Kunst des Geigenbaus in diese Gegend. Klingenthal wurde ein Zentrum der Musikinstrumentenherstellung. Aus einer Mundäoline, die 1828 erstmals belegt ist, entwickelten sich Mund- und Ziehharmonika, mit deren Herstellung 1856 begonnen wurde und auf die sich Klingenthal in der Folgezeit spezialisierte. Erst 1919 erhielt Klingenthal Stadtrechte.

Stadtkirche: Die barocke Kirche »Zum

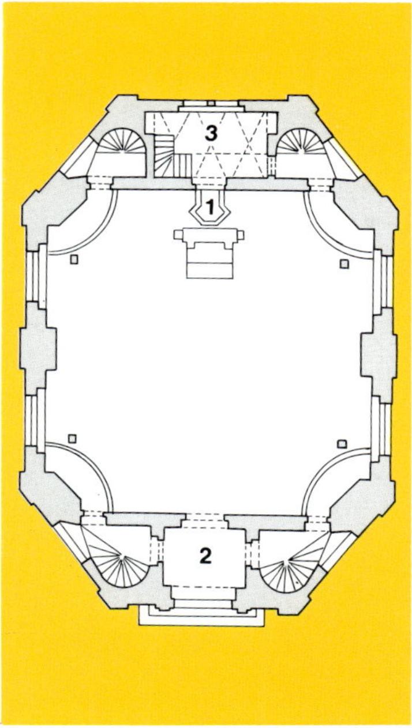

Carlsfeld (Klingenthal), Dreifaltigkeitskirche 1 Kanzelaltar **2** Vorhalle **3** Sakristei

Friedensfürsten« wurde 1736-37 erbaut. Sie hat einen achteckigen Grundriß und ist nach der Zerstörung der Frauenkirche in Dresden der größte barocke Zentralbau in Sachsen. Das kuppelartige Dach ist dreifach gestuft und geschweift und wird v. einer Laterne gekrönt. Im Inneren befinden sich eine dreigeschossige umlaufende Empore und ein Kanzelaltar aus der Entstehungszeit mit z.T. lebensgroßen Figuren (Zimmermann). 1965-66 wurde der Innenraum restauriert.

Umgebung

Aschberg (6 km n): Die 1959 erbaute Sprungschanze hat eine Ablaufbahn v. 115 m Länge. Mit einem Sessellift gelangt man zum Anlaufturm.

Bad Elster (26 km sw): Die bei dem im MA erwähnten Dorf Elster (Herrensitz) bekannte Säuerlingquelle wurde bereits 1669 vom Plauener Stadtarzt Leißner als heilkräftig empfohlen - zu einem Badebetrieb kam es jedoch erst seit 1848 mit ständig steigender Tendenz. - *Stadtkirche St. Trinitatis,* 1892 in neugot. Formen errichtet. - *Kurhaus,* 1880-90 erbaut, Ziegelrohbau mit Sandsteindetails im Renaissancestil. - *Badehaus,* in verschiedenen Baustufen v. 1852 bis 1927 entstanden. Zuletzt Zusammenfassung zu einer repräsentativen, zur Straße hin wirksamen Einheit durch Schilling & Gräbner, Dresden. - *Wandelhalle,* 1929 aus Elbsandstein errichtet.

Reizvoll sind die umfangreichen *Kurparkanlagen,* die über das gesamte Stadtgebiet verstreut sind.

Carlsfeld (26 km nö): Die kleine barocke *Dreifaltigkeitskirche* wurde in den Jahren 1684-88 v. Johann Georg Roth über einem gestreckten achteckigen Grundriß erbaut. Das Bauwerk ist mit einem kuppligen Dach, v. einer Laterne bekrönt, bedeckt. Es handelt sich um die 1. protestantische Zentralkirche Sachsens, einen in der Folgezeit häufigen Kirchentyp. Die dreigeschossigen Emporen an 3 Seiten des Innenraumes lassen den v. einer Kuppel überwölbten Raum viereckig erscheinen.

Über dem reichen Kanzelaltar (1688) an der O-Wand befindet sich die Orgelempore. Den Kanzelaltar schuf Johann Heinrich Böhme d.J.

Markneukirchen (15 km sw): Nach einem Stadtbrand 1842 wurden die *Stadtkirche St. Nikolai,* in marktbeherrschender Stellung, die Bebauung um den Marktplatz sowie das *Rathaus* nach Plänen v. Ernst Hermann Arndt in spätklassizistischen, mit neuroman. verbundenen Formen, wiedererrichtet. - Das *Paulusschlössel* ist ein schöner spätbarocker bürgerlicher Wohnbau mit fein geschwungenem Mansarddach, turmartigen halbrunden Vorbauten mit Helmdach auf der N- und S-Seite sowie einem Laubengang und einer Galerie auf der Hofseite. Hier ist das *Musikinstrumentenmuseum* untergebracht. Es besitzt eine der größten Sammlungen Europas. Nahezu 1400 Musikinstrumente aus etwa 100 Ländern sind zu sehen. Sie geben einen Einblick in die Geschichte des Instrumentenbaus, zeigen aber auch Kuriositäten.

7000 Leipzig
Leipzig

Einw.: 530000 Höhe: 118 m S. 258 □ F 8

Übersicht

Leipzig, die größte Stadt Sachsens, liegt in der Leipziger Tieflandbucht östlich des Zusammenflusses von Weißer Elster und Pleiße. Als Messeplatz war Leipzig während des Bestehens der DDR Zentrum des Ost-West-Handels: Hier trafen sich Wirtschaftsführer und Politiker zu Geschäftsabschlüssen und informellen Kontakten. Noch heute ist die Stadt ein Hauptort des deutschen Buchwesens, Sitz vieler Verlage und Druckereien.

GESCHICHTE

Die deutsche Burg *urbs Libzi* wird 1115 erstmals genannt, ist vermutlich aber schon im 10. Jh. angelegt worden. Sie lag am Kreuzungspunkt zweier wichtiger Fernhandelsstraßen, der Via regia (der Königsstraße von Osten nach Westen) und der Via imperii (der Reichsstraße von Norden nach Süden) an der Stelle einer ehemaligen slawischen Siedlung. Von dieser Ansiedlung westslawischer Bauern aus dem 7./8. Jh. stammt auch der Name *Lipsk* (= Lindenort). Um 1165 erhielt Leipzig von Markgraf Otto dem Reichen Stadtrechte. Dieser ließ die Stadt auch planmäßig anlegen. Bereits im 12. Jh. fanden Oster- und Michaelis-

Leipzig, Blick über die Stadt

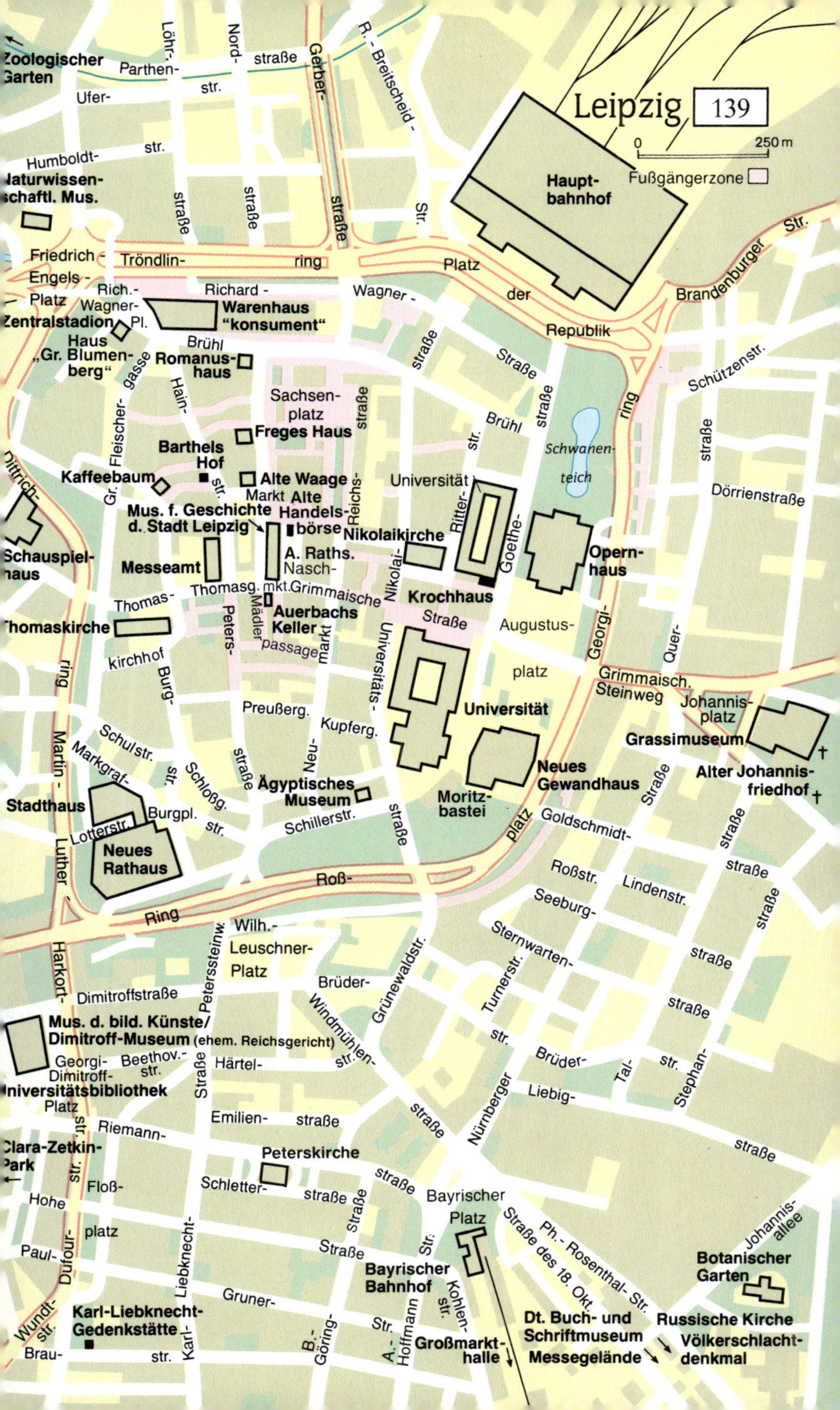
Leipzig
139
0
250 m
Fußgängerzone
Zoologischer Garten
Parthen-
Löhr-
Nord-
straße
Gerber-
R.-Breitscheid-
Ufer-
str.
Humboldt-
str.
Naturwissen-schaftl. Mus.
straße
straße
straße
Str.
Haupt-bahnhof
Friedrich-Engels-Platz
Tröndlin-
ring
Platz
der
Republik
Brandenburger
Str.
Rich.-Wagner-Pl.
Richard-
Wagner-
Warenhaus „konsument"
Zentralstadion
Haus „Gr. Blumen-berg"
Brühl
Romanus-haus
straße
Straße
Schützenstr.
Fleischer-gasse
Hain-
Sachsen-platz
straße
Freges Haus
Brühl
straße
ring
straße
str.
Schwanen-teich
Barthels Hof
Kaffeebaum
str.
Alte Waage
Markt
Alte Handels-börse
Reichs-
Universität
Dörrienstraße
Gr.
Dittrich-
Mus. f. Geschichte d. Stadt Leipzig
Nikolaikirche
Ritter-
Goethe-
Opern-haus
Schauspiel-haus
Messeamt
A. Raths. Nasch-
Thomas-
Thomasg.
mkt.
Grimmaische
Nikolai-
Krochhaus
Mädler
Auerbachs Keller
passage
Straße
Augustus-
Georgi-
Thomaskirche
Peters-
markt
Universitäts-
platz
Quer-
kirchhof
Burg-
Grimmaisch. Steinweg
Johannis-platz
ring
Preußerg.
Kupferg.
Universität
Grassimuseum
Schulstr.
Neu-
Markgraf-
str.
Schloßg.
straße
Neues Gewandhaus
Alter Johannis-friedhof
Martin-Luther-
Stadthaus
Ägyptisches Museum
Straße
Burgpl.
Moritz-bastei
straße
Lotterstr.
str.
Schillerstr.
straße
platz
Goldschmidt-
Neues Rathaus
straße
Roß-
Roßstr.
Lindenstr.
straße
Ring
Seeburg-
Wilh.-Leuschner-Platz
Sternwarten-
Harkort-
Grünewaldstr.
straße
Petersssteinw.
Brüder-
Turnerstr.
Dimitroffstraße
straße
Windmühlen-
Mus. d. bild. Künste/ Dimitroff-Museum (ehem. Reichsgericht)
str.
Georgi-Dimitroff-Platz
Beethov.-str.
Härtel-
str.
Brüder-
Tal-
str.
Stephan-
Universitätsbibliothek
Straße
Liebig-
Nürnberger
str.
Riemann-
Emilien-
straße
straße
Clara-Zetkin-Park
Peterskirche
str.
straße
Floß-
Schletter-
straße
Bayrischer
Hohe
Straße
Platz
Ph.-Rosenthal-Str.
Straße des 18. Okt.
Johannis-allee
platz
Straße
Paul-
Dufour-
Liebknecht-
Str.
Botanischer Garten
Bayrischer Bahnhof
Gruner-
Kohlen-str.
Wundt-str.
Karl-Liebknecht-Gedenkstätte
Str.
Dt. Buch- und Schriftmuseum
Russische Kirche
B.-Göring-
A.-Hoffmann
Großmarkt-halle
Völkerschlacht-denkmal
Messegelände
Brau-
str.
Karl-

märkte statt, ab 1458 gab es auch einen Neujahrsmarkt. 1497 erhielt Leipzig nach längeren Streitigkeiten mit dem benachbarten Halle das Privileg für Reichsmessen (aus diesen Warenmessen wurden 1896 Mustermessen). 1409 wurde die Universität, die Universitas studii Lipsiensis gegründet, die erst allmählich Bedeutung erlangen sollte. Seit Anfang des 16. Jh. ist ein starker wirtschaftlicher Aufschwung der Stadt zu verzeichnen, der u. a. mit Handel von Silber aus dem Erzgebirge und der Entwicklung von Buchdruck und Buchhandel zusammenhängt. In seiner Bedeutung als Handelsstadt ließ Leipzig nun Nürnberg hinter sich zurück. Im Dreißigjährigen Krieg wurde Leipzig stark beschädigt. 3 große Schlachten fanden in seiner Umgebung statt: Breitenfeld 1631 und 1642 und Lützen 1632. Das 18. Jh. brachte eine erneute Blütezeit - auch kulturell. Johann Sebastian Bach wurde 1723 Thomaskantor (bis zu seinem Tod 1750), Johann Christoph Gottsched 1729 Professor für Poesie, 1764 wurde die Kunstakademie gegründet und 1766 ein neues Theater erbaut. Bereits 1701 war in Leipzig die Straßenbeleuchtung eingeführt worden, und man verglich die Stadt wegen ihrer Modernität mit Paris. Vom 16. bis 19. 10. 1813 fand bei Leipzig die sogenannte Völkerschlacht statt. Napoleons Truppen (190 000 Soldaten) unterlagen den russischen, preußischen, österreichischen und schwedischen Armeen (insgesamt 306 000 Mann).

Im 19. Jh. entwickelte sich Leipzig zu einer industriellen Großstadt. 1836-39 entstand mit der Strecke Leipzig-Dresden die erste deutsche Ferneisenbahn. 1863 gründete F. Lassalle in Leipzig den »Allgemeinen deutschen Arbeiterverein«.

Leipzig wurde bei einem Luftangriff am 4. 12. 1943 stark zerstört; neben 40% der Wohnungen wurden auch viele historische Bauten schwer beschädigt.

SAKRALBAUTEN

Im Stadtteil **Eutritzsch** liegt die spätgot. **Dorfkirche.** An das Langhaus mit spätgot. Netzgewölbe schließt der w quadratische Turm mit gewölbter Eingangshalle an. Der Schnitzaltar (Madonna mit Heiligen) entstand um 1480.

Nikolaikirche (Nikolaistr.): Von der im späten 12. Jh. begonnenen roman. Kirche ist nur der Westbau erhalten (22,5 m breit), das das heutige Untergeschoß der Turmfront bildet. Der got. Chor stammt aus dem

Leipzig, Blick auf Leipzig bei Nacht

Leipzig, Blick zur Nikolaikirche >

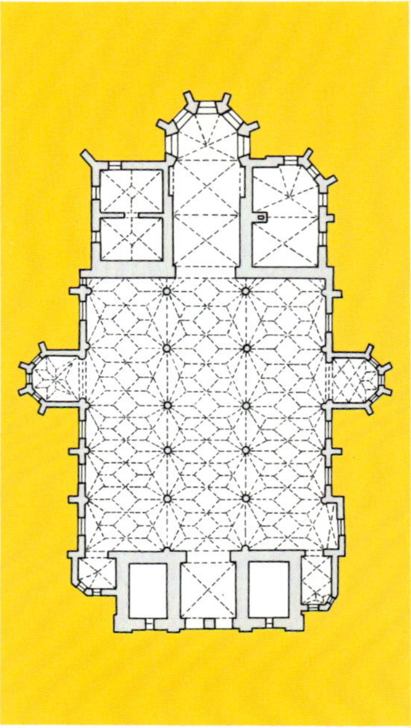

Leipzig, Nikolaikirche

14. Jh., das spätgot. dreischiffige Langhaus mit sehr regelmäßigem Netzgewölbe wurde 1513 unter Leitung v. Benedikt Eisenberg begonnen und wahrscheinlich 1526 geweiht. Die beiden w Türme entstanden im 14. Jh., der Mittelturm datiert v. 1555 und wurde v. Hieronymus Lotter entworfen. Bemerkenswert sind die an das n und s Schiff angebauten beiden polygonalen Kapellen. Die Innenausstattung ist klassizistisch und wurde v. Friedrich Carl Dauthe und Adam Friedrich Oeser 1784–97 geschaffen. Die spätgot. Pfeiler und Gewölbe wurden mit bemerkenswerten Stuckdekorationen versehen (Blattkapitelle, Kränze v. Palmwedeln etc.), das Hallenlanghaus wurde v. einer Doppelempore umzogen. Bes. sehenswert sind der Altartisch, die Kanzel und der Taufstein aus Stuckmarmor und Goldbronze.

Die Ausmalung des Chors sowie die über

< Leipzig, Russische Kirche

Leipzig, Thomaskirche >

Leipzig, Thomaskirche, Lutherfenster

Leipzig, Bachdenkmal

30 Emporen- und Altargemälde besorgte Oeser. 1970–76 wurde das Kircheninnere in den klassizistischen Farben restauriert. Von der mittelalterlichen Ausstattung sind noch ein *Schmerzensmann* aus dem frühen 15. Jahrhundert und ein *Madonnenbild* erhalten. Die Orgel wurde 1859 gebaut. Sie hat 6314 Pfeifen, die eine Länge v. bis zu 12 m haben.
Nördlich der Kirche am Nikolai-Kirchhof liegt die *Alte Nikolai-Schule,* die älteste Stadtschule in L. Sie wurde 1512 gegr. Der verputzte Backsteinbau v. 1568 wurde 1746 umgebaut.

Peterskirche (Schletterplatz): Nach Abbruch der Peterskapelle in der S-Vorstadt wurde 1882–85 v. den Architekten A. Hartel und C. Lipsius der Neubau nach dem Vorbild französischer Kathedralgotik mit Chor und Kapellenkranz errichtet. Seitlich der Kirche steht der 88 m hohe Turm mit spitzem Steinhelm. Die Kirche gilt als Höhepunkt des Leipziger Kirchenbaus am Ende des 19. Jh.

Russische Kirche (Semmelweisstr.): Die St.-Alexi-Gedächtniskirche wurde 1912–13 zur Erinnerung an die 22000 in der Völkerschlacht 1813 gefallenen russischen Soldaten errichtet. Auftraggeber war Zar Nikolaus II., der Architekt Wladimir Pokrowski. Das Bauwerk erinnert an die Nowgoroder Turmkirchen des 16. Jh. Der sich vom Acht- zum Sechzehneck verjüngende Turm über dem quadratischen Hauptbau ist 55 m hoch und wird v. einer vergoldeten Zwiebelkuppel mit Patriarchenkreuz gekrönt. Der Hauptraum wird durch eine 18 m hohe Bildwand (Ikonostasis) unterteilt, die ein Geschenk der Donkosaken war. Als Gottesdienstraum dient seit 1928 die Gruft.

Thomaskirche (Thomaskirchhof): Urspr. Stiftskirche der Augustinerchorherren, erhielt das Bauwerk 1482–96 sein heutiges Gesicht. Unter Leitung v. Claus Roder entstand das spätgot. dreischiffige Hallenlanghaus, Conrad Pflüger schuf dessen Netzgewölbe mit unterschiedlichen Mustern. Für die Erweiterung mußte die an der W-Seite

Leipzig, Versöhnungskirche Gohlis

Leipzig, Alte Waage

liegende Stadtmauer damals um 10 m verlegt werden. Der langgestreckte, v. der Mittelachse abweichende Chor entstand im 14. Jh. In ihm befinden sich Reste der spätroman. Vorgängerkirche. An seiner S-Seite steht ein Turm, dessen achteckiger Aufbau aus dem Jahre 1537 stammt. Die Thomaskirche gilt als eine der ältesten der sächs. Hallenkirchen, ihr Turm dient der Stadt L. als Wahrzeichen.

Das Dach des Langhauses hat einen Neigungswinkel v. 62° und ist mit Schieferplatten gedeckt, die zusammengenommen ein Gewicht v. 79 t haben. Die W-Fassade wurde im späten 19. Jh. v. C. Lipsius im damaligen Zeitgeschmack der Neugotik umgestaltet.

Die Renaissance-Emporen im Langhaus wurden 1570 v. Hieronymus Lotter im Anschluß an die schon installierte w Empore eingebaut. Der Taufstein entstand 1614, das Kruzifix 1720.

Unter einer Bronzeplatte aus dem Jahre 1950 im Chor befindet sich das vom ehem. Johannesfriedhof übertragene Grab des Komponisten Johann Sebastian Bach (1685–1750). Bach war ab 1723 Kantor der Kirche. Eine *Bach-Gedenkstätte* findet man am Thomaskirchhof 16 im *Bosehaus* aus dem 16. Jh., das im frühen 17. Jh. barock erneuert wurde.

Der berühmte Thomanerchor ging aus dem Chor der 1212 gegr. Thomasschule hervor. Er hatte urspr. nur 12 Mitglieder. Der Knabenchor singt regelmäßig bei den Sonnabendvespern Kantaten und Motetten v. Bach.

Vor der Thomaskirche steht s das *Bach-Denkmal* v. Carl Seffner (1908). Eine Gedenktafel an der Kirche erinnert daran, daß hier Martin Luther Pfingsten 1539 anläßlich der Einführung der Reformation in Leipzig eine Festpredigt hielt.

Versöhnungskirche Gohlis (Jonny-Schehr-Str. 16): Sie ist ein modern-sachlicher Kirchenbau in Eisenskelettbauweise mit seitlichem Turm und wurde 1929–31 von H. Grotjahn errichtet. Innen eine Christusplastik v. A. Brumme.

1165
1990
825 JAHRE
SPD

Johann
Wolfgang
Goethe

Leipzig, Alte Börse

PROFANBAUTEN

Altes Rathaus und Markt: Das zweistöckige Gebäude im Renaissancestil, das den Markt, den alten Mittelpunkt des städtischen Lebens, beherrscht, wurde im Jahre 1556 innerhalb v. 9 Monaten (zwischen 2 Messen) errichtet. Die Pläne stammten v. Hieronymus Lotter, der nicht nur Baumeister, sondern auch Bürgermeister v. L. war. Bereits 1672 mußte das Rathaus vollständig restauriert werden. An der Marktseite befindet sich ein Turm, der asymmetrisch angeordnet ist: 2 der 6 Zwerchgiebel liegen l v. ihm, 4 r. Der Turm ist mit einem »Verkündigungsbalkon« für die Ratsherren und darüber mit einem »Bläseraustritt« für die Stadtmusikanten versehen, 1774 erhielt er eine barocke Haube. Die hölzernen Ladenvorbauten wurden 1906–09 durch einen steinernen Laubengang ersetzt. Das während des 2. Weltkrieges stark beschädigte Gebäude wurde 1946–50 wieder aufgebaut. Im Inneren verdienen der *Große Saal* mit Prunkkaminen v. F. Fuß (1610), der 43 m lang und 11 m breit ist, sowie die *Ratsstube* mit einem Aktenschrank v. 1592 besondere Beachtung. Das Alte Rathaus beherbergt heute das *Museum für Geschichte der Stadt Leipzig*. Die Sammlungen umfassen u. a. Gemälde v. Lucas Cranach, Adam Friedrich Oeser und Anton Graff, Graphiken, Stadtansichten, Münzen und Medaillen.
Sonderausstellungen finden sich zur Völkerschlacht bei Leipzig 1813 und zur Revolution 1848/49. Im Mendelssohn-Zimmer stehen Kunstgegenstände und Möbel, die einmal dem Komponisten gehörten. Felix Mendelssohn-Bartholdy (1809–47) war v. 1835 bis zu seinem Tod Kapellmeister des Leipziger Gewandhausorchesters.
Am Markt findet man seit dem letzten Krieg nur noch zum Teil historische Bauwerke, an der N-Seite die – mit Ausnahme des Treppenturms – rekonstruierte *Alte Waage,* ein Renaissancebau mit paarweise angeordneten Fenstern, der 1555 ebenfalls v. Hieronymus Lotter errichtet wurde, und gegenüber (Markt 17) das *Königshaus,* das ehem. fürstliche und Rats-Gästehaus, das 1706 im Barockstil erbaut wurde. Am Erkerfenster stand Napoleon nach der Völkerschlacht am 19. 10. 1813 und rief den Menschen auf dem Markt zu: »Adieu, mes braves Saxons!« – *Barthels Hof* (Markt 8) ist ein typisches Leipziger Handelshaus mit einem Renaissanceerker und stammt aus dem Jahre 1523. 1750 wurde es v. Friedrich Seltendorff barock verändert. In den Jahren 1802 bis 1805 wohnte hier der Schriftsteller Johann Gottfried Seume (1763 bis 1810). Der Handelshof gehört mit seinem Durchgang zur Kleinen Fleischergasse zu der Reihe der typischen Leipziger Durchgangshäuser. In »Dichtung und Wahrheit« erinnert sich Goethe 1811 an die Leipziger Durchgangshöfe: »Jedoch ganz nach meinem Sinne waren die mir ungeheuer scheinenden Gebäude, die, nach zwei Straßen ihr Gesicht wendend, in großen, himmelhoch umbauten Hofräumen eine bürgerliche Welt umfassend, großen Burgen, ja Halbstädten ähnlich sind.«

Vorhergehende Doppelseite:

Links: Leipzig, Altes Rathaus

Rechts: Denkmal des jungen Goethe

Leipzig, Fregehaus, Katharinenstraße 11

Leipzig, Gohliser Schlößchen

Das *Messeamt* (Markt 11-15 v. 1963-65) und das *Messehaus* (Markt 16 v. 1961-63), in dem die Buchmesse stattfindet, sind moderne Bauten. Vor dem Alten Rathaus liegt der Eingang zum *Untergrundmessehaus.* Es wurde 1925 erbaut, hat eine Grundfläche v. 1850 qm und war das 1. unterirdische Ausstellungsgebäude der Welt.

Alte Handelsbörse (Naschmarkt): Der 1. Frühbarockbau v. L. und das 1. öffentliche Bauwerk der Stadt nach dem Dreißigjährigen Krieg wurde 1678-87 nach Plänen v. Johann Georg Starcke aus Dresden errichtet. Das prächtige, für einen Börsenbau untypische Gebäude ist in der Art eines Gartenpavillons nach italienischen und niederländischen Einflüssen errichtet worden und diente als Versammlungsort der Kaufleute und der Stadtverordneten. 1943 brannte das Gebäude völlig aus, die wertvolle Innenausstattung (Stuckdecke und Plafondmalerei) ging verloren. Ab 1955 begann man mit der Wiederherstellung der Börse. Der Festsaal wird heute als Literatur- und Musikzentrum genutzt. Besondere Aufmerksamkeit verdient das rundbogige Portal mit doppeltem Segmentgiebelaufbau. Auf dem Naschmarkt steht ein *Denkmal* des jungen Goethe, das Carl Seffner 1903 geschaffen hat.

Auerbachs Keller (Grimmaische Str. 2): An dieser Stelle errichtete der Medizinprofessor Heinrich Stromer, der aus dem fränkischen Auerbach stammte, 1530-38 einen Durchgangshof für den Messehandel, der 1625 zu dem berühmten Kaufhof mit Weinkeller umgebaut wurde. Beim Bau der Mädlerpassage im Jahre 1912 blieb sein historischer Keller erhalten. Er wurde durch die Kellerszene in Goethes »Faust« bekannt. An den Dichter erinnert das *Goethe-Zimmer,* an sein dramatisches Gedicht eine Figurengruppe, die Faust, Mephisto und die Zecher zeigt und die sich am Eingang der Passage befindet (1913 v. M. Molitor).

Bayrischer Bahnhof (Bayrischer Platz): Der Bahnhof, im Jahre 1842 erbaut, ist neben

Leipzig, Leibniz-Denkmal

Leipzig, Mädlerpassage

dem in Niederau bei Meißen der älteste erhaltene deutsche Personenbahnhof des Klassizismus. Teilweise im 2. Weltkrieg zerstört.

Botanischer Garten (Linnéstr. 1): Der botanische Garten wurde bereits 1542 als Garten für Arzneipflanzen gegr. Die 10 Gewächshäuser umfassen u. a. ein 14 m hohes Palmenhaus. Ca. 9000 Pflanzenarten sind hier zu sehen.

Bürgerhäuser: Die architektonische Besonderheit v. L. bestand in der Vielzahl seiner Wohn- und Handelshäuser mit den charakteristischen Durchgangshöfen oder Passagen. Viele Häuser wurden schon zu Anfang des 20. Jh. durch Neubauten ersetzt oder später im 2. Weltkrieg zerstört. Interessante erhaltene Beispiele v. Bürgerhäusern sind u. a. in der *Hainstr.* (Nr. 3, 8, 9 und 14) und in der *Katharinenstr.* (Nr. 19 und 21) zu sehen.
Besondere Aufmerksamkeit verdient in der Katharinenstr. das *Fregehaus* (Nr. 11), das 1706–07 v. Johann Gregor Fuchs errichtet wurde.

Clara-Zetkin-Park (sw vom Stadtzentrum): In der 133 ha großen Anlage mit Teichen, einer Dahlienterrasse, einer Freilichtbühne, Sportanlagen, Spielplätzen und einer Gaststätte sind u. a. der ehem. Palmengarten v. 1893 und der v. Peter Joseph Lenné 1858 entworfene Johannapark vereinigt. Am Parkeingang Karl-Tauchnitz-Str. steht ein *Clara-Zetkin-Denkmal* v. Walter Arnold (1967). Etwas weiter südlich im Auenwald liegt die *Galopprennbahn am Scheibenholz* (1867).

Ehem. Deutsche Bank (Martin-Luther-Ring 2): A. Roßbach erbaute 1898–1901 das monumentale Bankgebäude mit Sandsteinfassaden nach dem Vorbild der italienischen Hochrenaissance. Nach der Dt. Bank war hier eine Filiale der Staatsbank der DDR untergebracht.

Haus »Großer Blumenberg« (Richard-Wagner-Platz 1): Das stattliche Bürgerhaus mit dem »Café am Brühl« ist eines der letzten Zeugnisse der Epoche des Klassizismus

Leipzig, Universitätshochhaus >

MND
MND

im Leipziger Stadtzentrum. Es wurde 1826 bis 1832 durch Umbau und Zusammenlegung älterer Gebäude geschaffen. Der Name geht auf den Hausbesitzer Tiburtius Blumberg zurück, dem im 16. Jh. an der Ekke Große Fleischergasse/Richard-Wagner-Platz ein Haus gehörte.

Gohliser Schlößchen (Menckestr. 23): Es ist ein eingeschossiger Barockbau mit einem zweigeschossigen turmbekrönten Mittelteil. Architekt war vermutlich Friedrich Seltendorff. Im Untergeschoß befindet sich der Steinsaal mit stuckverzierten Kreuzgewölben, im Obergeschoß der Festsaal mit einem Deckengemälde v. Adam Friedrich Oeser, das den Lebensweg der Psyche darstellt und 1779 fertiggestellt wurde. Das Gebäude beherbergt heute das *Bach-Archiv,* die umfangreichste Sammlung v. Dokumenten über Bach und seine Zeit, die je zusammengetragen wurde, u. a. Handschriften und Erstdrucke sowie Schallplatten- und Tonbandaufnahmen Bachscher Werke. Im Garten stehen 2 *Denkmäler* nach Entwürfen v. Oeser: das Gellert-Sulzer-Denkmal (1781) und das Denkmal für Kurfürst Friedrich August III. (1780). – Ein paar Häuser weiter (Menckestr. 42), in einem um 1700 erbauten Bauernhaus, wohnte Schiller im Sommer 1785. Hier schrieb er u. a. die Erstfassung seines »Liedes an die Freude« (Schlußchor der 9. Symphonie v. Beethoven) und Teile des Schauspiels »Don Carlos«. Heute ist hier ein kleines Museum eingerichtet.

Großmarkthalle (Zwickauer Str. 40): Die Halle wurde in den Jahren 1927–30 nach Plänen v. Hans Ritter erbaut. Das Dach bilden 2 Kuppeln aus Stahlbeton, die eine Spannweite v. 75 Metern haben.

Hauptbahnhof (Platz der Republik): Der 1902–15 für zwei Bahngesellschaften (preußisch und sächsisch) erbaute Bahnhof ist einer der größten Personenbahnhöfe Europas. Nach dem Wiederaufbau hat er 26 Parallelgleise. In dem »Kleinen Denkmalführer durch das Stadtzentrum Leipzig« v. 1980 heißt es treffend: »Der baukünstlerisch Interessierte empfindet stets von neuem die wohltuenden räumlichen Proportionen, wenn er eine der 26 m hohen Eingangshallen durch einen kleinen Windfang betritt, um an den Fahrkartenschaltern vorbei über die 10 m breite Freitreppe auf den großen Querbahnsteig zu gelangen.« Die Architekten des Hauptbahnhofs, William Lossow und Max Kühne, entwarfen auch das Interhotel »Astoria« (1913–15). In seinem Restaurant hängt der Gemäldezy-

Leipzig, Sowjetischer Pavillon auf dem Messegelände

klus »Fünf Erdteile« v. Werner Tübke (1958).

Kaffeebaum (Kleine Fleischergasse 4): Das Gebäude des ältesten Leipziger Kaffeehauses stammt aus dem 16. Jh. 1725 wurde es v. Christian Döring im Barockstil umgebaut. Über dem Eingang befindet sich als Wahrzeichen des Hauses eine Barockplastik: ein lebensgroßer Türke unter einem Kaffeebaum, der einem Putto eine Schale Kaffee reicht. In dem Lokal, das 1694 erstmals erwähnt wird, verkehrten u.a. Justus Friedrich Wilhelm Zachariä, der darüber in seinem komischen Epos »Der Renommist« (1744) schrieb, Gotthold Ephraim Lessing, Johann Wolfgang v. Goethe, Franz Liszt, Richard Wagner und Robert Schumann. Der *Lipsiabrunnen* (auch Puttenbrunnen genannt) vor dem Gebäude wurde 1913 v. M. Lange geschaffen.

Universität (Augustusplatz): Das 143 m hohe Universitätshochhaus mit 34 Stockwerken heißt im Volksmund »Weisheitszahn«. In 110 m Höhe befindet sich ein Café, v. dem aus man eine hervorragende Aussicht hat. Die neuen Universitätsbauten wurden in den Jahren zwischen 1968 und 1975 unter Leitung v. Hermann Henselmann, Horst Siegel, A. G. Gross und Horst Ullmann errichtet. Neben dem Sektionshochhaus befindet sich noch ein Hauptgebäude mit 6 Etagen (über dem Eingang ein Bronzerelief »Marxismus«, im Foyer das Wandbild »Arbeiterklasse und Intelligenz« v. Werner Tübke), die Mensa mit 2 Etagen, ein Seminargebäude mit 5 Etagen und im N das Hörsaalgebäude mit Bibliothek. In diesen Gebäudekomplex ist das Schinkeltor (1836 v. Karl Friedrich Schinkel und Ernst Rietschel, urspr. Portal des Augusteums) einbezogen. Die spätgot. *Universitätskirche,* die im Krieg kaum beschädigt worden war, wurde am 30.3. 1968 auf Anweisung v. Walter Ulbricht gesprengt. Martin Luther hatte sie als Universitätskirche am 12.8. 1545 geweiht und über Lukas 19, 41 gepredigt (»Und als er nahe hinzukam, sah er die Stadt an und weinte über sie«). Zu den berühmten Persönlichkeiten, die an der Universität studierten, gehören die Philosophen Leibniz, Fichte und Nietzsche sowie die Dichter Fleming, Gellert, Lessing, Klopstock, Goethe und Körner.

Ein *Leibniz-Denkmal* steht an der S-Seite des Universitätshochhauses. In der nahe gelegenen *Schiller-Anlage* an der Schillerstr. findet man weitere *Denkmäler* für den Bakteriologen Robert Koch (1843-1910), für den Komponisten Robert Schumann (1810 bis 1856) und die Dichter Schiller (1759 bis 1805; 1914 von J. Hartmann) und Gellert (1715-69; 1909 nach dem Entwurf von A. F. Oeser v. 1774).

Krochhaus (Goethestr. 2): Das Bürohochhaus, das urspr. eine Bank beherbergte, wurde 1926-27 nach Plänen v. G. Bestelmeyer aus München errichtet. Es ist eines der ersten Hochhäuser in Deutschland, entstanden aus dem Wettbewerb der dt. Städte der 20er Jahre, Zeichen ihrer Modernität zu setzen. Das Gebäude aus Stahlbeton hat 5 Fassaden. Auf dem Dach stehen 2 Glockenmänner.

Mädlerpassage (Naschmarkt/Grimmaische Str.): 1912-14 wurde das Messehaus Mädlerpassage (→Auerbachs Keller) errichtet. Das fünfgeschossige Durchgangshaus ist mit einer dreigeschossigen Passage mit dem Neumarkt verbunden. Die Passage gilt als die bedeutendste Anlage ihrer Art in Deutschland und vermittelt einen charakteristischen Eindruck v. dem früheren Flair

Leipzig, Neues Rathaus

Leipzig, Opernhaus

Leipzigs als Messestadt. Sie steht in Verbindung mit Königshaus- und Messehofpassage, die zusammen ein für L. typisches Passagensystem bilden.

Messehäuser: Von den stattlichen Messehäusern, die die Bedeutung v. L. als Handelszentrum belegen, sind u. a. bes. sehenswert der *Dresdner Hof* (Neumarkt 21–27; 1912/13), der *Handelshof* (Grimmaische Str. 1–7; 1908/09), das *Riquethaus* (Schuhmachergäßchen 1–3; 1908/09), das Haus *Drei Könige* (Petersstr. 32–34; 1915/16) und *Stentzlers Hof* (Petersstr. 39–41; 1914/16).

Moritzbastei (Schillerstr.): Sie stellt den letzten erhaltenen Rest der Stadtbefestigung dar; errichtet wurde sie 1551 auf Befehl v. Kurfürst Moritz v. Sachsen nach den Zerstörungen v. L. 1547 im Schmalkaldischen Krieg.

Neues Gewandhaus (Augustusplatz): Das Konzertgebäude wurde 1977–81 errichtet. Der Vorgängerbau vom Ende des 19. Jh. wurde im 2. Weltkrieg zerstört. Die Bezeichnung »Gewandhaus« geht übrigens auf den ersten Konzertsaal zurück, der sich in dem ehem. Gebäude der Gewandschneiderinnung befand. Der Große Saal im Neubau mit über 1900 Plätzen ist mit einer Schuke-Orgel mit 6638 Pfeifen und 89 Registern ausgestattet. Der Kleine Saal hat 500 Plätze. Das Deckengemälde im Hauptfoyer mit dem Titel »Gesang vom Leben« stammt v. Sighard Gille, einem Schüler v. Bernhard Heisig. Im Klinger-Foyer steht die berühmte *Beethoven-Plastik* v. Max Klinger. Die 1902 vollendete sitzende Darstellung des Komponisten mit geballter Faust stellt eines der Hauptwerke Klingers dar. Es ist 3,1 m hoch und aus verschiedenfarbigem Marmor, Alabaster, Bronze, Elfenbein und Schmucksteinen.
In der *Gewandhausgalerie* sind Bilder zeitgenössischer Maler zu sehen.

Neues Rathaus (Burgplatz): Der Monumentalbau im Stil des Historismus (Anleihen bei Renaissance und Barock), der

Leipzig, Ehemaliges Reichsgericht

1899–1905 durch Hugo Licht errichtet wurde, ersetzte die 1897 abgebrochene Pleißenburg aus dem 13.–16..Jh. Von der ehem. Zwingburg blieb nur der Turm erhalten, den man auf 114 m erhöhte. Das Hauptportal des Gebäudes flankieren 2 auf Pfeilern sitzende Löwen, an dessen SW-Seite befinden sich 5 Statuen v. Georg Wrba, die Justiz, Buchkunst, Wissenschaft, Musik und Handwerk symbolisieren.
Das mit dem Rathaus verbundene *Stadthaus* wurde 1908–12 ebenfalls v. Hugo Licht erbaut.

Opernhaus (Augustusplatz): Das 1959 bis 1960 aufgeführte Gebäude (nach Entwürfen eines Kollektivs unter Leitung v. K. Nierade) war der 1. Theaterneubau der DDR. Er ersetzte das zerstörte Neue Theater und ist Ausdruck einer damals in Analogie zur sowjet. Architektur v. Walter Ulbricht vertretenen Architekturlinie, die die »Volksverbundenheit« propagierte; man müsse deswegen wieder an die Vergangenheit anknüpfen und »nationale Traditionen« in der Architektur wiederaufnehmen. Entsprechend sind die Baumassen des Leipziger Opernhauses trotz der Modernität im Detail noch nach der klassischen Grundkonzeption der großen Theaterbauten des 19. Jh. mit Säulen, Portikus, Langhaus, Querhaus und Bühnenturm angelegt. Das Einrangtheater hat 1682 Plätze. Nördlich der Oper (Richtung Hauptbahnhof) liegt der Schwanenteich an der Stelle des früheren Stadtgrabens. Hier befinden sich ein *Denkmal* für die 1837 eröffnete 1. dt. Ferneisenbahn v. L. nach Dresden und eine *Wagner-Büste* nach einem Entwurf v. Max Klinger (1903–04), die 1983 aufgestellt wurde.

Ehem. Reichsgericht (Dimitroff-Platz 1): Schräg gegenüber dem Neuen Rathaus entstand 1888–95 der Monumentalbau des ehem. Reichsgerichts. Das v. L. Hofmann und P. Dybwad erbaute viergeschossige, mit einer Kuppel (Höhe 68,5 m) gekrönte Gebäude beherbergt das Museum der bildenden Künste mit seinen reichhaltigen

Leipzig, Romanushaus, Katharinenstr. 23

Sammlungen (→Museen). In dem Bau befinden sich auch der restaurierte Plenarsaal, in dem der Reichstagsbrandprozeß stattfand, und die erhalten gebliebenen Räume des früheren Reichsgerichtspräsidenten.

Romanushaus (Katharinenstr. 23): Das palaisartige Gebäude wurde 1701–04 v. dem Dresdner Ratsmaurermeister Johann Gregor Fuchs für den Bürgermeister Franz Conrad Romanus, einen Günstling v. August dem Starken, erbaut. Das barocke Bauwerk hat zweieinhalb Stockwerke und ist 13 Fenster breit. Das Romanushaus eröffnete die Blütezeit barocken Bauens in Leipzig, in der ca. ein Drittel aller Gebäude neu oder barock umgebaut wurden. Das Bürgertum war bestrebt, seinen neu gewonnenen Reichtum auch im aufwendig und repräsentativ gestalteten Hausbau zum Ausdruck zu bringen. Das Kapital, 150 000 Taler, verschaffte sich Romanus übrigens dadurch, daß er Stadtschuldscheine fälschte: Den Rest seines Lebens verbrachte er auf der Festung Königsstein. Hier starb er nach 41 Jahren Haft.
Schiller besuchte bei seinem 1. Aufenthalt in L. 1785 Richters Kaffeehaus, das sich v. 1778 bis 1794 im 2. Stock des Romanushauses befand.

Völkerschlachtdenkmal (Leninstr., sö des Messegeländes): Das 91 m hohe Denkmal aus Granitporphyr wurde 1898–1913 nach Plänen v. Bruno Schmitz errichtet. Die plastischen Arbeiten, Kolossalstatuen und Reliefs, stammen v. Christian Behrens und Franz Metzner. Der 68 m hohe Innenraum ist ein Einheitsraum mit Krypta, Ruhmeshalle und Kuppel. Das Völkerschlachtdenkmal entspricht in seiner gewollt archaisierenden Formensprache der Monumentalbauweise der Wilhelminischen Epoche, die mit ihren bombastischen Denkmälern Kaiser und Nation verherrlichte. Zu der Aussichtsplattform, v. der aus man einen hervorragenden Blick hat, führen 500 Stufen. – Im Wilhelm-Külz-Park in unmittelbarer Nähe steht ein kleiner *Ausstellungspavillon,* in dem Waffen und Uniformen sowie ein 25 qm großes Diorama zu bewundern sind, das den Stand der Schlacht am 18.10. 1813 um 16.00 Uhr zeigt.
Das Völkerschlachtdenkmal steht inmitten des ehem. Schlachtfelds. Südlich an das Denkmal angrenzend liegt der Südfriedhof (1886 parkartig angelegt). Hier befinden sich ein *Denkmal für die Opfer des Faschismus* v. Walter Arnold sowie die Gräber hingerichteter Widerstandskämpfer der »Georg-Schumann-Gruppe«, einer führenden Widerstandsgruppe im sächs. Gebiet, und die Gräber v. 80 Opfern des KZ-Außenlagers Abtnaundorf-Thekla.

Warenhaus »konsument« (Brühl 1): Eine Gedenktafel an dem 1966–68 errichteten Gebäude mit bemerkenswerter Leichtmetallfassade erinnert daran, daß in dem 1886 abgerissenen Haus Zum Roten und Weißen Löwen an dieser Stelle am 22.5. 1813 der Komponist Richard Wagner geboren wurde. Er war das 9. Kind eines Polizeischreibers.

Zoologischer Garten (Dr.-Kurt-Fischer-Str.): Der Zoo, der am O-Rand des Rosentals, des 2,5 km langen Stadtwalds, liegt,

Leipzig, Völkerschlachtdenkmal

Leipzig, Warenhaus »konsument«

wurde 1878 angelegt. Er ist einer der bekanntesten in Europa und berühmt für seine Löwenzucht. Hier hat man die Sibirischen Tiger vor dem Aussterben bewahrt. Zu sehen sind über 2000 Tiere (560 Arten). Aber nicht nur für Tierliebhaber ist der Zoo v. Interesse: Das Raubtierhaus ist ein Gebäude des Jugendstils, das Elefantenhaus eines des Art deco.

MUSEEN

Ägyptisches Museum (Schillerstr. 6): Das Museum besitzt etwa 5000 Objekte, v. denen ca. 500 in chronologischer Reihenfolge gezeigt werden. Dokumentiert werden 3 Jtd. altägyptischer Geschichte und Kultur. Zu sehen ist u. a. die fast vollständige Grabausstattung eines Totenpriesters aus dem frühen Mittleren Reich.

Dt. Buch- und Schriftmuseum (Dt. Platz): Die *Dt. Bücherei* wurde 1914-16 nach einem Entwurf v. Oskar Pusch erbaut. Das massive viergeschossige Gebäude besitzt eine konkav geschwungene, 120 m lange Front, die durch 2 turmartige Erker betont wird. Hier werden seit dem 1. 1. 1913 sämtliche deutschsprachigen Veröffentlichungen des In- und Auslands gesammelt, bis heute über 7 Millionen. Einzigartig ist die Sammlung Exilliteratur aus der Zeit zwischen 1933 und 1945.
Das Dt. Buch- und Schriftmuseum wurde 1884 gegr. und 1950 der Dt. Bücherei angeschlossen. Dokumentiert werden die Entwicklung der Schrift v. den Anfängen bis zur Gegenwart, die des Buchs und die des Buchdrucks. Eine Sonderausstellung widmet sich der Buchkunst der Gegenwart.

Grassimuseum (Johannisplatz): Das Museumsgebäude wurde 1925-29 erbaut. Hier sind 3 Museen untergebracht:
Museum des Kunsthandwerks. Die Sammlung befindet sich zum größten Teil im Magazin. Zu sehen sind u. a. chinesisches und europäisches Porzellan (bes. aus Meißen und Thüringen), Glas (auch aus der Antike), Goldschmiedearbeiten (speziell aus dem 16. bis 18. Jh.), Möbel, Textilien und historische Kostüme.
Museum für Völkerkunde. Es handelt sich um die größte ethnologische Spezialsammlung auf dem Gebiet der ehem. DDR. Dokumentiert werden Lebensweise und Kultur außereuropäischer Völker. Die Gegenstände kommen aus Indien, Thailand, Birma, Korea, Westafrika, der Südsee, Mittel- und Südamerika sowie Sibirien. Besondere Beachtung verdienen ein chinesischer Drachenfries, ein arabisches Beduinenzelt und ein 1,4 m langer, mit Schnitzereien verzierter Elefantenstoßzahn.
Musikinstrumenten-Museum. Zu sehen sind Instrumente aus der Zeit vom MA bis heute, u. a. das älteste Klavichord der Welt, eine italienische Arbeit aus dem Jahre 1543, eine Trompete v. ca. 1520 und Instrumente der Bach-Zeit. Das Museum ist mit seinen großen Beständen eine der bedeutendsten Sammlungen der Welt.
Hinter dem Museumskomplex liegt der *Alte Johannisfriedhof* mit historischen Grabstätten und Gruftbauten aus dem 18. Jh. Hier sind u. a. Mutter und Schwester v. Richard Wagner und der Schriftsteller Christian Felix Weiße (1726-1804) begraben.

Iskra-Gedenkstätte (Probstheida, Russenstr. 38): Hier wurde v. Dezember 1900 bis Mai 1901 die russische marxistische Arbeiterzeitung »Iskra« (»Der Funke«) gedruckt. Zu sehen ist u. a. die originalgetreu eingerichtete Druckerei.

Karl-Liebknecht-Gedenkstätte (Braustr. 15): In dem Haus, in dem die Familie v. Wilhelm Liebknecht 1865-81 lebte, wurde der Revolutionär am 13. 8. 1871 geboren. Er wurde 1919 zusammen mit Rosa Luxemburg ermordet. Nach der Zerstörung im 2. Weltkrieg hat man das Gebäude im Originalzustand wiederaufgebaut.

Museum der bildenden Künste/Dimitroff-Museum (Georgi-Dimitroff-Platz 1): Eine der größten Kunstsammlungen der ehem. DDR ist in dem ehem. Reichsgericht untergebracht. Sie hat mehrere Abteilungen: Altniederländische Malerei (u. a. Jan van Eyck und Rogier van der Weyden), altdt. Malerei (u. a. Martin Schongauer, Lucas Cranach d. Ä., Hans Baldung, genannt Grien, und Adam Elsheimer), niederländische Malerei des 17. Jh. (u. a. Rembrandt, Frans Hals, Jan van Goyen, Gerard Terborch und Adriaen van Ostade), italienische Malerei des 15. bis 18. Jh. (u. a. Tintoretto, Guardi und Canaletto), dt. Malerei des späten 18. Jh. und der Romantik (Johann Heinrich Wilhelm Tischbein, Caspar David Friedrich, Karl Blechen und Carl Spitzweg), dt. Malerei des späten 19. Jh. und Impressionismus (u. a. Arnold Böcklin, Adolf Menzel, Max Liebermann, Max Slevogt und ein Saal mit Werken v. Max Klinger), außerdt. Malerei des 19. Jh. (u. a. Corot, Segantini und Munch), dt. Malerei des 20. Jh. sowie Skulptur (u. a. Balthasar Permoser, Antonio Canova, Bertel Thorvaldsen, Auguste Rodin, Max Klinger, Georg Kolbe, Wilhelm Lehmbruck und Ernst Barlach). Die graphische Sammlung umfaßt etwa 55 000 Blätter.

Das *Georgi-Dimitroff-Museum* befaßt sich mit dem Leben des Bulgaren Dimitroff, dem hier im Plenarsaal v. September bis Dezember 1933 wegen des Berliner Reichstagsbrands der Prozeß gemacht wurde (er wurde freigesprochen).

Museum für Geschichte der Stadt Leipzig →Altes Rathaus.

Naturwissenschaftliches Museum (Lortzingstr. 3): Dieses vielseitige Museum umfaßt Ausstellungen zur Astronomie und Raumfahrt, zur Ur- und Frühgeschichte, Geologie, Paläontologie, Mineralogie, Botanik und Zoologie. Hier befinden sich auch ein Kleinplanetarium und eine heimatkundliche Spezialbibliothek.

In der Lortzingstr. 17 wurde am 1.4. 1878 als Sohn eines Bankiers der Dramatiker Carl Sternheim (†1942) geboren. Sein wohl bekanntestes Stück ist »Die Hose« (1911).

AUSSERDEM SEHENSWERT

Universitätsbibliothek: Sie wurde 1543 als Paulinerbibliothek gegr. Das heutige Gebäude (Beethovenstr. 6) wurde 1891 fertiggestellt. Hier befinden sich etwa 3 Millionen Bände, ca. 8600 Handschriften, 3500 Inkunabeln, Papyri sowie eine riesige Briefsammlung. – Die **Gartenvorstadt Marienbrunn** entstand 1912 nach Plänen v. H. Strobel und L. Migge (gärtnerische Gestaltung). Sie wurde als Teil der Internationalen Bauausstellung (IBA) außerhalb der Großstadt in Ausstellungsnähe errichtet. Die Straßen mit den zweigeschossigen Reihenhäusern vermitteln einen geschlossenen Raumeindruck und sind ein beachtenswertes Beispiel modernen Siedlungsbaus. – Im Ortsteil **Plagwitz** (Industriestr. 86–95) befindet sich mit dem viergeschossigen Stahlbetonskelettbau der Konsum-Zentrale in Klinkerrohbauweise ein bedeutendes Baudenkmal der Produktionsgeschichte. Es wurde 1929–32 v. Fr. Höger erbaut (Verwaltungsgebäude und Hauptlager). – Der **Südfriedhof** wurde 1886 als einer der größten und bedeutendsten dt. Parkfriedhöfe von O. Wittenberg angelegt.

Er besitzt neben einem wertvollen Grünbestand eine 1910 geschaffene neuroman. Kapellenanlage mit einem 60 m hohen Turm und zahlreiche Grabsteine bedeutender Persönlichkeiten.

NÄHERE UMGEBUNG
(Vororte und eingemeindete Orte)

Dölitz (s): In der Helenenstr. 24 steht das *Torhaus* des ehem. Schlosses. Es handelt sich um ein zweigeschossiges Bauwerk v. ca. 1636 mit Sandsteinreliefs v. Jakob Böhme. Hier ist heute eine bedeutende *Zinnfi-*

Leipzig, Universitätsbibliothek

INR

gurensammlung untergebracht, die etwa 8000 Exponate umfaßt.

Großzschocher (sw): Die bemerkenswerte *Dorfkirche* besteht aus einem roman. O-Turm, einem spätgot. Chor mit Stern- und Netzgewölben sowie einem barocken Langhaus, das 1713–14 errichtet wurde. Die Einrichtung des Chors entstand 1696. Sehenswert ein Grabmal (E. Brandt, †1570) v. Georg Schröter aus Torgau.

Lößnig (s): Hier befindet sich mit dem sog. *Rundling* ein beachtliches Beispiel des Wohnungsbaus der 20er Jahre. Die v. H. Ritter entworfene Anlage besteht aus 3 konzentrischen Ringen mit w gelegenem portalartigem Eingang (Geschäfte).

Markkleeberg (s): In der Gartenstadt Markkleeberg fand die jährliche Landwirtschaftsausstellung der ehem. DDR, »agra«, statt. Das Ausstellungsgelände ist in einen Landschaftspark des späten 19. Jh. integriert und grenzt an ein Wildgehege.

Die *Martin-Luther-Kirche* (im Ortsteil Gautzsch) ist ein Barockbau aus der Zeit v. 1717–18. Architekt war vermutlich David Schatz. Der Kanzelaltar und die Marmorbüste E. Chr. v. Manteuffels im Inneren stammen aus dem frühen 18. Jh. – Das ehem. barocke *Gutshaus* im Ortsteil Gautzsch (heute Krankenhaus) geht urspr. auf eine Wasserburg zurück und ist vermutlich gegen Ende des 17. Jh. errichtet worden. Die Pilastergliederung der oberen Stockwerke und die Stuckornamente stammen großenteils aus dem 19. Jh.

Probstheida (sö): Von dem im MA zum Augustinerkloster gehörenden Angerdorf ist die baumbestandene Anlage des Dorfangers erhalten. – Die während der Völkerschlacht zerstörte *Dorfkirche* wurde 1818 neu erbaut. Die Emporen wurden 1926–27 installiert.

Stötteritz (sö): Die 1702–03 erbaute *Dorfkirche* wurde 1928 vollständig umgebaut. Zur Ausstattung gehört ein Kanzelaltar, in den ein spätgot. Triptychon eingesetzt ist, das möglicherweise um 1480 in der Werkstatt des Nürnberger Malers Michael Wolgemut geschaffen wurde. Zu sehen sind Kreuzigung, Ölberg und Auferstehung.

Taucha (nö): Die barocke *Dorfkirche* wurde 1772–74 erbaut. – In der Eilenburger Str. 8 befindet sich das *Städtische Heimatmuseum.*

Thekla (nö): *Dorfkirche* aus dem späten 12. Jh. Nach einem Brand in den späten 50er Jahren wurde sie rekonstruiert.

Wahren (nw): Der Auensee ist eines der Naherholungsgebiete der Leipziger. Hier gibt es ein Strandbad und einen Bootsverleih. Um den See führt eine Pioniereisenbahn, die 1952 eröffnet wurde. – In Wah-

< *Stötteritz (Leipzig), Dorfkirche, Kreuzigung (links); Lößnig (Leipzig), Rundling (unten)*

Thekla (Leipzig), Dorfkirche

ren findet man auch eine frühgot. *Backsteinkirche* mit einer Einrichtung aus dem 18. Jh. Bemerkenswert sind die ma Apostelfiguren an der Empore.

Wiederitzsch (n): Die *Stahlbetonkirche* (kath.) wurde 1968-70 aus Betonfertigteilen errichtet.

Umgebung

Delitzsch (24 km n): Hier fand sich bereits in slawischer Zeit eine Kult- und Gerichtsstätte. Von der Stadtbefestigung, die um 1400 angelegt wurde, sind große Teile der *Mauer* sowie der *Breite Turm* und der *Hallische Turm* erhalten. Im Breiten Turm befindet sich eine Ausstellung über die Baudenkmäler des Orts. – Delitzsch hat 3 spätgot. Kirchen: Die *Pfarrkirche St. Peter und Paul,* eine dreischiffige Backstein-Hallenkirche, wurde 1404 begonnen und Ende des 15. Jh. fertiggestellt. Am Chor ist eine Ölberggruppe mit lebensgroßen Figuren angebracht, die um 1410 geschaffen wurde. Bei der *Pfarrkirche St. Marien* in der Neustadt handelt es sich ebenfalls um eine Backstein-Hallenkirche (Baubeginn 1518). Besondere Beachtung verdienen das reiche W-Portal und der spätgot. Flügelaltar im Inneren aus dem frühen 16. Jh., der v. der Schusterinnung gestiftet wurde. Aus diesem Grund sind in der Predella, dem Altaruntersatz, auch die beiden Schutzheiligen der Schuhmacher, Crispinianus und Crispinus, dargestellt. In der *Spitalkirche* (begonnen 1516) finden sich ein spätgot. Altar mit doppelten Flügeln (im Schrein Maria und 2 Heilige; um 1520) und ein kleinerer Schnitzaltar (im Schrein Anna selbdritt; um 1500). – Das *Schloß* mit einem Hauptportal v. 1692 datiert im wesentlichen aus dem 16. Jh. Hier befindet sich das *Kreisheimatmuseum.* Zu sehen sind u. a. historische Möbel sowie Taschen- und Standuhren aus dem 17.–19. Jh.

Groitzsch (28 km sw): Der als Stadt erstmals bei Thietmar v. Merseburg genannte Ort entwickelte sich planmäßig im Schutz einer Burg, die nach 1073 als Herrschaftszentrum derer v. Groitzsch ausgebaut wurde. Bereits um 1300 wurde die Anlage zerstört; erhalten sind Mauerreste einer roman. *Rundkapelle,* die mit den böhmischen Rundkirchen verwandt ist. – Die *Frauenkirche,* unmittelbar neben der Burganlage gelegen, ist eine im Kern roman. dreischiffige Basilika, die mehrfach umgebaut wurde. Der w Turm datiert v. 1689. – Auf die zerstörte ehem. Aegidienkirche (2. Hälfte 12. Jh.) geht der sog. *Stadtturm* zurück. Im 16. und 17. Jh. diente er als Rüstkammer und Rathaus.

Großlehna (16 km sw): *Schloß Altranstädt.* Am 24.9. 1706 wurde im Friedenszimmer zwischen Karl XII. v. Schweden und August dem Starken v. Sachsen Frieden geschlossen (Nordischer Krieg). Am 1.9. 1707 unterzeichneten hier Karl XII. und Joseph I. v. Österreich die Altranstädter Konvention.

Kitzen-Hohenlohe (19 km sw): Die roman. *Dorfkirche* wurde im 12. Jh. erbaut und nach 1200 umgebaut. Sie hat einen kreuzförmigen Grundriß. Die beiden Säulenportale an den Querflügeln haben Blattkapitelle. Die Kirche gehörte urspr. zu einem Nonnenkloster.

Markranstädt (12 km sw): Die *Stadtkirche*

Groitzsch (Leipzig), Rundkapelle in der Wiprechtsburg

St. Laurentius (1518–25) wurde um 1900 stark umgebaut. Sie besitzt ein beinahe quadratisches Schiff und einen Chor mit $^{5}/_{8}$-Schluß und Sterngewölbe. Von der Innenausstattung ist das Altartriptychon v. 1568 bemerkenswert.

Pegau (26 km sw): Ein figürlich skulptiertes, interessantes spätroman. Epitaph (um 1230/40) für Markgraf Wiprecht v. Groitzsch und eine Pieta (um 1500) v. H. Witten sind die Prunkstücke der sehenswerten Ausstattung der spätgot. *Laurentiuskirche* (15. Jh.). – Das *Renaissance-Rathaus* (16.–17. Jh.) besitzt einen prächtigen Portalturm vor der Marktfassade. Es wurde 1559 nach Plänen v. H. Lotter errichtet und besitzt Ähnlichkeit mit dem Leipziger Rathaus. 1670 wurde es teilweise zerstört.

Podelwitz (10 km n): Die einschiffige spätgot. *Dorfkirche* mit Netzgewölben stammt aus dem späten 15. und frühen 16. Jh.; der W-Turm ist älter. Im Inneren befindet sich ein spätgot. Altar mit 6 Flügeln (ca. 1520). Im Mittelfeld ist Maria mit den hll. Georg und Mauritius zu sehen.

Rötha (17 km s): Die *Pfarrkirche St. Georg* ist urspr. roman., wurde jedoch mehrfach umgebaut. Erhalten sind die Pfeiler und die Umfassungsmauern der roman. Basilika. Im Inneren befinden sich eine Silbermann-Orgel v. 1721 und ein Altar, den Johann de Perre aus Leipzig um 1620 geschaffen hat. – Die spätgot. *Marienkirche* ist einschiffig. Sie wurde in der 1. Hälfte des 16. Jh. erbaut und ist mit 3 sehenswerten Stabwerkportalen geschmückt. Im Inneren finden sich ein spätgot. Flügelaltar (Marienkrönung) und eine Madonna, die vermutlich Stephan Hermsdorf um 1520 geschaffen hat. Die Orgel stammt v. Gottfried Silbermann (1722).

Zwenkau (20 km s): Beim Bau der barokken *Stadtkirche St. Laurentius* 1712–27 nach einem Stadtbrand 1712 wurden die Umfassungsmauern und der W-Turm der spätgot. Vorgängerkirche mitbenutzt. Im Innenraum befinden sich ein Altar mit Kreuzigungsgruppe v. 1726 und ein Taufstein v. 1731. – Die *Villa* Friedrich-Ebert-Str. 26 wurde 1930–31 v. Adolf Rading im

Bauhausstil erbaut. Die Wandgestaltungen mit figürlichen Drahtreliefs im Inneren stammen v. Oskar Schlemmer.

8700 Löbau

Löbau

Einw.: 18200 Höhe: 269 m S. 259 □ L 8

Die Kreisstadt liegt im Norden des Lausitzer Berglands. Sie entstand vor 1221 an der Kreuzung wichtiger Handelsstraßen als Gründung des Königs v. Böhmen. 1346 wurde die typische Straßensiedlung Mitglied des Lausitzer Sechsstädtebunds, dessen Versammlungen hier bis 1868 abgehalten wurden. Im 14. Jh. war Löbau ein Zentrum der Tuchmacherei; im 19. Jh. befand sich hier der größte Garnmarkt der Oberlausitz und der zweitgrößte Getreidemarkt Sachsens. Den Wohlstand der benachbarten Handelsstädte Bautzen und Görlitz hat Löbau allerdings nicht gekannt. 1859 wurde hier die Pianofortefabrik Förster gegründet. Die mittelalterliche Stadtanlage mit ihren Plätzen, Straßenräumen und dem Mauerverlauf ist noch deutlich nachvollziehbar. Eine Besonderheit Löbaus sind die Sichtbeziehungen vom und zum Markt.

Pfarrkirche St. Johannis: Das einschiffige spätgot. Bauwerk, das urspr. zu einem Franziskanerkloster gehörte, wurde vermutlich im 15. Jh. errichtet. Im 17. und 19. Jh. wurde es verändert, 1840 wurden Holzemporen eingebaut. Zur Ausstattung gehört u. a. ein spätgot. Kruzifix. Unter dem Chor der Kirche liegt eine Krypta, die v. außen zugänglich ist.

Pfarrkirche St. Nikolai: Die Kirche, die aus einem spätroman. Chor aus dem 13. Jh. und einem got. Langhaus aus dem 14. Jh. (urspr. zweischiffig, 3. Schiff v. 1742) besteht, wurde 1884–85 im frühgot. Stil umgebaut. Teile der damals entfernten beachtlichen Innenausstattung sind in den Museen v. L. und Bautzen zu finden.

Rathaus: Das dreigeschossige barocke Bauwerk wurde 1711 v. einem Maurermeister aus Zittau unter Benutzung eines älteren Vorgängerbaus errichtet. An der Marktseite befindet sich ein Laubengang. Der quadratische Eckturm ist spätgot. und besitzt einen Zinnenkranz. Das Bürgermeisterzimmer hat eine schöne Stuckdecke. – Am Markt stehen auch einige schöne *Bürgerhäuser* aus der Zeit nach 1710. Der frühere Häuserbestand war bei dem Brand v. 1710 zerstört worden.

Haus Schmincke (Kirschallee 1 b): Das Einfamilienhaus für den Fabrikanten Schmincke wurde 1932 nach Plänen des Architekten H. Scharoun gebaut. Es ist ein vom Bauhausstil beeinflußter zweigeschossiger Stahlskelettbau mit Betonwänden und Glasflächen. Der differenzierte Baukörper mit zweigeschossiger zentraler Halle verfügt über einen unregelmäßigen Grundriß mit ineinander übergehenden Räumen. In der ehem. DDR war das innen teilweise veränderte Gebäude ein »Kreispionierhaus«. Ein weiteres v. Scharoun entworfenes Gebäude für die Familie Schmincke befindet sich in der *Goethestr. 10.*

Stadtmuseum (Johannisstr. 5): Hier befinden sich die verschiedenartigsten Sammlungen: sakrale Plastik, Waffen und Lausitzer Bauernschränke.

Außerdem sehenswert: Stattliche *Häuser* sind in der *Badergasse* zu sehen. – Auf dem *Alten Friedhof,* der 1544 erstmals genannt wird, findet man einige barocke Grüfte. – Auf dem Löbauer Berg (447 m) ö der Stadt befindet sich ein Aussichtsturm, eine 28 m hohe Gußeisenkonstruktion aus dem Eisenhüttenwerk Bernsdorf, die 1854 aufgestellt wurde und den Namen *Friedrich-August-Turm* trägt. Von dem ältesten gußeisernen Aussichtsturm Europas aus genießt man eine interessante Fernsicht. Bei der Restaurierung 1965–66 wurden ca. 300 Teile neu gegossen.

Umgebung

Cunewalde (8 km w): Bei der *Dorfkirche* handelt es sich um einen ungewöhnlich großen Barockbau, der 1780–93 errichtet wurde. Er ist 45 m lang und 18 m breit. Der Innenraum mit seinen dreigeschossigen

Herrnhut (Löbau), Gemeinsaal mit Zinzendorf-Büste (l), Vogtshof (r)

Emporen bietet 3000 Menschen Platz. Die Ausstattung stammt teilweise aus der Vorgängerkirche, die überaus reiche Kanzel datiert v. 1656, eine Maria und ein hl. Nikolaus entstanden im 15. Jh. - Im Ort befinden sich zahlreiche *Umgebindehäuser.* Bes. sehenswert ist das Umgebindehaus in der *Hauptstr. 229,* dessen Umgebindeteil urspr. als Stellmacherei genutzt wurde.

Ebersbach (11 km sw): Der gesamte Ort mit seinen für die Gegend typischen Umgebindehäusern steht unter Denkmalschutz. Bes. beachtenswert sind die Häuser in der *Amtsgerichtsstr. 47* und in der *Steinstr. 1.* - Der O-Teil der einschiffigen barocken *Pfarrkirche* v. 1682 wurde 1726-33 errichtet. Das Langhaus hat ein bemaltes hölzernes Tonnengewölbe, der Chor mit dreiviertelkreisförmigem Grundriß ein ebenfalls hölzernes Kuppelgewölbe. Im Innenraum finden sich, für eine Predigerkirche typisch, dreigeschossige Emporen. Der Baldachinaltar mit Ölbergrelief datiert v. 1787, die Kanzel v. 1788 und der Orgelprospekt v. 1685. Er stammt aus der Johanniskirche in Zittau. - Auf dem Schlechteberg befindet sich ein *Heimatmuseum.*

Eibau (14 km s): Bei der *Dorfkirche* v. 1703 bis 1707 handelt es sich um einen einschiffigen Barockbau mit Kreuzgratgewölben im Inneren. Die Strebepfeiler sind nach innen gezogen. Zwischen ihnen liegen die dreigeschossigen Emporen. - Im Ort gibt es zahlreiche *Wohnhäuser* aus dem 18. Jh. in der für die Oberlausitz typischen Umgebinde-Bauweise. Die das Obergeschoß aus Fachwerk tragenden Ständer sind in Bogenform miteinander verstrebt. Viele dieser Häuser haben Portale aus Granit oder Sandstein. - In der Beckenbergstr. 12 liegt das *Heimat- und Humboldtmuseum.* Hier sind Keramik, Gläser und Schnitzereien aus dem 18. bis 20. Jh. zu sehen.

Herrnhut (11 km sö): Am Ortseingang befindet sich ein Gedenkstein: »Am 17. Juni 1722 wurde an dieser Stelle zum Anbau von Herrnhut der erste Baum gefällt.« Es war Nikolaus Ludwig Graf v. Zinzendorf (1700-60), der hier Mitgliedern der böhmischen »Brüder-Unität«, die wegen ihres

Herrnhut (Löbau), Ehem. Herrschaftshaus (Schloß), 1781, rekonstruiert

Glaubens verfolgt wurden, Zuflucht bot und damit die Herrnhuter Gemeine begründete. - Das *Gemeinhaus* (Kirche) ist ein Barockbau, der 1756-57 errichtet wurde. Nach der Zerstörung 1945 wurde er in den Jahren bis 1953 wieder aufgebaut. Im Innenhof steht eine Zinzendorf-Büste. - Das *Schloß* ist ein zweigeschossiger Barockbau mit 2 kurzen Flügeln (1781) an der Gartenseite. - Die in den Formen eines einfachen bürgerlichen Barock erbaute Ortschaft besteht weiterhin aus dem *Chorhaus der Witwen* v. 1759-61, dem *Vogtshof* von 1730-1734 (Seitenflügel 1746) und *Wohnhäusern* aus der Zeit nach 1722. - Das *Völkerkundemuseum* in der Goethestraße 1 dokumentiert die Missionstätigkeit der Brüdergemeine. Hier findet man völkerkundliches Material u.a. aus Süd- und Ostafrika, Surinam, Alaska, Labrador, Grönland, Australien und Tibet. - In der Comeniusstr. 6 befindet sich ein *Heimatmuseum* (»Alt-Herrnhuter-Stuben«).

Beim *Friedhof* am Hutberg (»Gottesacker«) handelt es sich um eine regelmäßige Anlage v. 1730, die wiederholt erweitert wurde. Sie wird v. Lindenalleen in Quartiere eingeteilt: l sind die Frauengräber, r die Männergräber. Eines der herrschaftlichen Gräber in der Mitte ist das des Stifters Graf v. Zinzendorf. Entsprechend den asketischen Religionsvorstellungen der Herrnhuter bestehen die Gräber aus flachen, auf den Boden gelegten Platten ohne Grabhügel.

Kittlitz (4 km n): Die große barocke *Dorfkirche* wurde 1749-69 erbaut. Ab 1752 wurden die Arbeiten v. Andreas Hüningen aus Zittau geleitet. Das Bauwerk hat einen rechteckigen Grundriß mit abgeschrägten Ecken. Es ist 34,5 m lang und 17,5 m breit. Der massive W-Turm (1772-75) hat ein achteckiges Glockengeschoß. Die doppelten Emporen im Innenraum sind im Chorbereich verglast.

Neugersdorf (14 km sw): Die 1738 erbaute barocke *Saalkirche* mit rechteckigem Grundriß besitzt eine wertvolle Deckenbemalung. Längsseitig sind je 3 Emporen angebracht, w und ö je eine. Beachtenswert sind ferner 3 Kristallglashängeleuchter,

Herrnhut (Löbau), Friedhofsgräber

mehrere Grabdenkmäler, ein Grufthaus und der reiche, vergoldete Rokoko-Kanzelaltar mit marmorierter Bemalung. Wertvollstes Stück der Altargeräte ist ein silberner, vergoldeter Kelch von 1520.

Neusalza-Spremberg (13 km sw): Mit dem *Reiterhaus* besitzt der Ort eines der ältesten erhaltenen Umgebindehäuser der Oberlausitz. Der Hauptbau mit Fachwerkobergeschoß und Oberlaube wurde um 1660 errichtet; rechtwinklig dazu steht der sog. »Reiterflügel«, vermutlich ein ehem. Bauernhaus. Die Bezeichnung bezieht sich auf eine Reiterschießscheibe, die 1874 am Giebel des »Reiterflügels« angebracht wurde. Als *Heimatmuseum* genutzt.

Obercunnersdorf (9 km s): Das ehem. Waldhufendorf wurde 1221 erstmals urkundlich erwähnt. Das Ortsbild ist charakterisiert durch einen geschlossenen Bestand v. ein- und zweigeschossigen *Umgebindehäusern,* die nach der Besiedlung der Lausitz durch Thüringer, Franken und Flamen als Verschmelzung v. Blockbau und Fachwerkbau entstanden.

M

9340 Marienberg

Marienberg

Einw.: 11300 Höhe: 610 m S. 258 □ H 9

Marienberg liegt im mittleren Erzgebirge. Die Bergleutesiedlung wurde aufgrund reicher Silberfunde 1521 von Herzog Heinrich dem Frommen von Sachsen gegründet. Schon 1523 erfolgte die Verleihung des Stadt- und Bergrechts. Die nach Plänen des Bergsachverständigen Ulrich Rülein von Calw angelegte Stadt mit schachbrettartigem Grundriß (entworfen von einem Bergbauingenieur) erhält durch den sehr großen, quadratischen Markt städtebauliche Besonderheit. Um 1550 war Marienberg mit 4000 Einwohnern eine der größten Städte Kursachsens. 1610 brannte die schnell reich gewordene Stadt völlig ab, 1648 mußte der Bergbau eingestellt werden. Mit dem nach 1945 für einige Jahre betriebenen Uranbergbau erlebte der Ort einen neuen Aufschwung.

Pfarrkirche St. Marien: Für die dreischiffige Hallenkirche, die 1558-64 im Stil der Spätgotik errichtet wurde, dienten die Kirchen v. Annaberg und Pirna als Vorbild. Sie war die letzte der sächs. Hallenkirchen. Nach einem Brand 1610 wurde sie bis 1616 wiederaufgebaut. Aus dem Jahre 1616 stammt auch die Bestückung des 57 m hohen Turms mit einer Zwiebelhaube. 1669 bis 1675 wurde die Kirche gewölbt und mit Steinpfeilern in Form toskanischer Säulen mit Kapitellen aus Akanthusblättern ausgestattet. Die Ausstattung besteht u.a. aus einem Altar v. 1617 mit Formen der Renaissance und des Manierismus (v. A. Helmert, Gemälde von K. Fabritius), 2 Bergmannsleuchtern von 1614, 2 lebensgroßen Bergmannsfiguren v. 1687, einem spätgot. Flügelaltar (im Schrein Maria zwischen Petrus und Paulus) aus dem späten 15. Jh. und einem weiteren spätgot. Flügelaltar (im Schrein Anna selbdritt) aus dem frühen 16. Jh.

Rathaus: Das Renaissancegebäude wurde ab 1537 v. J. Hofmann errichtet und in den folgenden Jahren wiederholt durch Brände beschädigt. Beachtenswert ist das reiche Portal. Der gut proportionierte Turm ist mit einer Doppellaterne ausgestattet. - Ebenfalls am quadratischen Markt liegen einige *Bürgerhäuser* aus dem 16. Jh. (Nr. 5, 6 und 14) mit hübschen Portalen. Weitere interessante Häuser in der Zschopauer Str. 16 und 20.

Heimatmuseum (Zschopauer Straße): Das Museum ist in den 3 Stockwerken des Zschopauer Torturms (1545), des Wahrzeichens der Stadt, untergebracht. Dokumentiert wird neben Schnitzereien und Bastelarbeiten die Geschichte des Silber- und Zinnbergbaus bis 1907. Weiterhin sind die Waffen v. Karl Stülpner zu sehen. Stülpner (†1841) gilt als der Robin Hood des Erzgebirges.

Außerdem sehenswert: In der Äußeren Wolkensteiner Str. das alte *Bergmagazin,* ein massiver Bruchsteinbau v. 1809 mit hohem Krüppelwalmdach, verwandt den damaligen Spinnmühlen im Erzgebirge. - Ein bedeutendes technisches Denkmal sind die *Anlagen der bergmännischen Wasserwirtschaft* im Raum M., Brand-Erbisdorf und Freiberg. Es handelt sich um ein seit dem 16. Jh. angelegtes kompliziertes Graben- und Röschensystem mit Kunstteichen, mit denen der Freiberger Bergbau mit Aufschlagwasser versorgt wurde. Das Wasser wurde z.T. auch über Aquädukte geleitet. Einige der früher angelegten Teiche sind heute Naherholungsgebiete (Erzengelteich, Mittlerer Großhartmannsdorfer Teich).

Umgebung

Forchheim (16 km nö): Die *Dorfkirche* wurde 1719-26 nach Plänen des Baumeisters der zerstörten Dresdner Frauenkirche, George Bähr, und v. J. G. Fehre in barocken Formen errichtet. Die Kirche zählt zu den bedeutendsten sächs. Sakralbauten und ist als Zentralbau über griech. Kreuz typisch für den protestantischen Kirchenbau des 18. Jh. Im Inneren hat die Kirche wieder ihre frühere Farbigkeit erhalten. Die zweigeschossigen Emporen und der Kanzelaltar datieren v. 1725. Die Orgel wurde v. dem berühmten Orgelbaumeister Gottfried Silbermann 1726 gefertigt. - Im *Schloß,* einem schlichten Renaissancebau aus dem 16. Jh., befindet sich heute ein Kindergarten.

Großrückerswalde (3 km sw): Die spätgot. *Dorfkirche* ist ein gutes Beispiel für eine während der Hussitenkriege im 14./15. Jh. erbaute Wehrkirche. Charakteristisch für

Meißen, Blick auf Frauenkirche, Rathaus und Dom >

die ehem. Wehrkirchen ist, daß über dem eigentlichen Kirchengeschoß ein zweites, das sog. Wehrgeschoß, aufgesetzt wurde. Hübsch bemalte Emporenbrüstungen im schlichten Inneren. – Das ehem. *Gutshaus* wurde im 18. Jh. in einfachem Barockstil umgebaut. – Im Ort befinden sich interessante *Fachwerkhäuser*.

Lauterbach (3 km n): Die spätgot. *Wehrkirche* aus der 2. Hälfte des 15. Jh. wurde 1663 und 1776–79 umgebaut. Die Ausstattung besteht aus einem spätgot. Flügelaltar aus dem frühen 16. Jh. und aus einer Madonna v. 1502–05, die Peter Breuer geschaffen hat. Die Orgel v. 1620 ist eine der ältesten in Sachsen. Die Kirche sollte um die Jahrhundertwende abgerissen werden; durch die Bemühung v. Denkmalschützern konnte 1906 eine Umsetzung als Friedhofskapelle an der Straße nach M. erreicht werden.

Mauersberg (9 km sw): 1889 wurde die alte Wehrgangkirche abgerissen und durch einen neugot. Bau ersetzt. Nach dem Vorbild der urspr. Kirche stiftete der Dresdner Kreuzkantor Rudolf Mauersberger einen Neubau (1951–52): die *Kreuzkapelle* auf dem Friedhof. – Im Ort befinden sich zahlreiche *Bauernhäuser* mit Fachwerk-Obergeschoß.

Neuhausen (25 km ö): *Schloß Purschenstein*, im 14. bis 16. Jh. erbaut, erlitt bei einem Brand 1643 schweren Schaden. Erhalten sind der n Rundturm, der s Treppen- und Kapellenturm sowie der W-Flügel mit einem beachtlichen Barocksaal aus der Mitte des 18. Jh. 4 Glasgemälde in der Schloßkapelle v. 1612 stammen aus der ehem. Glashütte in Seiffen.

Olbernhau (14 km ö): Der Ort ist die größte Stadt des Kreises M. und geht auf ein Rodungsdorf zurück, das im 12. Jh. entstand. Im Ortsteil Grünthal wurde 1537 die Saigerhütte errichtet (heute Technisches Museum einschließlich ehem. Arbeiterhäuser), in der das beim Silberbergbau gewonnene Schwarzkupfer gereinigt und verarbeitet wurde. 1567 wurde der Althammer, dessen 3 mächtige Schwanzhämmer erhalten sind, errichtet und die gesamte Anlage befestigt. Die Saigerhütte ist eine der am besten erhaltenen frühindustriellen Produktionsstätten, in deren befestigter Anlage alle lebenswichtigen Einrichtungen wie Schule,

Meißen, Blick auf Burgberg und Stadt >

Mühle oder Wirtshaus vorhanden waren. – Im 17. Jh. stieg Olbernhau durch die Ansiedlung v. Suhler Büchsenschmieden zur »Waffenkammer Sachsens« auf. – Die *Pfarrkirche* mit hölzerner Flachtonne stammt im wesentlichen v. 1639. Im Inneren befindet sich ein Altargemälde v. 1648 v. J. Fink aus Freiberg, auf dem das Abendmahl in beiderlei Gestalt dargestellt ist. – Die barocke *Dorfkirche* im Ortsteil *Oberneuschönberg* wurde 1695 erbaut. Sie besitzt hübsche Holzemporen und eine gut erhaltene Innenausstattung vom Ende des 17. Jh. – Als *Haus der Heimat* dient das ehem. *Erbgericht* aus dem 16. Jh. am Ernst-Thälmann-Platz 7. Hier befinden sich Sammlungen zur Geschichte der Stadt, der Spielwarenindustrie und der Saigerhütte. – Um die Jahrhundertwende wurde das Haus *In der Hütte 7* in Fachwerk gebaut.

Pockau-Lengefeld (10 km nö): Der Ort besitzt 3 sehenswerte technische Denkmäler: Das Gebäude der ehem. *Amtsfischerei* und eine *Ölmühle* v. 1783. Das Gebäude der Amtsfischerei (heute Wohnhaus), das bedeutendste Fachwerkhaus der Umgegend, ist die einzige erhaltene Produktionsstätte eines kurfürstlichen Amtsfischers. Die Ölmühle, die bis Ende 1945 in Betrieb war, ist die letzte original erhaltene im Erzgebirge. Sie kann in Funktion besichtigt werden. Auf dem Freigelände sind ein Stampfwerk und eine Keilpresse aufgestellt. – In dem *Kalkwerk* ist ein technisches *Museum* untergebracht, in dem u. a. gezeigt wird, wie Kalk gebrannt wurde. 1945 wurden hier ausgelagerte Gemälde, u. a. die Sixtinische Madonna, z. T. schwer beschädigt.

Seiffen (27 km ö): Der v. Touristen viel besuchte Ort ist das Zentrum der Spielwarenherstellung im Erzgebirge. – Bei der *Dorfkirche* handelt es sich um einen achteckigen barocken Zentralbau mit hohem Zeltdach und symmetrischen Treppenanbauten, der 1777–79 erbaut wurde. Die qualitätsvolle Ausstattung stammt aus der Entstehungszeit. Bes. bemerkenswert ist ein Glashängeleuchter, der vermutlich aus der früheren Glashütte Heidelbach in S. stammt. – Die Hauptsehenswürdigkeit der urspr. Bergbausiedlung ist das *Erzgebirgische Spielzeugmuseum*. Hier kann man sich über die Geschichte des 300 Jahre alten Wirtschaftszweigs unterrichten. – Das *Reifendrehwerk* v. 1760 und weitere Zeugen der frühindustriellen Lebens- und Arbeitsverhältnisse (u. a. Kraftwerk, Werkstätten, Wohnhäuser) hat man in ein *Freilichtmuseum* verwandelt.

8250 Meißen

Meißen

Einw.: 36 800 | Höhe: 110 m | S. 258 □ H 8

Der Ort liegt an der Mündung der Triebisch in die Elbe am Nordrand der Dresdner Elbtalweitung.

929 wurde von König Heinrich I. auf dem Burgberg die Burg *Misni* (nach Thietmar von Merseburg) errichtet als Zentrum der deutschen Herrschaft im mittleren Elbegebiet. Sie war Sitz eines Markgrafen und seit 1068 der Burggrafen von Meißen. 968 stiftete Kaiser Otto I. das Bistum Meißen, das bis 1581 bestand. Ziel der Gründung waren Ostexpansion und Unterwerfung der Slawen. 1089 kamen Meißen und die Markgrafschaft Meißen an die Wettiner.

Nach vielen kriegerischen Auseinandersetzungen begann nun eine friedliche Entwicklung. Walther von der Vogelweide soll sich um 1210 in Meißen aufgehalten haben. Die Stadt entstand zwischen Burgberg und Elbe ungefähr dort, wo sich heute der Theaterplatz befindet, und entwickelte sich zu einem mittelalterlichen Wirtschaftszentrum inmitten des umliegenden bäuerlichen Besiedlungsgebiets, das zunächst slawisch bewohnt war. Bereits im 13. Jh. wurde eine Brücke über die Elbe errichtet. Im 14. Jh. wurden die verschiedenen Teile der mittelalterlichen Stadt durch eine Mauer umschlossen. 1543 wurde im ehemaligen Augustiner-Chorherrenstift, das 1205 gegründet worden war, die Landes- und Fürstenschule St. Afra eingerichtet. Zu ihren Schülern gehörten die Schriftsteller Christian Fürchtegott Gellert und Gotthold Ephraim Lessing. Die Landes- und Fürstenschule bestand bis 1942 als humanistisches Gymnasium. Für die Hofhaltung des Markgrafen wurde seit 1471 die Albrechtsburg erbaut, die jedoch nie als landesherrliche Residenz benutzt wurde, da 1485 Dresden von Georg dem Bärtigen (dem Nachfolger Herzog Albrechts) als Haupt- und Residenzstadt bestimmt wurde. 1637

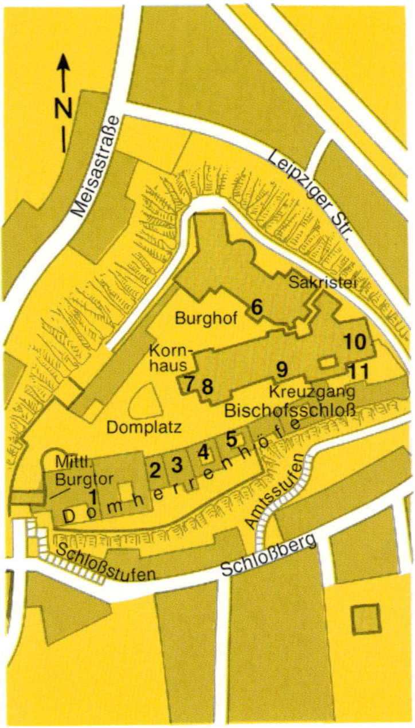

Meißen, Burgberg

Meißen, Burgberg 1 Burgkeller (Schotterei) **2** Domkeller (Glöcknerei) **3** Scholasterei **4** Dompropstei **5** Domdechantei **6** Gr. Wendelstein **7** Fürstenkapelle **8** Georgskapelle **9** Johanniskapelle **10** Maria-Magdalenen-Kapelle **11** Liebenstein

zerstörten die Schweden während des Dreißigjährigen Krieges Meißen weitgehend; der Ort sank auf die Stufe einer unbedeutenden Kleinstadt herab. Daran änderte auch 1710 die Gründung der Porzellanmanufaktur, der ältesten dieser Art in Europa, durch König August den Starken kaum etwas. Wirtschaftlichen Aufschwung brachten erst die Industrialisierung Anfang des 19. Jh. und der relativ späte Anschluß an die Eisenbahnstrecke Dresden-Leipzig 1860.

Die Frauenrechtlerin und Schriftstellerin Luise Otto-Peters wurde am 26.3. 1819 im Haus Baderberg 2 geboren. 1846 erschien ihr seinerzeit Aufsehen erregender Roman »Schloß und Fabrik«.

Burgberg: Auf dem Burgberg, der etwa die Form eines Dreiecks hat, befinden sich der Dom (mitten auf dem Domplatz) und an der Bergkante die Albrechtsburg, das ehem. Bischofsschloß, die Domherrenhöfe und das Kornhaus. Man erreicht den Domplatz v. W durch das äußere Burgtor aus dem 16. Jh. (Renaissancegiebel an der Stadtseite), über die Schloßbrücke, die angeblich 1221-28 erbaut wurde, und das Mitteltor. Jetzt hat man die W-Fassade des Doms vor sich. *Goethe,* der am 19.4. 1813 in M. übernachtete, schrieb in einem Brief an seine Frau Christiane Vulpius: »Der Dom ... hat aus mehreren Ursachen äußerlich nichts Anziehendes, inwendig aber ist es das schlankste, schönste aller Gebäude jener Zeit, die ich kenne, durch keine Monumente verdüstert, durch keine Emporkirchen verderbt, gelblich angestrichen, durch weiße Glasscheiben erhellt, nur das einzige Mittelfenster des Chors hat sich bunt erhalten. In eben dem Chor waren mir auffallend und neu die aus Stein gehauenen Baldachine über den Sitzen der Dom-

Meißen, Dom, Kreuzgang

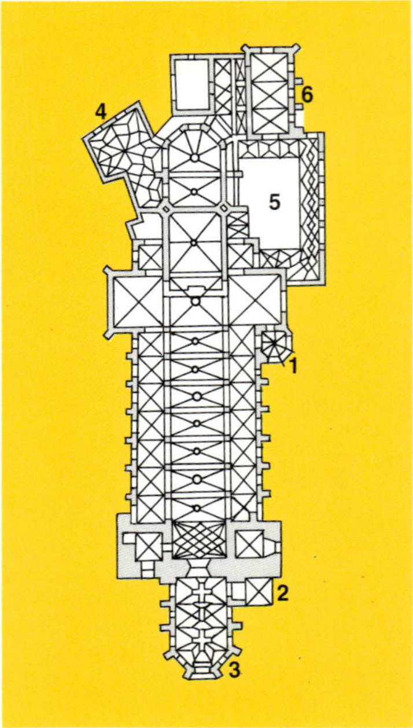

Meißen, Dom 1 Johanneskapelle **2** Georgskapelle **3** Fürstenkapelle **4** Sakristei **5** Kreuzgang **6** Maria-Magdalenen-Kapelle

herren. Es sind Kapellen und Burgen, die in der Luft schweben, und das Geistliche mit dem Ritterlichen wechselt immer ab. Eine höchst schickliche Verzierung, wenn man bedenkt, daß die Domherren altritterlichen Geschlechts waren.«

Dom: Mit dem Bau der dreischiffigen got. Kirche mit Querschiff wurde um 1260 begonnen. Sie ersetzte eine roman. ältere Bischofskirche (vermutlich um 1006 begonnen). Das Langhaus erhielt ab 1300 Hallenquerschnitt. An den langgestreckten frühgot. Chor schließt sich s ein kleiner Kreuzgang und an dessen O-Seite die Maria-Magdalenen-Kapelle aus dem späten 13. Jh. an. Zwischen Albrechtsburg und Domchor liegt die Sakristei; sie wurde 1504 als unregelmäßiger Raum mit Sterngewölbe und reicher Tür errichtet. Chor und Hallenlanghaus (hochgot.) werden durch einen frühgot. Lettner abgetrennt. Die Fertigstellung des Langhauses und der Untergeschosse der W-Türme fällt in das frühe 15. Jh. Das Obergeschoß der W-Türme wurde 1471–81 v. Arnold v. Westfalen erbaut, die Aufsätze und Helme (1904–09) schuf Karl Schäfer. Nach 1423 wurde vor dem W-Portal die Fürstenkapelle (Dreikönigskapelle) errichtet als Grablege der zur Kurwürde gelangten Markgrafen v. M. Das Gewölbe wurde vermutlich v. Moyses v. Altenburg geschaffen. Die Georgskapelle s der Fürstenkapelle datiert v. 1521–24 (1677 wurde sie v. Wolf Caspar v. Klengel umgestaltet). Zwischen s Seitenschiff und der w Querschiffswand liegt die zweistöckige Johanneskapelle (achteckig) aus der 2. Hälfte des 13. Jh.

Eine Hauptsehenswürdigkeit des Doms sind einige monumentale *Steinskulpturen* aus der Zeit um 1270, die aus der Werkstatt des Naumburger Meisters stammen und zu den bedeutendsten Werken dt. Plastik des 13. Jh. gehören. Im Chor befinden sich die

Meißen, Dom, Langhaus nach Osten

Meißen, Dom, Westportal, um 1400, mit Figurenbekrönung, nach 1423

Meißen, Dom, Georgskapelle, Frührenaissanceportal (l)

Meißner Porzellan der Frühzeit: Schloßvase mit indischen Deckor (um 1730)

Stifter des Doms (N-Seite), Kaiser Otto I. und seine Gemahlin Kaiserin Adelheid, sowie (S-Seite) Johannes d. Ev. und der hl. Donatus, in der Johanneskapelle sind eine Madonna sowie Johannes d. T. und ein Diakon zu sehen.

Von den urspr. 50 Altären des Doms sind, seit er 1581 ev. wurde, nur noch 3 erhalten: Der gemalte spätgotische *Flügelaltar im Hochchor* (im Mittelfeld die Anbetung der Könige, auf dem linken Flügel Philippus und Jakobus minor, auf dem rechten Bartholomäus und Jakobus maior), der vermutlich v. einem niederländischen Meister stammt und um 1500 geschaffen wurde, der *Laienaltar* vor dem Lettner, eine Arbeit der Cranach-Werkstatt, vermutlich von 1526 (Kreuzigung, Opfer Abrahams und Aufrichtung der ehernen Schlange), und ein *Flügelaltar in der Georgskapelle* (u.a. Beweinung Christi mit Engelreigen) v. Lucas Cranach d.Ä. aus dem Jahre 1534. Zur Ausstattung gehören weiterhin das Chorgestühl v. 1529 und eine Kanzel v. 1591.

Beachtung verdienen auch die *Grabdenkmäler:* die Bronzegrabplatten der Herzogin Barbara (†1534) und des Herzogs Georg (†1539) in der Georgskapelle sowie die Tumba Friedrichs des Streitbaren (†1428), die v. Bronzegrabplatten aus der Vischer-Werkstatt in Nürnberg umgeben wird, in der Fürstenkapelle. Hier ist auch ein Frührenaissanceportal sehenswert.

Albrechtsburg: Das dreistöckige Bauwerk mit ausgebautem Dach wurde 1471 v. Arnold v. Westfalen* begonnen und erst nach seinem Tod (1481) im Jahre 1525 fertiggestellt. Der Unterschied zu ma Bauwerken der Burgenarchitektur bestand in der einheitlichen Stockwerkhöhe und der bewußten Anlehnung an französische Vorbilder des Schloßbaus. Die spätgot. Anlage wurde im Dreißigjährigen Krieg beschädigt und erst ab 1662 wiederhergestellt. Von 1710 bis 1864 befand sich hier die Produktionsstätte der Porzellan-Manufaktur, da das ehem. Schloß bes. gut zur Geheimhaltung geeig-

Meißen, Albrechtsburg, Wendelstein, Detail

net war. Sehenswert sind der Wendelstein auf der Hofseite, der Große Saal sowie der Große und Kleine Bankettsaal im 1. Stockwerk mit dekorativen Rippengewölben, die Zellengewölbe der Hauskapelle an der O-Seite des Großen Saals sowie die komplizierten Gewölbe (Schlingrippengewölbe) des Wappensaals im 2. Stockwerk. Die Albrechtsburg wurde selten für Wohnzwecke genutzt und blieb weitgehend v. Umbauten verschont; sie gilt deshalb als der besterhaltene Profanbau der Gotik.
In dem Gebäude ist heute eine Abteilung zur mittelalterlichen Geschichte Sachsens und zur Baugeschichte der Albrechtsburg zu sehen. 1864–81 wurden die Säle der Albrechtsburg v. Professoren der Dresdner Kunstakademie historisierend ausgemalt, nachdem Mitte des 19. Jh. der Sächs. Altertumsverein die Verlagerung der Porzellanmanufaktur durchgesetzt hatte.

Bischofsschloß (Domplatz 3): Das dreigeschossige spätgot. Bauwerk wurde nach 1476 unter Bischof Johann v. Weißenbach als Bischofsschloß errichtet und nach 1518 fertiggestellt. An der Hofseite des v. außen schlichten Gebäudes befindet sich ein viereckiger Treppenturm, an der SO-Ecke ein mächtiger Rundturm (ein Eckpfeiler der alten Burganlage), der Liebenstein, mit glokkenförmiger Haube und schlanker Spitze (1722). Im 1. Obergeschoß sind überwiegend Zellengewölbe eingezogen.

Domherrenhöfe: Die spätgot. *Domdechantei* (Domplatz 5) wurde 1526 erbaut. Über dem Sitznischenportal ist eine Statue Johannes' d. Ev. zu sehen. – Das *Domherrenhaus* (Domplatz 6) ist ein zweistöckiger Barockbau v. 1726–28 mit Wappen der 1726 im Amt befindlichen Domherren. – Die *Dompropstei* (Domplatz 7), ebenfalls spätgot., wurde 1497–1503 errichtet. Die Dreiflügelanlage hat im rechteckigen Hof eine umlaufende Galerie im 1. Obergeschoß. Die Fassade zum Domplatz ist mit Vorhangbogenfenstern, spitzbogigem Haustor

Meißen, Domdechantei

Meißen, Frauenkirche

und Sitznischen geschmückt. Im Erdgeschoß befinden sich überall Zellengewölbe. – Am Domplatz 8 steht das ehem. *Wohnhaus v. Johann Joachim Kändler,* dem berühmtesten Modelleur der »Königlichen Porcellain Manufactur«. Der barocke Treppenanlauf aus Sandstein hat die Form einer aufgerichteten Vase und wurde vermutlich v. Kändler entworfen.

Kornhaus: Das langgestreckte, dreigeschossige Gebäude mit zweigeschossigem mittlerem Erker, Vorhangbogenfenstern und got. Toreinfahrten wurde etwa gleichzeitig mit der Albrechtsburg als Marstall, Gäste- und Vorratshaus errichtet. Es enthielt Küchen, Pferdeställe mit Platz für 80 Pferde und große Getreideschütträume. Nach 1710 dienten die Räume für die Porzellanmanufaktur. Seit 1897 war es Wohnhaus.

Prokuratoramt (Domplatz 4): Das ehem. kurfürstliche Prokuratoramt wurde 1609 bis 1614 erbaut und nach 1828 als Amtsfronfeste eingerichtet. Die gequaderte Rundbogeneinfahrt verfügt über eine rechteckige Seitentür.

Mittleres Burgtor (Domplatz 14): Es ist in der Bausubstanz spätgot. 1874–75 wurde es neugot. verändert durch Aufsetzen des steilen Walmdaches und der 4 Ecktürmchen sowie durch Anfügen eines Erkers. 1890 wurden in den got. Mauerblendbogen 2 Fliesenwandbilder eingefügt nach einem Entwurf v. A. W. Walther, dem Schöpfer des »Fürstenzuges« in Dresden.

WEITERE SAKRALBAUTEN

Frauenkirche (Markt): Mit dem Bau der dreischiffigen spätgot. Hallenkirche wurde um 1455 nach Bränden begonnen. Erstmals genannt wurde sie 1205. Um 1500 wurde sie gewölbt (Netzgewölbe). Bemerkenswert ist, daß das Langhaus breiter als lang ist. Mittelschiff und Chor (mit dreiseitigem Schluß) haben ein gemeinsames Sattel-

Meißen, St. Afra

Frauenkirche, Spätgot. Andachtsbild

dach. Der W-Turm mit frühgot. Unterbau (der blendengeschmückte Aufbau wurde 1547 vollendet) besitzt eine barocke Haube und Laterne. Hier ist auch das *1. Porzellanglockenspiel* der Welt (1929) aufgehängt. Die neugot. Ausstattung der Kirche stammt weitgehend aus dem 19. Jh. Der Mittelteil des Flügelaltars (Marienkrönung) datiert aus der Zeit um 1500 (spätgot.), die Flügel wurden Anfang dieses Jh. hinzugefügt. Bemerkenswert sind die Grabdenkmäler des 15. und 16. Jh. Bei der umfassenden Restaurierung 1976–82 wurde auch die spätgot. Farbigkeit des Innenraumes wiederhergestellt. Am ehem. Friedhof hinter der Frauenkirche steht das *Tuchmachertor,* ein um 1600 errichteter Spätrenaissancebau. In dem ehem. *Zunfthaus der Tuchmacher* v. 1520 befindet sich heute das Weinlokal Vincenz Richter.

Kirche des ehem. Augustinerchorherren-Stiftes St. Afra (Afrafreiheit): Die dreischiffige got. Basilika (das n Seitenschiff ist niedriger als das s) wurde im 13. Jh. erbaut und im wesentlichen im späten 14. Jh. gewölbt. Die Vorgängerkirche war um 1024–40 durch Bischof Dietrich I. gegr. worden. Die Schleinitzkapelle an der S-Seite des Langhauses wurde 1408 erbaut, die Vorhalle Ende des 15. Jh. An der N-Seite des Chors befinden sich die Sakristei mit Bibliothek (darüber) v. 1504 und die Taubenheimsche Kapelle v. 1454. Der niedrige Turm datiert v. 1766. Zur Ausstattung gehören u. a. eine Kanzel v. 1657 und ein Altar v. 1660 (im Mittelfeld Ecce-Homo, l Christus als Gärtner, r Christus und der ungläubige Thomas), die beide v. Valentin Otte und dem Maler Johann Richter geschaffen worden sind. Die ehem. *Stiftsgebäude* aus dem 15. und 16. Jh. sind teilweise erhalten. – Im Schulgebäude der ehem. Landes- und Fürstenschule St. Afra v. 1879 befand sich in der ehem. DDR die Hochschule für Landwirtschaftliche Produktionsgenossenschaften, in der leitende Kader für die LPGs ausgebildet wurden.
Sehenswerte Bauten an der *Afrafreiheit* sind weiterhin der *Jahnaische Freihof* v.

Meißen, Afranische Pfarre

Meißen. Kändler-Brunnen von 1960, nahe der Elbbrücke

1609–10, das *Burglehen* aus dem 16. Jh., das *Domherrenhaus,* das auf das 14. Jahrhundert zurückgeht, die *Afranische Pfarre* (14. Jh., im 16. bis 18. Jh. erweitert und umgebaut), die *Superintendentur,* das *Domherrenhaus* mit sehenswertem spätgot. Portal v. 1485 und das *Diakonat,* ebenfalls mit spätgot. Portal. Die Bezeichnung »Afrafreiheit« geht darauf zurück, daß hier – auf dem Afraberg – eine Anzahl befestigter Einzelhöfe weltlicher und klerikaler Feudalherren entstanden, die bis in das 19. Jh. hinein eine rechtliche Sonderstellung hatten.

Martinskirche (auf dem Plossenberg): Die einschiffige roman. Kirche wurde vermutlich um 1200 errichtet. Sehenswert ist die bemalte hölzerne Kanzel v. 1516 im Innenraum.

Nikolaikirche (im Triebischtal): Die urspr. roman. Kirche, die in der 2. Hälfte des 13. Jh. erweitert wurde, hat man 1923–28 zu einer Gefallenengedenkstätte umgestaltet. Die *Ausstattung* mit Porzellanepitaphen v. Paul Börner ist einmalig. Die Sandsteinfigur des hl. Nikolaus v. Myra datiert aus dem späten 14. Jh.

Trinitatiskirche (Ortsteil Zscheila): Frühgot. Bau aus der Mitte des 13. Jh. Die Gewölbe im Schiff wurden 1667–69 eingezogen. Im Chor finden sich got. Malereien (u. a. das Jüngste Gericht und Christus in der Mandorla). Den Altar schuf vermutlich Valentin Otte um 1655.

Urbanskirche (Ortsteil Cölln): Der einschiffige Barockbau wurde 1691–1701 errichtet. Zur Ausstattung gehören ein Altar v. 1701 und eine hölzerne Kanzel v. Valentin Otte v. 1655.

Wolfgangskirche (Ortsteil Obermeisa): Die einschiffige spätgot. Kirche mit flacher Holzdecke wurde im späten 15. und frühen 16. Jh. erbaut. Fenster, Portale und Gesims sind in den Formen der Bauhütte des Arnold v. Westfalen gestaltet.
Die Ausstattung umfaßt u. a. einen Altar (vermutlich v. Valentin Otte) von ca. 1660, der im Aufbau dem der Afrakirche verwandt ist, und ein spätgotisches Kruzifix. Eine Nutzung als Konzertstätte ist vorgesehen.

Meißen, Ruine des Benediktiner-Nonnenklosters Zum Hl. Kreuz

Meißen, Apotheke (Markt 4)

Ruine des Benediktiner-Nonnenklosters zum Hl. Kreuz (Ortsteil Klosterhäuser): Von der Klosterkirche aus dem 13. Jh. (spätroman.) sind nur noch u. a. Teile der Haupt- und der s Nebenapsis sowie die N-Wände v. Chor und Hauptschiff der Kirche und der Ostflügel der Klausur mit dem Kapitelsaal erhalten.

WEITERE PROFANBAUTEN

Bahnhof (Bahnhofstr.): Das Bahnhofsgebäude auf der rechten Seite der Elbe wurde 1928 v. Wilhelm Kreis errichtet.

Rathaus (Markt): Am Bau des spätgotischen Rathauses (1472–78) unter Verwendung älterer Gebäude in den unteren Teilen war wahrscheinlich Arnold v. Westfalen beteiligt.
Das rechteckige Gebäude ist im W-Teil zweistöckig, der O-Teil dreistöckig.

MUSEEN

Baugeschichtliche Sammlung →Albrechtsburg.

Stadtmuseum (Rathenauplatz 3): Das Museum ist in der dreischiffigen spätgot. Hallenkirche (errichtet 1447–57) eines um 1258 gegr. ehem. Franziskanerklosters untergebracht. Sie ist in 2 Stockwerke unterteilt. Im 19. Jh. benutzte man die Kirche als Lagerschuppen und Turnhalle. Von den Klostergebäuden sind nur noch Teile des Kreuzgangs erhalten; das Kloster wurde 1855 abgebrochen und an seiner Stelle die Stadtschule nach Plänen v. C. A. Schramm aus Zittau errichtet. Im 1900 eingerichteten Stadtmuseum sind kultur- und stadtgeschichtliche Sammlungen, u. a. 3000 Blatt Meißner Stadtansichten, Keramikarbeiten, Klein- und Standuhren und Kachelöfen zu sehen. Beachtung verdient auch das Richtschwert der Stadt M. aus dem 18. Jh. – Auf dem Rathenauplatz, dem ehem. Topf- und Fischmarkt, steht ein *Denkmal Heinrichs I.*, des Gründers der Burg M.

Staatliche Porzellan-Manufaktur (Leninstr. 9): Hier besitzt die Porzellanmanufaktur eine *Schauhalle* und eine *Vorführwerkstatt*. Die Manufaktur war 1710 auf der Albrechtsburg eingerichtet worden, nachdem der Alchimist Johann Friedrich Böttger 1708–09 das weiße Hartporzellan erfunden hatte. In der Schauhalle ist eine Modellsammlung v. den Anfängen bis zur

Bahra (Meißen), Schloß Hirschstein (unten)

Staatliche Porzellan-Manufaktur (rechts) >

Gegenwart zu sehen, u.a. Arbeiten v. Johann Gregorius Höroldt und Johann Joachim Kändler. – An Kändler erinnert auch ein *Brunnen* an der Brücke der Deutsch-Sowjetischen Freundschaft. Er wurde 1960 anläßlich der 250-Jahr-Feier der Porzellanmanufaktur errichtet.

Außerdem sehenswert: Das ehem. *Weinberghaus* in der Zscheilaer Str. 19 ist ein zweistöckiger Renaissancebau mit steilem Satteldach und Renaissancegiebeln aus dem 17. Jh. Er gehört heute zum Krankenhaus. – Sehenswert sind die zahlreichen Patrizier- und Handwerkerhäuser im Stil der Gotik oder der Renaissance, die sich am Markt oder in Marktnähe befinden, beispielsweise die *Apotheke* (Markt 4), ein Renaissancebau v. 1560 mit einer Eingangstür, die v. kannelierten Säulen auf hohem Sokkel flankiert ist, und das spätgot. *Bennohaus* (Markt 9) aus der 2. Hälfte des 15. Jh. Das gewölbte Erdgeschoß mit alten Wandmalereien, die got. Wendeltreppe und bemalte Holzdecken im 1. Stock machen das Bennohaus zu einem der beachtenswertesten Wohnhäuser der Stadt. – M. besitzt zahlreiche weitere Häuser v. architektonischem Interesse, u.a. das *»Hirschhaus«* (Markt 2), das Haus am Markt Nr. 3 (18. Jh.) mit der Inschrift »Napoleon 1. 10. 1813«, die Häuser am Rathenauplatz 1 und 7 und das Wohn- und Geschäftshaus in der Willi-Anker-Str. 1 (Ende 17. Jh.). – Eine Besonderheit ist auch die *Zinngießerwerkstatt Lehmann.* Sie befindet sich in der Burgstr. 27 und ist eine der ältesten erhaltenen Zinngießereien Deutschlands. Das alte Handwerkerhaus wurde 1605 errichtet; es besitzt Kellergewölbe, die älter als die Burg sind. Die Werkstatt ist noch heute in Betrieb.

Umgebung

Bockwen (4 km s): Bei Bockwen liegt über der Elbe *Schloß Siebeneichen.* Es wurde um 1550 errichtet, die jüngere Dreiflügelanlage entstand 1745. Im Schloßhof befinden sich zahlreiche Grabdenkmäler des 16. und

Nossen (Meißen), Betsäule
< (Anfang 15. Jh.) des Klosters Altzella

17. Jh. Zu Beginn des 19. Jh. war Schloß Siebeneichen ein kulturelles Zentrum der Frühromantik. Am Fuß des Parks aus der Zeit der Romantik liegt das hübsche *Försterhaus* (Ende 18. Jh.) mit spätgot. Spolien.
Coswig (10 km sö): Die spätgot. *Pfarrkirche* wurde 1497 erbaut und 1735 umfassend verändert. Der Innenraum ist bemerkenswert: Die hölzerne Kassettendecke (u. a. Jüngstes Gericht) und die untere Empore (u. a. Passion Christi) wurden 1611 bemalt. Der spätgot. Flügelaltar entstand Ende des 15. Jh.
Diesbar-Seußlitz (9 km nw): Das Dorf liegt im nördlichsten Weinanbaugebiet an der Elbe. Das *Schloß,* eine barocke Dreiflügelanlage, wurde 1726 von George Bähr im Anschluß an die Reste eines 1271 gegr. Klarissenklosters erbaut. Die urspr. got. Kirche dieses Klosters wurde 1726 von Bähr umgebaut. Der Innenausbau (Orgel, Emporenanlage und Kanzelaltar) stammt aus der Zeit des Umbaus. Die barocke Gartenanlage mit barocken Gartenplastiken wurde 1953 wiederhergestellt. Zielpunkt der Gartenanlage ist die einen terrassierten Hang bekrönende *Heinrichsburg.* Ihr gegenüber, jenseits des Schlosses, steht ein Winzerhaus *(Luisenburg).* Der jährliche traditionelle Heiratsmarkt erinnert an die Auflösung des Nonnenklosters.
Gauernitz (8 km sö): In der *Dorfkirche* im Ortsteil Constappel, einer ehem. Wallfahrtskirche (11. Jh., 1882–84 umgebaut), befindet sich eine bemerkenswerte Innenausstattung. Darunter eine Sandsteintaufe (2. Hälfte 16. Jh.), mit figürlichen Reliefs geschmückt, und 2 lebensgroße Bilder v. Luther und Melanchthon, vermutlich Kopien des 17. Jh. nach Lucas Cranach d. Ä. – Das große Schloß erhielt seine Neurenaissanceformen weitgehend im 19. Jh.
Heynitz (13 km sw): Das *Schloß* (heute Gemeindeamt) war urspr. ein Wohnturm inmitten eines künstlichen Sees. Die heutige Gestalt ist bestimmt durch den Ausbau Anfang des 16. Jh. Aus dieser Zeit stammen die verputzten Backsteingiebel mit spätgot. Maßwerkfüllungen und die Vorhangbogenfenster. Der kleine Innenhof wurde nachträglich als Treppenhaus ausgebaut. 2 Erker mit reichen Giebeln stammen aus dem Jahre 1585. 1850 und 1920 erfolgte jeweils ein Umbau.
Schloß Hirschstein (12 km nw; Gemeinde Bahra): Das imposant auf einem Felsvorsprung über der Elbe stehende Schloß geht möglicherweise auf eine Gründung König Heinrichs I. (nach 928) zurück. 1944 war hier der belgische König Leopold interniert. Jetzt Kinderheim. Älteste Bauteile sind die Südspitze und der Turm, barock die Turmhaube und der stattliche regelmäßige *(N-)Flügel* (um 1700).
Klipphausen (14 km sö): Hier steht die einzige erhaltene *Wassermühle* im Kreis M. In einem zweigeschossigen Fachwerkbau mit Satteldach befindet sich eine vollständige funktionsfähige Ausstattung des 19. Jh. mit Mahlgängen und Walzenstühlen.
Leuben (12 km w): Die auf einer Anhöhe liegende *Dorfkirche* mit einfachem Netzgewölbe wurde zu Anfang des 16. Jh. erbaut. Das s Portal ist spätgot.; sehenswerte Grabdenkmäler des 16. und 17. Jh.
Lommatzsch (12 km nw): Der Ort, Mittelpunkt der fruchtbaren Lommatzscher Pflege, wurde bereits in der Jungsteinzeit besiedelt. 1286 wurde er als Stadt an wichtiger Handelsstraße erwähnt. Die einschiffige spätgot. *Pfarrkirche* wurde 1504–14 v. Peter Ulrich v. Pirna erbaut. Der W-Turm ist spätroman. Er wurde v. Peter Ulrich erhöht und mit 3 Spitzhelmen abgeschlossen. Der einschiffige Chor mit $^{5}/_{8}$-Schluß besitzt ein Netzgewölbe (1520–21). Die Pfeiler und Gewölbe des Langhauses datieren v. 1890. Zur Ausstattung gehören u. a. ein mächtiger Altar v. 1714 v. Paul Heermann und eine Kanzel v. 1619 v. Paul Steudtke, deren Schalldeckel eine Figur des Auferstehenden trägt. Auf dem 1528 angelegten *Friedhof* findet sich die bemerkenswerte Gruft des Apothekers Bernhard, ein klassizistischer achteckiger Bau aus der Zeit nach 1827, der v. einer Kuppel gedeckt wird. – Am Kirchplatz 7 befindet sich ein *Heimatmuseum.* – Das *Rathaus,* ein einfacher rechteckiger Bau mit großem Dach und stattlichem Dachreiter, wurde nach einem Brand 1734–38 errichtet. 1908 wurde es umgreifend verändert. – Schlichte *Wohnhäuser* des 18. und 19. Jh. u. a. in der Meißner Str., der Frauenstr., der Döbelner Str. und der Kornstr.
Niederau (5 km ö): Neben dem Bayerischen Bahnhof in Leipzig steht hier das älteste erhaltene *Bahnhofsgebäude* Deutschlands: Es wurde 1842 an der Strecke Leipzig–Dresden errichtet. Neben dem Sta-

tionsgebäude sind noch die Wasserstation, Güterschuppen, Stallungen und eine Wagenremise vorhanden.
Nossen (20 km sw): Die ehem. Burg wurde 1180 erstmals genannt. 1430 wurde sie vom Meißner Bischof an das Kloster *Altzella* verkauft. An ihrer Stelle wurde 1554–57 der neue Saalbau des *Schlosses,* in malerisch schöner Lage auf dem Burgfelsen, errichtet; nach Zerstörungen im Dreißigjährigen Krieg kamen die heutigen Renaissanceanlagen hinzu. Zum Graben hin wird der Saalbau mit 3 Halbrundtürmen begrenzt. An der Hofseite liegt der Treppenturm, dessen Renaissanceportal unter dem Einfluß v. G. M. Padovano entstand. 1628–30 wurde das s Gebäude mit je 3 Giebeln erbaut. Nach dem Dreißigjährigen Krieg wurden auch die Brücke und der Küchenbau v. W. C. v. Klengel hinzugefügt. Im Schloß Nossen ließ August der Starke zu Anfang des 18. Jh. eine Zeitlang die Gräfin Cosel gefangenhalten. – Das *Heimatmuseum* im Schloß zeigt u. a. Jagdwaffen und Barockmöbel. – Die *Pfarrkirche,* ein Renaissancebau, wurde 1565 v. Andreas Lorentz aus Freiburg errichtet (nach 1722 erneuert). 2 Portale stammen v. der Ruine des Zisterzienserklosters Altzella (1. Hälfte 13. Jahrhundert): Das Portal an der W-Seite des Turmes war einmal das Portal des Kapitelsaals, das an der S-Seite das des Sommerrefektoriums. Das vor 1170 gegr. Zisterzienserkloster Altzella, sw der Stadt Nossen gelegen, war die größte Klosteranlage Sachsens. Von der gewölbten roman. Backsteinbasilika (ergrabener Grundriß ist gekennzeichnet) haben sich nur noch Reste der Westwand erhalten. An der Stelle des Chors, der Grablege der Wettiner, steht das 1677–80 von W. C. v. Klengel errichtete Mausoleum, das 1787–1804 umgestaltet worden ist. In ihm liegen figürliche Grabplatten (um 1270) und steht ein Marmormonument aus der Umgestaltungszeit. Vom O- und N-Flügel der Klausur sowie dem Kreuzgang sind nur Reste als Ruine erhalten. Die Bedeutung des ehem. Sommerrefektoriums im N ist noch zu ahnen. Erhalten hat sich der W-Flügel der Klausur mit dem restaurierten Winterrefektorium und dem Dormitorium darüber, das 1506 als Klosterbibliothek umgebaut worden ist

< Bockwen (Meißen), Schloß Siebeneichen

Scharfenberg (Meißen), Burg

(beachtliche spätgotische Balkendecken!). Das Klosterareal mit seiner hohen Mauer ist 1810 als Landschaftspark umgestaltet worden. Im weiteren Klosterbereich gibt es auch noch Reste mittelalterlicher Wirtschaftsgebäude.
Scharfenberg (6 km sö): Die *Burg Scharfenberg* wird im 13. Jh. erstmals erwähnt. Nach Zerstörungen im Dreißigjährigen Krieg wurde sie nach 1654 zu einem Renaissanceschloß ausgebaut. Man betritt die hoch über der Elbe gelegene Anlage, die v. einer Ringmauer umgeben ist, über eine Brücke und durch eine Durchfahrt mit Sterngewölbe (Mitte 16. Jh.). An der Hofseite der Durchfahrt befindet sich ein Portal aus dem 12. Jh. Giebel und Fenstereinfassungen sind v. der Renaissancearchitektur geprägt. Am Ende des 18. Jh. lebte hier eine Zeitlang der bedeutende Dichter der Romantik Novalis (Fr. Freiherr v. Hardenberg). Auf der Burg befindet sich heute ein *Heimatmuseum.* – Die *Dorfkirche* (1598) mit W-Turm v. 1717 lohnt einen Besuch wegen der zahlreichen Grabdenkmäler des

16. bis 19. Jh. Bes. sehenswert ist im Chor das Sandsteinwandgrab des A. v. Miltitz (†1738), das v. J. J. Kändler geschaffen wurde.

Schleinitz (14 km w): Die unregelmäßige *Schloßanlage* entstand im wesentlichen im 16. Jh. Ursprünglich war sie von einem Wassergraben umgeben. Vergleichsweise groß für die Anlage ist die ehem. *Kapelle* mit reichem Zellengewölbe und Sakramentsnische (1519). Die zum Schloß führende Brücke wurde 1781 errichtet.

Zehren (5 km nw): Das *Schloß Schieritz* bei Zehren beherrscht mit seinem 40 m hohen Turm das Landschaftsbild des Ketzerbachtales. Der ehem. Schloß- und Ritterguts-komplex wird 1350 erstmals genannt, die Bauzeit des Schlosses in seiner heutigen Form fällt in die Zeit zwischen 1556 und 1601. Im Winkel der beiden Gebäudeflügel erhebt sich der achteckige Treppenturm mit barocker Haube und Laterne. Zum Tal hin ist dem Schloß eine breite, ummauerte Terrasse vorgelagert.

7260 Oschatz

Oschatz

Einw.: 19200 Höhe: 130 m S. 258 □ H 8

Der Ort geht auf eine im 12. Jh. entstandene Kaufmannssiedlung zurück. Man nimmt an, daß Markgraf Otto der Reiche den Marktort Oschatz im Schutz einer Burg neben dem südwestlich gelegenen Dorf Altoschatz gründete. Durch die Lage an der wichtigen Fernhandelsstraße nach Polen und Schlesien begünstigt, entwickelte sich ein wohlhabendes Bürgertum. Auf dem *Marktplatz* bietet sich eine typische mittelalterliche Stadtansicht mit Marktbrunnen (1589), Turm des Rathauses und den beiden Türmen der Ägidienkirche.

Ägidienkirche: C. A. v. Heideloff erneuerte nach einem Brand (1842) die 1443 nach den Hussitenkriegen (Zerstörung durch die Hussiten 1429) spätgot. wieder aufgebaute dreischiffige Hallenkirche mit länglichem, v. Nebenkapellen flankiertem Chor über einer sterngewölbten *Achteckkrypta* (nur v. außen zugänglich) in neugot. Manier. Die Krypta dient als Substruktion des Chors wie in der Peterskirche in Görlitz. Von der Ausstattung (15.–17. Jh.) im kreuzrippen- und sterngewölbten Inneren der Pfarrkirche ist v. a. ein 1670 übermaltes *Tafelbild* (1578) mit Darstellungen zur Klosterlegende der Oschatzer Franziskaner v. Interesse. Ferner verdienen *Epitaphe* aus dem 16. und 17. Jh. Beachtung. – Am Kirchplatz, dem Kern der Altstadt, stehen noch *Bürgerhäuser* (z. T. mit Sitznischenportalen) aus dem 16. Jh.

Rathaus: Das mehrfach umgestaltete dreigeschossige *Renaissancerathaus* (1537) v. B. Kramer wurde nach dem Brand v. 1842 nach Entwürfen v. G. Semper erneuert. Ch. Walther d. Ä. schuf die figürlichen Brüstungsreliefs (1538) am laubenartigen Podest der zum Markt gerichteten Treppenanlage. – In der ehem. Ratsfronfeste (Frongasse 1) ist heute das *Heimatmuseum* mit Sammlungen zur Stadt- und Handwerksgeschichte eingerichtet. Von besonderem Interesse ist das hier untergebrachte *Waagemuseum* mit einer historischen Werkstatt eines Waagenbaumeisters aus der Zeit um die Jahrhundertwende. Die Waagenherstellung besitzt in O. eine lange und bedeutende Tradition.

Außerdem sehenswert: Die profanierte ehem. Franziskanerklosterkirche (14./15. Jh.) mit netzgewölbtem Inneren gipfelt in einem Achteckturm. – Ein spätgot. Schnitzaltar (1520) aus der ehem. Franziskanerklosterkirche überrascht im flachgedeckten Saal der 1583 begonnenen *Gottes-*

ackerkirche. – Wandmalereien (um 1400) findet man in der ma *Elisabethenkapelle*. Das *Alte Amtshaus* (1616) v. S. Hoffmann mit reicher volutenbestückter Fassade und der von G. Richter geschaffene *Brunnen* (1588) gereichen dem Neumarkt zur Zierde. – Erhalten sind Reste der ehem. *Stadtbefestigung* mit 2 Rundtürmen (1377 und 1479).

Umgebung

Calbitz (8 km nw): Unter Einbeziehung des alten W-Turms (13. Jh.) erbaute der Leipziger Baumeister D. Schatz 1724–27 die barocke *Dorfkirche*. Neuzeitliche Ausstattung.
Dahlen (11 km nw): Im neugot. Altarschrein der stern- und netzgewölbten spätgot. *Liebfrauenkirche* finden sich Heiligenfiguren (um 1520), die der sog. Meister des Döbelner Altares schnitzte. – Das ehem. *Barockschloß* (1744–51) mit Mittelrisalit und grottenverzierter Treppenanlage war 1763 preußisches Hauptquartier; 1973 wurde es bei einem Brand schwer beschädigt. Friedrich II. unterzeichnete hier (und nicht in Wermsdorf) den Friedensvertrag v. Hubertusburg.
Mügeln (10 km sw): M. Krodel d. Ä. gestaltete die Flügel (Auferstehung Christi, Ölbergszene; 1582) des Altares in der spätgot. *Hallenkirche St. Johannes* (frühes 16. Jh.). – Die NW-Ecke des hufeisenförmig angelegten *Barockschlosses* (17./18. Jh.) gipfelt in einem massigen Turm, in dem sich der sterngewölbte sog. Bischofssaal befindet. – Das *Heimatmuseum* (Schulplatz 4) birgt vor-, früh- und stadtgeschichtliche Sammlungen, darunter das Zinnfigurendiorama »Mügeln wehrt sich gegen die Schweden«. – Im Ortsteil *Altmügeln* befindet sich die stattliche *Dorfkirche* mit w Turm vermutlich v. 1135, die 1855 und 1880 umgebaut wurde. Chor und Langhaus wurden unter Bischof Johann VI. von Meißen 1487–1512 errichtet. Die in Felder aufgeteilte Flachdecke ist mit Malereien v. Johannes Roßberg aus O. bestückt (1720). Die Innenausstattung weist neben einem Holzkruzifix (16. Jh.) einen Kelch des 14. Jh. auf.
Wermsdorf (14 km sw): Das *Jagdschloß*

Pirna, Marienkirche >

Hubertusburg beherrscht das Ortsbild v. Wermsdorf. Der barocke Bau wurde 1743 bis 1751 v. J. Ch. Knöffel unter Benutzung eines älteren Gebäudes v. 1721 errichtet. Während des Siebenjährigen Krieges wurde die Inneneinrichtung mit Ausnahme der Schloßkapelle zerstört. Reicher figürlicher und ornamentaler Schmuck zeichnet die Kapelle aus, darunter ein Deckengemälde v. J. B. Grone und der Hauptaltar v. L. Mattielli.

P

8300 Pirna

Pirna

Einw.: 45200 Höhe: 123 m S. 259 □ I 9

Pirna liegt am Austritt der Elbe aus dem Sandsteingebirge der Sächsischen Schweiz. Die um 1200 planmäßig mit schachbrettartigem Straßenraster und rechteckigem zentralem *Marktplatz* im Schatten einer Burg am linken Elbufer errichtete Stadt gehörte zeitweilig zum Bistum Meißen und zu Böhmen. Der Ortsname geht auf das sorbische »na pernem« (»auf dem harten Stein«) zurück. Durch seine Bedeutung als Hafen und durch die Nähe zu Böhmen erlebte Pirna im 15./16. Jh. eine wirtschaftliche Blüte, die in den Baudenkmälern der Stadt ihren Ausdruck fand. Der in der Umgebung gebrochene Sandstein wurde bis nach Hamburg transportiert. Mit dem Bau der Eisenbahnlinie Dresden-Prag (1848-1852) setzte die Industrialisierung und ein neues Wachstum ein. – In Pirna wurde um 1460 der berüchtigte Ablaßprediger Johannes Tetzel geboren.

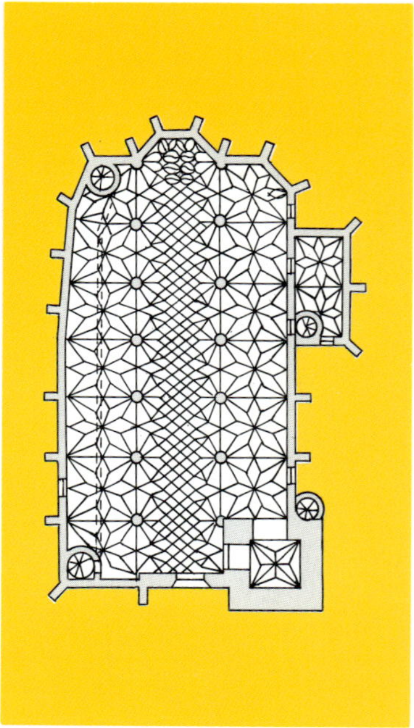

Pirna, Marienkirche

Marienkirche: Die 1466-79 und 1502-46 spätgot. erneuerte dreischiffige Stadtkirche (13.-19. Jh.) ist wegen ihrer eigenwilligen Konstruktionen v. P. Ulrich eine gern zitierte obersächs. Hallenkirche. Der Baumeister verwendete teils gängige spätgot. *Rippensysteme* (z. B. Netzgewölbe im Mittelschiff, Sterngewölbe in den Seitenschiffen), teils originelle Neuschöpfungen (freie Spiralrippen im O-Joch des s Seitenschiffes, Wellenrippen an der Apsiskalotte des Chors) und Manierismen (z. B. Rippenansätze in Form v. Baumästen). 1544-46 nach Einführung der Reformation wurden die Gewölbe überdies mit einem alt- und neutestamentlichen *Zyklus* bemalt. An der s Seite befindet sich ein spätgot. Portal mit Kleeblattbogen. Bemerkenswert ist auch die sehr große Dachkonstruktion. Die Haube des 1466-79 errichteten Turmes wurde im 18. Jh. aufgebracht. Prunkstücke der Ausstattung sind die spätgot. *Kanzel* (1525), der mit Kinder-

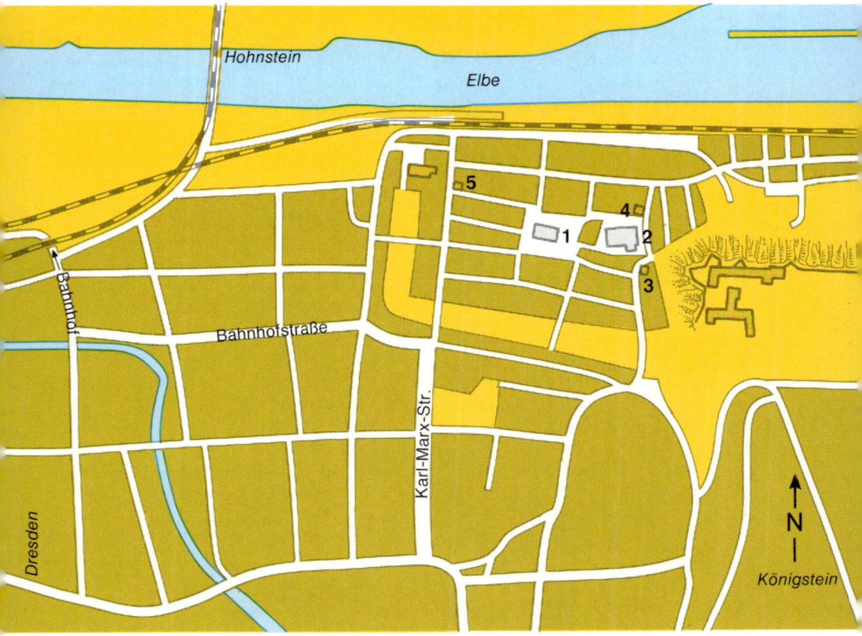

Pirna 1 Rathaus **2** Marienkirche **3** Obere Burgstr. 1 **4** Niedere Burgstr. 1 **5** Barbiergasse 10

Pirna

Pirna, Marienkirche

Bad Schandau (Pirna), Johanniskirche, Christus in der Rast

Bad Schandau (Pirna), Johanniskirche, Altar aus der Dresdner Kreuzkirche

figuren geschmückte *Taufstein* (1561) und der *Spätrenaissance-Altar* (Sintflut und Auferstehung Christi zwischen Jakobsleiter und Himmelfahrt des Elija, 1611) v. D. und M. Schwenke, die auch einige der bemerkenswerten Epitaphe (16.–18. Jh.) schufen.

Rathaus: Von zahlreichen schmucken *Patrizierhäusern* aus Renaissance- und Barockzeit umgeben, steht in der Mitte des rechteckigen Marktplatzes das prächtige *Rathaus* (1555, unter Verwendung der Bausubstanz von 1485). Der Bau mit Renaissancegiebeln und -portalen erhielt 1718 seinen abgetreppten barocken Turmaufsatz. 1822 und 1877 wurde er stark verändert. Im Rathaus war urspr. das Kaufhaus der Stadt mit Semmel-, Fleisch- und Schuhbänken sowie die Tuchhalle untergebracht.

Außerdem sehenswert: Neben dem Thüringer Flügelaltar und einer Pieta, beide aus spätgot. Zeit, lohnen auch ma Wandmalereifragmente einen Besuch der zweischiffigen Hallenkirche (14. Jh., nur Sarghaus erhalten) des ehem. *Dominikanerklosters,* in dem heute das *Kreisheimatmuseum* (im Kapitelsaalgebäude) mit Sammlungen zur Vor- und Frühgeschichte sowie zur Stadt- und Handwerksgeschichte eingerichtet ist. – Bemerkenswerte *Bürgerhäuser* aus der Zeit der Renaissance, die Höfe z. T. mit Galerien, befinden sich u. a. am Markt Nr. 7 (sog. Canalettohaus; es diente Canaletto als Motiv) und Nr. 12, in der Oberen Burgstr. 1 (Teufelserker), in der Niederen Burgstr. 1 (um 1540–45, mit prächtigem Portal) und in der Barbiergasse 10 (Engelserker). – Zahlreiche *Brunnen* sind auf den *Plätzen* der Altstadt aufgestellt. – Einen Besuch lohnt auch die ö vor der Altstadt liegende Siedlung »Am Plau«, eine ehem. Fischer- und Schiffersiedlung mit kleinen zweistöckigen Häusern.

Umgebung

Bad Gottleuba (15 km s): Der Sanatoriumsort wurde in einheitlichem Jugendstil von der Architektenfirma Schilling & Gräbner geplant und bebaut. Die Gesamtanlage ist ein sehr seltenes bauliches Denkmal. Schilling & Gräbner werden mit der Wiener Se-

Pirna, Spätgot. Bürgerhausportal, Detail (mit Renaissance-Aufsatz)

Dohna (Pirna), Blick von der Burg zur Marienkirche

zession verglichen. Die *Stadtkirche* mit älterem Chor wurde um 1525 erbaut. Später ergänzt wurden die Netzgewölbe. Ein reichgegliedertes Portal befindet sich an der n Seite des Chores. - Der Ort wird geprägt durch die große Anlage der Heilstätte (1913 durch Schilling & Gräbner). In der Nähe des Ortes liegt eine 1964-76 errichtete mächtige *Talsperre.*

Bad Schandau (18 km sö): H. Walther gestaltete 1574-79 das qualitätvolle Altarretabel als einen der ersten protestantischen Altäre Sachsens in der *Johanniskirche,* die 1709 nach dem Brand v. 1704 geweiht wurde. Der Altar war urspr. in der Kreuzkirche in Dresden und v. 1768 bis 1906 in der Annenkirche (ebenfalls Dresden) aufgestellt und kam erst 1927 nach Bad Schandau. Beeindruckend auch die spätgot. *Christus-in-der-Pest-Figur.* - Am Markt steht der *Brauhof* mit 1680 datiertem Barockportal und rückwärtigem Treppenturm. - Exponate zur Geschichte der Stadt und der Elbschiffahrt werden im örtlichen *Heimatmuseum* (Badallee 10-11) gezeigt. - *Fachwerk- und Umgebindehäuser* (18. Jh.; Häuser mit Laubengängen und Außentreppen) sind im Ortsteil *Postelwitz* und in *Schmilka* zu sehen. - 4 achteckige Sandsteinpfeiler mit 13,5 m Höhe bis zur Schienenoberkante besitzt die 1874-76 erbaute *Königin-Carola-Brücke,* die urspr. als gemeinsame Eisenbahn- und Straßenverkehrsbrücke diente.

Burkhardswalde (8 km sw): Die rechteckige, flachgedeckte Dorfkirche besitzt einen schmaleren, dreiseitig geschlossenen Chor. Der zweigeschossige Emporeneinbau und die übrige Ausstattung (Kanzelaltar und Orgelprospekt) entstanden nach der Mitte des 18. Jh. - der Turm besitzt eine Inschrift von 1752. Beachtenswert ist die n an den Chor angefügte Bünauische Begräbniskapelle mit zweijochigem Sterngewölbe.

Dohna (6 km w): In der kreuzrippen- und sterngewölbten dreischiffigen Halle der spätgot. *Marienkirche* (15. Jh.) befindet sich eine harmonische Ausstattung aus der Spätgotik, ein aufwendig dekorierter Taufstein und der Flügelaltar v. 1518. - Von der im 15. Jh. durch die Meißner Markgrafen eroberten und zerstörten *Burg Dohna* ist der ma Rundturm (restauriert) erhalten.

Goes (4 km s): Der Ort bietet mit seinen Drei- und Vierseithöfen trotz mancher An- und Neubauten ein reizvolles Denkmal

Großsedlitz (Pirna), Barockgarten, Blick von der »Stillen Musik«

Großsedlitz (Pirna), Barockgarten, »Stille Musik«

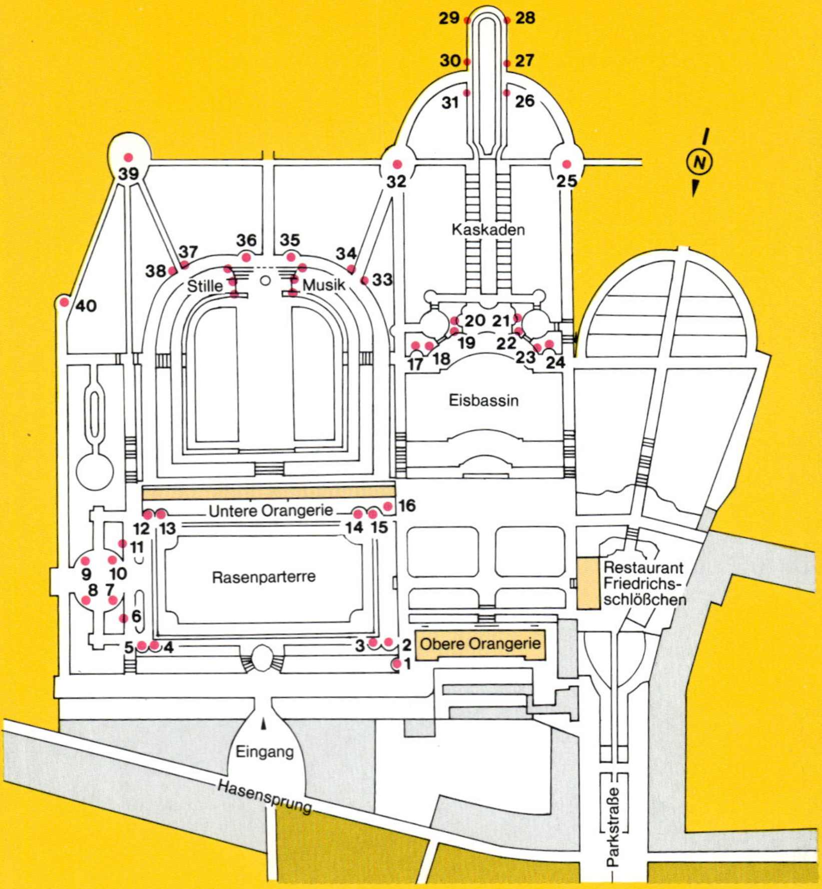

Großsedlitz (Pirna), Barockgarten 1 Andromeda **2–5** Göttin der Früchte (Pomona) und der Blumen (Flora) **6** Venus (Aphrodite) **7** Victoria (Nike) **8** Fischfang **9** Diana (Artemis) **10** Hygieia **11** Adonis **12–15** Göttin der Früchte (Pomona) und der Blumen (Flora) **16** Melpomene **17** Keyx und Halkyone **18** Meleagros und Atalante **19** Apollo und Daphne **20** Narkissos und Echo **21** Orpheus und Eurydike **22** Pan und Syrinx **23** Amor und Psyche **24** Bacchus und Ariadne **25** Juno (Hera) **26** Amerika **27** Afrika **28** Luft und Erde **29** Feuer und Wasser **30** Asien **31** Europa **32** Rhea (Kybele) **33** Herbst **34** Sommer **35** Juno (Hera) **36** Jupiter (Zeus) **37** Frühling **38** Winter **39** Herkules (Herakles) **40** Merkur (Hermes)

»Auf der Festung Königstein«: Blick ins Bielatal >

Königstein (Pirna), Festung 1 Eingang **2** Georgenburg **3** Magdalenenburg **4** Torhaus **5** Brunnenhaus **6** Schatzhaus **7** Kasematten **8** Altes Zeughaus **9** Friedrichsburg **10** Alte Kaserne

bäuerlicher Bauweise. Der Grundriß des Ende des 14. Jh. erstmals genannten Runddorfes ist noch gut erhalten. Bes. interessant ist die Gruppierung der Höfe mit ihren Giebelseiten um den Dorfplatz und seinen Teich.

Graupa (4 km nw): An den Aufenthalt v. Richard Wagner, der hier 1846 an seiner Oper »Lohengrin« arbeitete, erinnern das zur Gedenkstätte erhobene *Lohengrinhaus* und eine Stele v. R. Guhr vor dem *Jagdschlößchen Groß-Graupa.*

Großsedlitz (4 km w): Die größte und bedeutendste sächs. barocke Parkanlage, der *Barockgarten Großsedlitz,* wurde seit 1719 angelegt, mehrfach in der Planung verändert und nie vollendet: 1719 kaufte der Gouverneur v. Dresden, August Christoph Graf v. Wackerbarth, das abgebrannte Gut und ließ v. J. Ch. Knöffel eine ausgedehnte Planung fertigen. Davon wurden das Schloß, die obere Orangerie und ein Gewächshaus erbaut. Nur etwa die knappe Hälfte (O-Seite) des Zentrums der Anlage wurde gärtnerisch in Angriff genommen. Da fand August der Starke an dem Projekt Interesse, kaufte das Grundstück 1723 im geheimen, um es 1726 vor der Öffentlichkeit zu übernehmen. Er wollte einen repräsentativen Festplatz für die jährlichen Feste der Träger des Polnischen Weißen Adlerordens schaffen. Ein größeres Schloß sollte hinter der oberen Orangerie entstehen, und diese mußte wieder beseitigt werden. Als Ersatz mußte aus dem Gewächshaus eine untere Orangerie werden. Die v. der oberen Orangerie ausgehende Achse wurde so zur neuen Haupt- und Symmetrieachse (mittels einer Kaskade). Das Parterre vor der neuen unteren Orangerie aber sollte der Festplatz für die Festschießen werden.

Aus dem Bau des neuen Schlosses wurde nichts, und damit blieb auch die obere

Hohnstein (Pirna) mit Burg

Orangerie erhalten. Auch die w Hälfte des Gartens wurde nie begonnen. 2 Flügel der Dreiflügelanlage des Schlosses Wackerbarths wurden 1871 sogar abgerissen, so daß nur noch, umgebaut, 1 Flügel, das Friedrichschlößchen, vorhanden ist. Wohl Knöffel, Z. Longuelune und M. D. Pöppelmann haben an dem großen Projekt mitgearbeitet, zahlreiche Skulpturen entstanden durch bedeutende Bildhauer des Hofes. Ein Höhepunkt der Anlage ist die mit musizierenden Putten geschmückte Treppenanlage, die sog. Stille Musik.

Hohnstein (15 km ö): In Anlehnung an die Burg (13. Jh.) entstand eine kleine Ansiedlung, die 1445 erstmals als Stadt genannt wurde. Die urspr. Anlage der ma *Burg* ist in der Bebauung des 17./18. Jh. erhalten geblieben. In der Zeit des Nationalsozialismus diente die Burg 1933-34 als Konzentrationslager. - Die *Stadtkirche* wurde nach einem Brand 1725-26 wiedererrichtet (Entwurf: G. Bähr), wobei erhalten gebliebene Umfassungsmauern benutzt wurden. Der fast quadratische Innenraum hat abgeschrägte Ecken und an 3 Seiten umlaufende zweigeschossige Emporen. G. Kirchner schuf 1728 den Kanzelaltar. - Von den *Häusern* des Ortes, darunter zahlreiche Fachwerkbauten, sind das *Rathaus* mit Dachreiter (vermutlich 1688) und die *Apotheke* am Markt (1721) hervorzuheben.

Königstein (15 km sö): Auf einem 360 m hohen Tafelberg oberhalb des Ortes und 261 m oberhalb der Elbe liegt die einst mächtigste *Festung* in Deutschland. Sie wurde urspr. um 1200 für die Könige v. Böhmen als Burg errichtet und wird 1241 erstmals erwähnt. 1408 kam sie an die Markgrafschaft Meißen. Ab 1589 wurde sie zur Festung ausgebaut. Nach Umbauten im 17. und 18. Jh. war sie die stärkste Befestigungsanlage in Deutschland. Seit 1591 befand sich hier das sächsische Staatsgefängnis. Die prominentesten Häftlinge waren vermutlich der Porzellanmacher Johann Friedrich Böttger (1706-07), der Revolutionär Michail Alexandrowitsch Bakunin (1849-50), der Gründer der Sozialdemokratischen Partei August Bebel (1874), der Dramatiker Frank Wedekind (1899 bis 1900) und der Karikaturist und Graphiker Thomas Theodor Heine (1899). 1870-71 sowie während des 1. und 2. Weltkrieges wurden in der Festung Offiziere der Kriegsgegner gefangengehalten, so während des 2. Weltkrieges der Generalstab der französischen Armee. Einem Offizier gelang eine spektakuläre Flucht; er baute anschließend den Widerstand in Frankreich mit auf. Die 9,5 ha große Festungsanlage ist ca. 550 m lang und bis zu 350 m breit. Von ihr hat man einen guten Blick auf das umliegende Elbsandsteingebirge und die Elbtalweitung bis nach Meißen. Der *Haupteingang* der Festung (nach 1590) wird v. 3 Zugbrücken gesichert. Von hier aus führen der *dunkle* und der *helle Aufgang,* die v. Hand aus dem Felsen gehauen wurden, auf das Festungsplateau. Hier stehen die *Georgenburg* v. 1619, in der J. F. Böttger als Gefangener Augusts des Starken mit alchimistischen Mitteln Gold machen sollte, und die *Magdalenenburg* v. 1622-23 mit einem Felsenkeller v. 1591, in dem 1725-1819 das Riesenfaß (250 000 l; es war nur einmal gefüllt) stand. Weitere Sehenswürdigkeiten sind das *Torhaus* v. 1589 mit Reliefbild Augusts des Starken mit kursächsisch-polnischem Wappen, das *Kommandantenhaus* v. 1443, das *Brunnenhaus* v. 1715 (Matthäus Daniel Pöppelmann) - der Brunnen, der 1563-69 v. Freiberger Bergleuten gebaut wurde, ist 152,2 m tief und 3,5 m breit, seine Sohle liegt 88 m über der Elbe; bis 1967 diente er zur Wasserversorgung der Festung -, das *Schatzhaus* v. 1853, die *Kasematten,* in denen während des 2. Weltkriegs Teile der Dresdner Kunstsammlung aufbewahrt wurden, das *Alte Zeughaus* im Renaissancestil v. 1594 und die barocke *Friedrichsburg* v. 1731. Auf der Festung sind eine Sammlung sächs. Geschütze des 15. bis 18. Jh., u. a. das Riesengeschütz »Faule Magd« v. 1450, eine Sammlung moderner Waffen und eine *August-Bebel-Gedenkstätte* untergebracht. - Königstein besitzt eine schöne barocke *Pfarrkirche,* die 1720-24 unter Mitwirkung v. George Bähr errichtet wurde. Nach einem Brand hat man sie 1810-22 klassizistisch erneuert.

Liebstadt (14 km sw): Malerisch über der Stadt liegt *Schloß Kuckuckstein,* das seit 1791 so bezeichnet wird und ein Zentrum der Romantik war. Die Anlage, die bis 1402 im Besitz der Burggrafen v. Dohna war, wurde nach Zerstörungen 1402 und 1426 bis 1429 im 15. und 16. Jh. wieder aufgebaut. 1798-1851 erfolgte durch H. G. und C. A. v. Carlowitz eine weitgehende Umgestaltung. Um 1800 wurde die Anlage zunächst in romantischem Stil als Burg er-

Weesenstein (Pirna), Schloß (unten)

Rathen (Pirna), Bastei >

gänzt. In den Besitz eines Industriellen geraten, wurde es dann zu einer Art Märchenburg mit neuem Bewuchs usw. umgebaut. Der w Flügel besitzt spätgot. Vorhangbogenfenster; im kleinen rechtekkigen Hof nö ein Wohnturm mit gewölbten Räumen und Rittersaal. Vor kurzem wurde entdeckt, daß sich hier offenbar ein Hauptsitz der sächsischen Freimaurerei befand. Der *Park* hinter dem Schloß wurde 1780 bis 1800 angelegt. - Die *Alte Försterei* ist ein einfacher zweigeschossiger Bau mit großer Toreinfahrt, hohem Walmdach und Außentreppe. - 1499 entstand die *Stadtkirche* v. Liebstadt. Der flachgedeckte einschiffige Bau erhielt im 19. Jh. Emporen. Das Mittelbild des Flügelaltars (Ende 15. Jh.) wurde v. einem niederländischen Meister gemalt. Bemerkenswert sind auch zahlreiche Grabdenkmäler des 17. und 18. Jh.

Lohmen (8 km nö). J. D. Kayser schuf 1786 bis 1789 die barocke *Pfarrkirche* in Form eines querliegenden Achtecks. Die Ausstattung stammt überwiegend aus der Entstehungszeit.

Rathen (20 km ö): Über dem ehem. Fischer- und Schifferdorf und heutigen Kurort mit seiner *Alten Mühle* (1567) thront die Ruine der ma *Burg Altrathen.* Auf dem Weg zum Aussichtspunkt der wildromantischen *Bastei* (309 m), v. der man einen weiten Blick über das gewundene, 200 m tiefer liegende Elbtal genießt, gelangt man auch zur *Felsenburg Neurathen* (13.-14. Jh.), einer v. böhmischen Rittern angelegten Naturfestung, die mit ihren in den Felsen gehauenen Gemächern, ma Befestigungsanlagen, nachgebauten Wehrgängen und über Felsenklüfte (bis zu 60 m tief) führenden Stegen seit 1984 wieder besucht werden kann. - Die *Felsenbühne Rathen* im Wehlgrund unterhalb der Bastei ist mit 2000 Plätzen und einer beeindruckenden Naturkulisse ein viel besuchtes Freilichttheater.

Sebnitz (31 km ö): In der Mitte der im 13. Jh. gegr. Stadt mit großem Marktplatz befindet sich die *Stadtkirche St. Petrus und Paulus* mit spätgot. dreiseitig geschlossenem Chor (Ende 15. Jh.) und fast quadratischem Schiff v. 1619. Zellengewölbe und n Turm stammen aus dem Jahre 1928. Die Malereien an der Kassettendecke hat vermutlich Hans Panitz ausgeführt (1619). Der Dresdner Maler G. Burchardy hat 1689 die Brüstungsfelder der zweigeschossigen hölzernen Emporen mit biblischen Szenen versehen. Beachtenswert ist auch der v. M. Kotte aus Schandau 1586 geschaffene Altaraufsatz.

Weesenstein (7 km sw): 1318 wurde die ehem. Schutzburg an der Handelsstraße nach Böhmen erstmals urkundlich erwähnt. Unter Benutzung älterer Teile entstand das *Schloß* in seiner heutigen Gestalt im 16. Jh. Der Rundturm um 1300 erhielt im 18. Jh. eine hübsche Haube aufgesetzt. Der Neubau der *Schloßkapelle* wurde 1738-1741 nach einem Entwurf von J. G. Schmidt ausgeführt. Im Inneren u. a. ein prächtiger Kanzelaltar. - Der *Park* in französischem Stil wurde 1781 angelegt. - In den Schloßräumen befindet sich das *Kunstmuseum* mit einer großen und sehr bedeutenden *Tapetensammlung.*

< *Plauen, Johanniskirche*

9900 Plauen

Plauen

Einw.: 74000 Höhe: 400 m S. 258 □ F 9

Die seit langer Zeit für ihre Plauener Spitzen bekannte Stadt wurde als *vicus plawe*

Königstein (Pirna), Festung, Zugbrücke

Plauen, Lutherkirche, Wandelaltar, Detail

Plauen, Altes Rathaus

1122 erstmals erwähnt. Unter der Herrschaft der Vögte von Gera und Weida sowie des Deutschordens wurde sie als ein Zentrum des Vogtlandes und alter Verkehrsmittelpunkt planmäßig erneuert und um eine *Steinbrücke* (1230/40) über die Weiße Elster bereichert. Seit dem 15. Jh. stieg Plauen zur dominierenden Webereistadt Sachsens auf. Einen starken Industrialisierungsschub erlebte die Stadt nach dem Anschluß an das Eisenbahnnetz 1851. Trotz der Zerstörungen durch mehrere Stadtbrände und die Bomben des letzten Weltkriegs (75% der Stadt waren betroffen) bewahrt die Altstadt einiges von ihrem mittelalterlichen Charme.

Johanniskirche: Anstelle einer roman. Pfeilerbasilika (um 1230) des Dt. Ritterordens, v. der die v. Tri- und Biforenfenstern durchbrochenen (und mit achteckigen Barockhauben bekrönten) beiden W-Türme erhalten sind, wurde nach dem großen Stadtbrand v. 1548 der Wiederaufbau in der Form einer spätgot. Hallenkirche durchgeführt. Die Türme erhielten 1635 nach einem Brand achteckige Aufsätze und welsche Hauben. Bes. bemerkenswert ist die n des Chores liegende Vogtskapelle (1322) mit Sterngewölbe. Im sterngewölbten dreischiffigen Innenraum mit umlaufenden steinernen *Emporen* verdienen ein hochgot. *Kruzifixus* (14. Jh.) sowie die *Taufe* und der *Flügelaltar* mit Schreinfiguren (Muttergottes zwischen Johannes d. T. und Heiliger, um 1510) aus der Spätgotik Beachtung. Die hölzerne Kanzel (2. Hälfte 17. Jh.) stand urspr. in der Nikolaikirche in Görlitz.

Lutherkirche: Die 1693–1722 über dreipaßförmigem Grundriß erbaute ehem. Gottesackerkirche birgt im Inneren mit barocken *Doppelemporen* einen kunsthistorisch bedeutenden spätgot. *Doppelflügelaltar,* ehemals aus der Leipziger Thomaskirche, dessen Schreinreliefs (um 1500) aus einer Erfurter Werkstatt stammen.

Altes Rathaus: Der prächtigen Renaissancefassade des Alten Rathauses (1508, restauriert) gereichen spätgot. Vorhangbogenfenster und der pilastergegliederte Wellengiebel mit der Kunstuhr zum Schmuck. 1912 wurde das Gebäude ver-

Plauen, Johanniskirche, Innenraum

Plauen, Johanniskirche, Flügelaltar, Geburt Jesu

Plauen, Vogtlandmuseum

Im Vogtland bei Plauen: Jößnitz >

Kürbitz (Plauen), Schloßruine und Dorfkirche

Jocketa (Plauen), Elstertalbrücke

Riesa, Marienkirche

bunden mit dem neu erbauten Neuen Rathaus. – Im Alten Rathaus ist eine ständige *Ausstellung des Vogtlandmuseums* über die Geschichte der Stickerei- und der Spitzenindustrie mit besonderen Exponaten der Plauener Spitze zu sehen.

Vogtlandmuseum (Nobelstr. 9–13): Neben vor- und frühgeschichtlichen Sammlungen werden im *Kreisheimatmuseum,* das in 3 ehem. *Baumwollhändler-Patrizierhäusern* (18. Jh.) eingerichtet ist, kirchliche Plastiken aus dem MA sowie Spitzen, Gardinen, Möbel und Kleinkunst aus Barock und Biedermeier (u. a. ein böhmischer Reliefintarsienschrank) gezeigt. – Eine stattliche klassizistische Fassade mit girlandengeschmücktem Mittelrisalit ziert auch das *Nachbarhaus* (Nr. 7).

Außerdem sehenswert: Das großartige *Weisbachsche Haus* am Mittelgraben, um 1778 als Kattundruckerei erbaut, 1945 schwer beschädigt, imponiert noch immer, gleichsam als Barockpalais. – Vom ehem. *Schloß der Vögte* (13.–17. Jh.) sind Teile des Palas-Querbaus, des N-Turms und des Bergfrieds erhalten. – Das barocke *Malzhaus* (1727) bezieht Fragmente der roman. *Burg der Eversteiner* (um 1190/1200) mit ein. – Der *Nonnenturm* (restauriert) gehörte zu der ehem. *Stadtbefestigung.* – Ein interessantes technisches Denkmal ist die 1903–05 errichtete *Friedensbrücke.* Mit einer Höhe v. 18 m und einer Spannweite v. 90 m zählte sie zu den größten Steinbogenbrücken Europas.

Umgebung

Auerbach (25 km ö): Der um 1300 v. den Vögten v. P. gegr. Ort wurde planmäßig mit gitterförmigem Straßennetz angelegt. Nach einem Brand 1757 wurden die Reste des Schlosses und der Stadtmauer abgetragen. Der *Schloßturm* wurde wiedererrichtet und 1909 auf 43 m erhöht (Aussichtsturm). – Die *Stadtkirche St. Laurentius* wurde 1834

an der Stelle eines älteren Vorgängerbaus als neugot. Saalkirche erbaut. Sie besitzt stuckierte Rippengewölbe.
In der *Nikolaikirche* (15. Jh., mehrfach verändert) befindet sich ein Altar (1701) v. Gottfried Ullrich aus Zwönitz. – Die *Heimatstuben* im Schloßturm des ehemaligen *Rittergutes* zeigen stadt- und burggeschichtliche Sammlungen (u. a. reiche Zinngeschirrkollektion) und sind bekannt für ihre Weihnachtspyramidenausstellung (November/Dezember).

Falkenstein (22 km ö): Die neugot. *Stadtkirche Heiligkreuz* mit Emporen und schlankem w Turm wurde 1869 v. dem Semper-Schüler C. F. Arnold aus Dresden errichtet.
Falkensteiner Schnitzwerke (19. Jh.) und vogtländische Trachten werden im *Heimatmuseum* gezeigt.

Jocketa (7 km nö): Am Eingang des Triebtals wurde 1846–51 v. bis zu 900 Arbeitern unter Leitung der Ingenieure Kell und Wilke die *Elstertalbrücke* errichtet. Mit einer Länge v. 281 m und einer Höhe v. 69 m zählt sie neben der Göltzschtalbrücke zu den bedeutendsten Eisenbahnbrücken der Verkehrsgeschichte. Nach einer Sprengung am Ende des 2. Weltkrieges wurde sie 1946–50 wieder aufgebaut.

Jößnitz (5 km n): In der *Dorfkirche* v. 1755 befindet sich u. a. ein sehenswertes Altargemälde aus der Cranach-Werkstatt (16. Jahrhundert).

Kürbitz (7 km sw): In der dreischiffigen Halle der *Spätrenaissance-Dorfkirche* (1624 bis 1626) mit Wandmalereien (17. Jh.) im s Seitenschiff sind der beachtliche spätgot. Flügelaltar (Muttergottes zwischen den Aposteln Petrus und Paulus; um 1500), eine Pieta-Skulptur (um 1510) und die v. einer Mosefigur gestützte Kanzel (1626) v. Interesse. Die stattliche Kirche gilt als die bedeutendste Dorfkirche des Vogtlandes. Das benachbarte *Schloß* wurde jüngst brandgeschädigt.

Leubnitz (8 km nw): Neben dem *Schloß*, einem 1794 errichteten zweigeschossigen Rechteckbau mit feiner Pilastergliederung und klassizistischem »Weißen Saal« (im 1. Stock), ist der im gleichen Jahr angelegte *Landschaftspark* im Elmbachtal äußerst sehenswert.

Oelsnitz (9 km sö): Die zweischiffige *Jakobikirche* (13.–19. Jh.) mit unregelmäßigem Grundriß und Chorflankentürmen besitzt ein schönes Altarbild (Kreuzigung Christi; 1770) von C. Langer. – Ein guter spätgot. Kruzifixus (1515) und eine Kanzel aus der Zeit um 1600 befinden sich in der ehem. *Spitalkirche* (1612–16; heute Katharinenkirche).
Die im 19. Jh. ausgebaute ma *Burg Voigtsberg* nö v. Oelsnitz (13.–15. Jh.) besitzt einen Bergfried, einen Palas, die ehem. Burgkapelle St. Georg sowie eine durch 3 Türme verstärkte Schildmauer und den ma Zwinger.

Straßberg (3 km sw): Die aus einer spätgot. Vorgängerin hervorgegangene *Renaissance-Dorfkirche* (16./17. Jh.) fällt durch ihren viergeschossigen Westbau auf, dessen 2. Obergeschoß 1626 mit Fresken ausgemalt wurde. Im einschiffigen Inneren der kreuzgratgewölbten Wandpfeilerkirche befinden sich eine qualitätvolle Schreinfigurengruppe (Anna selbdritt, um 1500) im spätgot. Flügelaltar und eine weitere gleichzeitige Skulpturengruppe (Geißelung Christi). Die Orgel über dem Kanzelaltar schuf J. G. Trampeli 1802.

8400 Riesa

Riesa

Einw.: 48 400 Höhe: 112 m S. 258 □ H 8

Im frühen 12. Jh. gründeten die Naumburger Bischöfe an der Elbe unterhalb Meißens das Kloster Riesa. Es war das älteste

Riesa, Schloß mit Park

Strehla (Riesa), Schloß

Strehla (Riesa), Schloß, Trinkstube mit Jagddarstellungen von 1532

der Mark Meißen, wurde 1542 säkularisiert und anschließend verkauft. Der Ort erhielt erst 1623 Stadtrechte. Ab Mitte des 19. Jh. entwickelte sich Riesa zu einem bedeutenden Verkehrsknotenpunkt und Industriestandort. Anstelle des früheren Schloßgartens wurde 1886 der heutige Marktplatz angelegt.

Marienkirche: Die wohl um 1430/40 spätgot. erneuerte Kirche des Klosters R. besitzt einen *W-Turm,* dessen oktogonalem Obergeschoß 1745 die laternenbekrönte Barockhaube aufgesetzt wurde. Prunkstück der Ausstattung im einschiffigen Inneren, in dessen Chor 1622 ein Sternrippengewölbe eingezogen wurde, ist die spätgot. *Altarstaffel* mit einer Darstellung der Gregorsmesse (um 1500–10) unter dem Abendmahlsrelief des 17. Jh. – Der S-Trakt des ehem. Klosters wurde um 1590 zum *Schloß* (heute Rathaus) umgestaltet. Im W-Trakt sind der *Kapitelsaal* (15. Jh.), im N- und O-Trakt Teile des roman. Mauerwerks erhalten.

Stadtkirche St. Trinitatis: Der neuroman. Zentralbau wurde 1895–97 nach einem Entwurf des Berliner Architekten J. Kröger und nach rheinischen Vorbildern mit Vierungsturm errichtet. Die Architekturglieder des Innenraums sind in Backstein gegen weiße Wandflächen abgesetzt.

Herrenhaus mit Park: Im Ortsteil *Gröba* befindet sich das 1707 erbaute barocke Herrenhaus. Der zweigeschossige stattliche Bau ist holländisch beeinflußt; um 1820 wurde er um einen Altan auf dorischen Säulen und einen Dachreiter (1950 abgetragen) ergänzt.
Alte, mächtige Baumbestände zieren den ebenfalls 1707 angelegten Park.

Außerdem sehenswert: Neben vor- und frühgeschichtlichen Sammlungen werden im *Heimatmuseum* (Poppitzer Platz 3) alte Bauernmöbel und eine Dokumentation zur Besiedlung (3.–12. Jh.) des mittleren Elbgebietes durch Slawen und Germanen gezeigt.

Strehla (Riesa), Stadtkirche, Rittergrabplatte des H. v. Beschwitz, †1496

Umgebung

Boritz (6 km sö): Die Fassade des in der Nähe gelegenen *Schloß Hirschstein* wurde barock erneuert. Ein neobarocker Rückbau ist in den Hof hineingesetzt. Während des 2. Weltkriegs war in dem eigens für ihn ausgebauten Schloß Hirschstein der belgische König interniert.
Hof (15 km sw): Die Zweiflügelanlage des *Renaissanceschlosses* entstand um 1570 bzw. um 1750 (neues Schloß). Im *Park* trifft man auf Figuren aus Sandstein, die vermutlich von L. Mattielli stammen. - J. G. Fuchs schuf vermutlich die stattliche barokke *Dorfkirche* (1692-97) mit dreiseitig geschlossenem Chor und w Turm. Im Inneren u. a. ein großes Altarwerk v. 1624 und eine Kanzel v. 1573. Der Altar gilt mit seinem überreichen Knorpel- und Muschelwerk, seinen Alabasterreliefs sowie Evangelisten- und Apostelfiguren als Paradebeispiel des sächs. Manierismus.
Lichtensee (11 km nö): In die Emporenbauten der einschiffigen *Schloßkirche* (1717) im Ortsteil Tiefenau sind der barocke Kanzelaltar und die Silbermann-Orgel integriert. Auf der w Seite liegt eine schöne Herrschaftsloge mit reichem plastischen Schmuck. - Der *Barockgarten Tiefenau* ist um 1710 als ehem. Schloßpark entstanden.
Pahrenz (7 km sö): Hier befindet sich eine 1889 errichtete *Turmwindmühle* mit helmartigem Mühlenkopf. Als Antrieb fungiert eine am Mühlenkopf angebrachte Windrose.
Seerhausen (7 km sw): Die *Gutskapelle* v. 1677 besitzt eine sehenswerte Innenausstattung, darunter einen Flügelaltar (um 1520) mit vergoldeter und bemalter Holzschnitzerei.
Strehla (8 km nw): In der spätgot. *Pfarrkirche* (15./16. Jh.) überraschen seltene Ausstattungsstücke wie die Ritterfigur des Grabes von H. v. Beschwitz (†1496), die Majolikakanzel (1565) v. M. Tatze und der v. F. Ditterich d. Ä. mit Reliefs und lebensgroßen Stifterfiguren dekorierte Altaraufsatz (1605). Die Kirche wirkt weithin durch das hohe Satteldach des Schiffes und den spätgot. Turm mit barocker Haube und Laterne. - Das *Renaissanceschloß* (16. Jh.) mit w Schildmauer, Treppentürmen und 2 Ecktürmen mit Renaissancegiebeln (1592) und einem spätgot. Maßwerkgiebel aus Backsteinen besitzt Bausubstanz vom 10.-19. Jh. Die ehem. Schank- und Trinkstube (SW-Turm) besitzt ein spätgot. Zellengewölbe und ist mit Wandmalereien v. 1532 ausgeschmückt.
Der hübsche *Marktplatz* befindet sich in einem gut erhaltenen Zustand.

9290 Rochlitz

Rochlitz

Einw.: 8500 Höhe: 163 m S. 258 □ G 8

Bereits gegen Ende des 10. Jh. gelangte die slawische Siedlung Rochlitz unter deutsche Herrschaft. 1143 kam der Ort an die Markgrafschaft Meißen. Die vermutlich im 12. Jh. angelegte Stadt bestand lediglich aus einem langgestreckten, ringsum bebauten Marktplatz ohne Straßennetz. 1367-73 wurde eine Ummauerung errichtet, von der nur noch Reste der Mauern und Türme

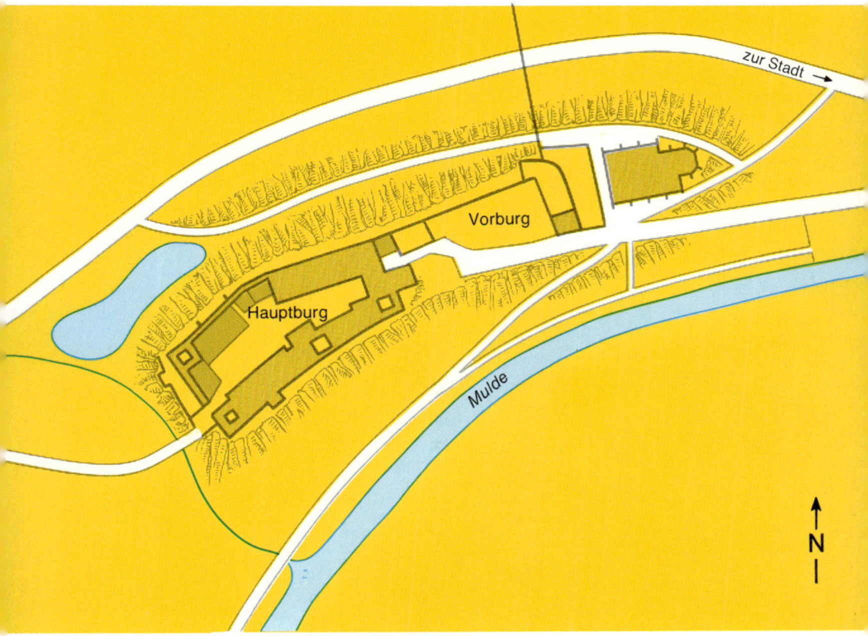

Rochlitz, Schloß mit Petrikirche (rechts)

vorhanden sind. Der rote Porphyrtuff auf dem Rochlitzer Berg liefert von alters her einen leicht zu bearbeitenden roten Baustein. Der relativ geringe Industrialisierungsgrad hat dem Ort etwas von seinem mittelalterlichen Charme belassen.

Kunigundenkirche: Die bis 1476 mit spätgot. Netz- und Sternrippengewölben erneuerte Hallenkirche mit fast quadratischem Schiff bewahrt v. der ma Vorgängerin nur die beiden Turmuntergeschosse (um 1200) seitlich des oktogonalen *W-Turmes* (1688). Die Architektur des Außenbaus ist reich dekoriert. Durch das Portal der *S-Fassade* gelangt man ins dreischiffige Innere mit sehenswerter Ausstattung. Die außergewöhnlichen *Schreinfiguren* (Kaiserpaar Heinrich II. und Kunigunde zwischen Anna selbdritt und dem Apostel Thomas, 1513) des sechsflügeligen spätgot. *Wandelaltars* (mit kurvigem Gesprenge) im Chor schnitzte und faßte der sog. Meister der Freiberger Domapostel, ein Schüler v. P. Koch. Das kaiserliche Stifterpaar ist hier überdies in Form v. *Terrakottafiguren* (um 1476) verewigt.
Im Chor verdienen auch die z. T. erhaltenen *Glasmalereien* (um 1430), Epitaphe und die figurenbesetzte *Kanzel* am rechten Chorbogenpfeiler Beachtung. Von der übrigen Ausstattung sind das *Altarbild* (Passahfest, um 1521) eines Cranach-Schülers und weitere *Altarschreinfiguren* (Anna selbdritt und Heilige, um 1500/10) interessant.

Petrikirche: Die dreischiffige spätgot. ebenfalls fast quadratische Hallenkirche mit Chor v. 1470 und Langhaus v. 1476 geht auf einen Vorgängerbau zurück, der 1168 erstmalig genannt wurde. Die ehem. Burgwardkirche liegt vor der Burg und war bis zur Reformation die Hauptkirche der Stadt. Innen findet man neben interessanten Netz- und Sternengewölben eine Sakramentsnische mit Christuskopf (2. Hälfte

Wechselburg (Rochlitz), Stiftskirche, Triumphkreuzgruppe über dem Lettner

Wechselburg (Rochlitz), Stiftskirche

15. Jh.) und ein großes Kreuzigungsgemälde (1653).

Außerdem sehenswert: Das spätgot. *Schloß* (15./16. Jh.) bewahrt v. der ma Vorgängerin (11.–13. Jh.) viele Reste, u.a. die »Jupen«, 2 massige W-Türme mit got. Spitzhelmen (1390). Der eine der beiden Türme, die »Lichte Jupe«, ist besteigbar; von oben bietet sich eine hübsche Aussicht auf R. und die Umgebung. Die Gebäude des Oberschlosses liegen längs eines unregelmäßigen Hofes. Das Querhaus besitzt Vorhangbogenfenster und Sattelwalmdach. Im Obergeschoß liegen mehrere spätgot. Räume. Das Innere mit 2 steinernen Wendeltreppen, Burgküche und -keller sowie der Schloßkapelle (1525) mit Resten gotischer Wandmalerei ist heute als *Heimatmuseum* mit den dazugehörigen Sammlungen mittelalterlicher Plastiken (Lapidarium) und Dokumentationen zur Burg- und Stadtgeschichte zugänglich. – Am *Anger* mit hübscher Brunnensäule stehen das klassizistische *Rathaus* (1828) mit hohem schindelverkleidetem Uhrturm sowie *Patrizierhäuser* aus der Zeit um 1800.

Umgebung

Penig (20 km sw): Die oberhalb der Stadt thronende spätgot. *Liebfrauenkirche* (1476 bis 1515) mit quadratischem W-Turm birgt im Inneren mit einer v. C. Seitz illusionistisch bemalten flachen Felderdecke (1688) ein v. Ch. Walther d.J. im Stil der ital. Renaissance skulptiertes steinernes Altarretabel (1564), ein Gemälde (Martin Luther als Junker Jörg, 1537) v. Lucas Cranach d.Ä. sowie mehrere qualitätvolle Grabsteine (16./17. Jh.). – Renaissancebauten sind das dreistöckige *Rathaus* (1546) mit Zwerchgiebeln und Dachreiter und das ehem. *Alte Schloß,* ein einfacher zweigeschossiger Bau mit s Treppenturm. – Das 1557 errichtete *Neue Schloß* wurde 1790 klassizistisch umgebaut. – Der Ort besitzt ein umfangreiches ma zweistöckiges *Bergkellersystem* (ehem. Bierkeller).

Rochsburg (18 km s): In der im 12. Jh. gegr. und im 15./16. Jh. spätgot. erweiterten *Burg,* einer ausgedehnten Anlage auf einem 50 m hohen Felssporn, sind heute eine Jugendherberge und das *Schloßmuseum* mit geschmackvoll möbliertem Barock-, Rokoko-, Empire- und Biedermeierzimmer eingerichtet. Sie gehört zu den wenigen sächs. Burgen, die noch etwas v. ihrem ma Charakter behalten haben.

Besondere Beachtung verdient die von Arnold v. Westfalen um 1475 erbaute Schloßkapelle mit Netzgewölbe v. C. Kraft und Altarretabel (1576) v. A. Lorentz. In der roman. *Dorfkirche* (12. Jahrhundert) befindet sich das prunkvolle Grabmal (um 1582), das S. Lorentz für das Ehepaar v. Schönburg schuf.

Wechselburg (10 km s): Die mehrfach umgestaltete ehem. *Stiftskirche* (12.–19. Jh.) der Augustinerchorherren ist eine dreischiffige Pfeilerbasilika mit sehenswerter Triumphkreuzgruppe aus Eichenholz, die auf einer Stufe mit der Freiberger Goldenen Pforte steht und von überragender europäischer Bedeutung ist, über dem figurenreichen spätroman. Lettner (um 1230, rekonstruiert) und dem Stiftergrabmal (1235) des Ehepaars v. Groitzsch. Die Stiftskirche ist einer der bedeutendsten roman. Bauten Sachsens.

Die kreuzförmige Kirche mit im O urspr. 3 Apsiden besitzt eine nur z. T. erhaltene w Turmfront, eine n Vorhalle und einen zweigeschossigen Sakristeianbau. Zum urspr. Konzept gehört nur die Wölbung des Chorquadrats, das im Mittelalter auch eine Krypta aufwies.

Die Wölbung der Vierung und der Querhausarme erfolgte um 1430, die des Langhauses um 1574. – Neben einem über den roman. Klausurgebäuden des früheren Klosters erbauten *Schloß* (16./17. Jh.; heute Sanatorium) mit schönen Torbauten (15. Jh.) verdient das barocke Altarretabel (1737) in der reichstuckierten *Ottokirche* (1730–37) Beachtung; das Innere der Kirche gilt als einer der wichtigsten barocken Emporenräume Sachsens.

Von besonderem Interesse ist auch der beim Schloß liegende große *Landschaftspark* (um 1820).

Rochlitz, Kunigundenkirche, S-Portal

S

8350 Stolpen
Sebnitz

Einw.: 22000	Höhe: 322 m	S. 259 □ K 8

Veste: Die schon 1222 genannte, aus Feld- und Hausteinen auf hohem Basaltfelsen er-

baute *Burganlage* gehörte im Mittelalter den Bischöfen von Meißen und diente den sächsischen Herrschern nach ihrer Befestigung mit *Bastionen* (1675) im 18. Jh. als Staatsgefängnis.
Napoleon ließ die nie bezwungene Veste z. T. sprengen.
Durch das *Festungstor* (1675) zwischen den Bastionen *Grillenburg* und *Klengelsburg* gelangt man in den 1. Hof, durch das *Kornhaus* (1518) mit museal eingerichteter Folterkammer, Marstall und Hauptwache in den 2. Hof, durch das Hauptportal am *Zwinger* zwischen dem (n) *Schösserturm* (1476) und dem 1509 erbauten (s) *Johannisturm* (der nach der ehem. Geliebten Augusts des Starken, der v. 1716 bis zu ihrem Tod 1765 hier gefangengehaltenen Gräfin v. Cosel auch *Coselturm* genannt wird) in den *Kanonenhof* (3. Hof).
Am (n) *Seigerturm* (1509) vorbei führt der Weg in den *Kapellenhof* (4. Hof), an den früher das *Zeughaus* und die *Burgkapelle* mit dem Coselgrab grenzten, bis zum aussichtsreichen *Plateau* mit dem *Siebenspitzenturm*.
Im *Burgmuseum* werden burg- und stadtgeschichtliche Dokumentationen, eine Ausstellung zum Leben der Reichsgräfin von Cosel und eine mittelalterliche Waffenkollektion gezeigt.

T

7290 Torgau

Torgau

Einw.: 23000 Höhe: 92 m S. 258 □ G 7

Bei einer bereits 973 genannten Burg am Elbufer und an der Kreuzung alter Handelswege entwickelte sich die Stadt. Um 1260 erhielt Torgau Stadtrechte. Zu Anfang des 15. Jh. wurde die erste Elbbrücke errichtet. 1482 kam es zu einem großen Brand, bei dem auch die alte Burg zerstört wurde. Unter Friedrich dem Weisen wurde

Stolpen, Blick auf die Veste

Torgau, Schloß Hartenfels >

Torgau, Elbbrücke mit Schloß Hartenfels

Torgau neben Wittenberg zu einem Zentrum der Reformation. Hier wurde 1525 der Torgauer Bund geschlossen und erfolgte unter Federführung von Martin Luther und Philipp Melanchthon die Abfassung der *Torgauer Artikel* (1530). Im das Stadtbild bestimmenden *Schloß Hartenfels* fand 1627 mit »Daphne« v. Heinrich Schütz die 1. deutschsprachige Opernaufführung statt. Nach 1889 wurden die ab 1811 errichteten Befestigungsanlagen wieder abgebaut. Bei Torgau kam es im April 1945 zu dem historischen Zusammentreffen sowjetischer und amerikanischer Truppen, kurz vor dem Ende des 2. Weltkriegs. Mit seiner gut erhaltenen Altstadt aus dem 16./17. Jh. ist Torgau ein besonderer Anziehungspunkt.

Schloß Hartenfels: Anstelle der 1492 abgebrannten ma Burg ließ Kurfürst Friedrich der Weise v. Sachsen das vollkommen erhaltene *Frührenaissanceschloß* erbauen, das im 15.-17. Jh. als Residenz zum kulturellen Zentrum wurde. Es zählt zu den bedeutendsten Schlössern dieser Bauperiode. Um den fast dreieckigen Innenhof gruppieren sich 4 Wohntrakte. Den sö *Johann-Friedrich-Bau* erbaute K. Krebs 1533-36 zusammen mit dem *Großen Wendelstein,* einer externen Wendeltreppe über einem Altan im Stil der Frührenaissance. An den wohl v. Arnold v. Westfalen begonnenen und v. C. Pflüger vollendeten spätgot. *Albrechtspalas* (1470-85) mit 4 Ecktürmen, dem sw *Theaterflügel* und dem nw *Kleinen Wendelstein* grenzt der langgestreckte W-Trakt (1616-23) mit frühbarocken Volutengiebeln und wappenbekröntem Rustikaportal (um 1620). Im nö Schloßtrakt befand sich die zweischiffige got. *Martinskapelle* (um 1359). Die v. N. Gromann erbaute *Renaissance-Schloßkirche* ist die 1. protestantische Kirche und wurde v. Martin Luther 1544 geweiht. Die Altarmensa vor der w Stirnseite des stern- und netzrippengewölbten Saales mit der Orgelempore ruht auf Stützfiguren. An den Längsseiten des Saa-

Torgau, Schloß Hartenfels mit dem Großen Wendelstein >

Torgau, Schloß Hartenfels, Sog. Schöner Erker, 1544 von Stephan Hermsdorf

Torgau, Schloßkirche, Grablegung über dem Passionsportal

Torgau, Marienkirche

les doppelstöckige Emporen. Die figürlich reliefierte n Korbkanzel (1544) schuf S. Schröter d. Ä. In diesem Schloßkirchenflügel, den der sog. *Schöne Erker* (1544) ziert, hat auch das *Kreismuseum* mit einer burggeschichtlichen Dokumentation und Sammlungen historischer Rüstungen und Waffen seinen Sitz. – Im Bereich sw des Schlosses wurde ein *Rosengarten* angelegt. Außerdem befindet sich vor dem Schloßportal ein *Bärengraben.*

Alltagskirche: Die ehem. Franziskaner-Klosterkirche, die Ende des 15. Jh. als dreischiffige spätgot. Hallenkirche mit Netz- und Zellengewölbe entstand, wurde nach 1945 als Turnhalle genutzt.

Marienkirche: In der mehrfach umgestalteten spätgot. Hallenkirche (14.–16. Jh.) mit zweitürmigem roman. W-Bau befinden sich kunsthistorisch bedeutende Ausstattungsstücke, so der mit einem Kreuzigungsgemälde und figürlichen Plastiken ge-

Torgau, Marienkirche

schmückte barocke *Hochaltar* (1694–98) v. G. Simonetti, die v. G. Wittenberger mit Apostelreliefs verzierte *Renaissancekanzel* (1582), die bronzene *Grabplatte* (1504) für Sophie v. Mecklenburg aus der Nürnberger Vischer-Werkstatt, das *Epitaph* für Luthers Frau Katharina v. Bora († 1552) im nördlichen Seitenschiff sowie das Fragment des *Nothelfergemäldes* (um 1507) v. Lucas Cranach d. Ä. im linken Seitenchor.

Rathaus: Das den großen Marktplatz beherrschende Rathaus wurde 1561–65 v. V. Wegern aus Dresden als Renaissancebau errichtet. Der eindrucksvolle Runderker kam 1577 hinzu. 1875 wurde das Rathaus umgestaltet, insbesondere die Front zum Markt, was inzwischen wieder rekonstruiert ist. – Im Hof befindet sich die ehemalige romanische *Nikolaikirche.*, bis 1945 Gefängnis.

Torgau, Marienkirche, Grabstein für Luthers Frau Katharina v. Bora >

< *Belgern (Torgau), Bartholomäuskirche*

Außerdem sehenswert: Am Markt, in der Bäcker- und der Leipziger Str. stehen zahlreiche *Patrizierhäuser* aus dem 15.-17. Jh. - Ehem. *Proviantmagazine* findet man in der Elbstr. 2 (1784) und in der Kurstr. (1728). - Ein technisches Denkmal v. besonderem Interesse ist die *Pegelanlage* an der Elbe bei T. Das Pegelhaus v. 1897 weist eine wertvolle formschöne Industriearchitektur auf und besitzt Seltenheitswert. Mit der Anlage wurden erste systematische und wissenschaftlich fundierte Wasserstandsmessungen vorgenommen.

Umgebung

Belgern (14 km sö): Die 1509-12 in verputztem Backstein errichtete spätgot. *Bartholomäuskirche* besitzt einen massigen, querrechteckigen W-Turm mit spitzbogigen Blendarkaden und vorhangbogigen Fensteröffnungen. Im einschiffigen sterngewölbten Inneren wurden im 17. Jh. doppelte Emporen eingebaut. Die kunstvoll geschnitzten Prospekte stammen wie die Brüstungen aus dem Jahre 1635, der übrige plastische Bildschmuck aus dem 17. und 18. Jh. Den frühbarocken Altaraufbau (um 1660) ziert ein qualitätvolles Kreuzigungsgemälde. - Das *Pfarrhaus* ist in einem turmbewehrten Gebäude des ma *Klosterhofes* untergebracht, das frühgot. Granitmauerwerk (1258) und spätgot. Backsteinmauern in sich vereint. - An der sw Ecke des an seinen Volutengiebeln (1661) erkennbaren *Renaissance-Rathauses* (1574) sieht man eine riesige Rolandsfigur (1610); der Bau bewahrt auch eine wappengeschmückte Pforte und ein Sitznischenportal.

Dommitzsch (13 km nw): Hochgot. Holzskulpturen (um 1300/10) birgt die spätgot. *Marienkirche* (15. Jh.) mit sterngewölbtem Chor.

Graditz (5 km sö): Im *Barockgarten* des unter August dem Starken durch M.D. Pöppelmann errichteten kurfürstlichen Gestüts mit seinem schloßartigen Hauptbau (um 1722) gibt es auch einen etwas jüngeren oktogonalen Pavillon (Teehaus).

Schildau (14 km sw): Die *Marienkirche* (13.-15. Jh.), eine romanische Basilika, der Gneisenaustadt besitzt ein spätgot. Altarretabel (um 1490/1500) und einen sehenswerten Taufstein (1600). Hier wurde Neidhardt v. Gneisenau geboren, der Held der Befreiungskriege 1813. An ihn erinnert u.a. ein *Denkmal* v. 1860. - Das *Rathaus* wurde 1840 erbaut.

Belgern (Torgau), Rathaus mit Roland

Torgau, Rathaus, Runderker

Wurzen, Dom St. Marien, Grabdenkmal

7250 Wurzen
Wurzen

Einw.: 19400 Höhe: 110 m S. 258 □ G 8

Nach der deutschen Eroberung des Gebietes um Wurzen wurde die 961 erstmals urkundlich erwähnte Burg angelegt. Sie schützte den Muldeübergang zweier alter Fernstraßen von Magdeburg/Halle nach Böhmen und Polen. Unter den Bischöfen von Meißen wurde hier 1114 ein Stift mit einer Marienkirche geweiht. Bereits im 11. Jh. war eine Kaufmannssiedlung entstanden, im 13. Jh. ist ein Markt bezeugt. Während des Dreißigjährigen Krieges wurde Wurzen 1637 von den Schweden eingenommen, geplündert und fast völlig zerstört. Erst um 1890 kam es zu einer gewissen Industrialisierung (Eisenbahnanschluß schon 1837–39).

Dom St. Marien: Die urspr. roman. Pfeilerbasilika wurde in got. Zeit mehrmals umgestaltet: Im späten 13. Jh. erweiterte man sie nach O, Mitte des 14. Jh. wurde die Kirche gewölbt und das s Seitenschiff erhöht, 1503 der W-Chor angebaut (spätgot.), 1506 das ö Chorpolygon. Die Chöre sind mit Zellengewölben überspannt. Der Emporengang über dem n Seitenschiff entstand im Jahre 1555, der S-Turm-Aufbau mit barocker

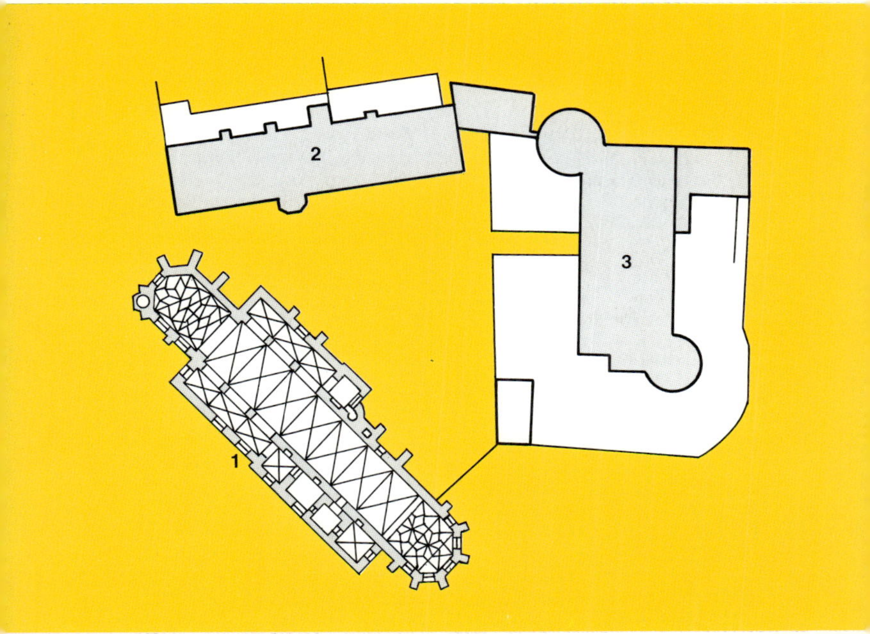

Wurzen, Dombezirk 1 Dom **2** Kornhaus **3** Schloß

Haube und Laterne 1673. Die *Ausstattung* der Kirche, die die beachtliche Länge v. 62 m hat, ist bemerkenswert. Die Kanzel, eine Kreuzigungsgruppe und mehrere Bildwerke schuf Georg Wrba 1928–32. Sie gelten als bemerkenswerte spätexpressionistische Kunstwerke. An Pfeilern sind 3 spätgot. Steinplastiken angebracht, die Kaiser Otto I., Johannes d. Ev. und den hl. Donatus darstellen. Im O-Chor befindet sich das Grabdenkmal für Bischof Johann IV. v. Saalhausen (†1518).

Am W-Chor des Doms liegt die *Kustodie,* ein Gebäude, dessen Ursprung in das 16. Jh. zurückreicht, am Domplatz 6 das ehem. *Priesterseminar,* ein dreistöckiges Gebäude mit Treppenturm, das ebenfalls im 16. Jh. erbaut wurde. – Das n des W-Chors gelegene ehem. *Stiftsgebäude* wurde im späten 15. Jh. als Kornhaus erbaut. Es hat ebenfalls einen Treppenturm.

Gottesackerkirche zum Hl. Geist: Die um 1500 errichtete Kirche auf dem befestigten Kirchhof ist verfallen. – Ein *Denkmal* v. ca. 1687 erinnert an die Toten der Pest im Jahre 1607.

Wenzelskirche: Die spätgot. dreischiffige Hallenkirche aus dem frühen 16. Jh. wurde nach einem Brand 1637 und erneut 1873 bis 1874 umgebaut.

Im Chor befindet sich ein schönes Sterngewölbe. 1926 erhielt die Decke eine neue Bemalung.

Schloß: Das Gebäude (spätgot.) wurde 1491–97 errichtet und nach einem Brand 1519 verändert. Das neben dem Dom liegende ehem. Bischofsschloß mit Zellengewölben hat 2 Rundtürme, einen Wendeltreppenturm, Vorhangbogenfenster sowie reiche Giebel an den Schmalseiten. Architektonisch stellt das Schloß einen Übergang vom ma Burgenbau zur Schloßarchitektur der Renaissance dar.

Heimatmuseum (Domgasse 2): Bürgerhaus aus dem 16. und 17. Jh. mit Arkadengang zum Hof und reichen Giebeln. Hier sind

Funde aus Vor- und Frühgeschichte sowie bäuerliche Volkskunst zu sehen.

Joachim-Ringelnatz-Gedenkstätte (Crostigall 14): In diesem Haus wurde am 7.8. 1883 der Schriftsteller Ringelnatz (eigtl. Hans Bötticher; † 1934) als Sohn des Schriftstellers und Musterzeichners Georg Bötticher geboren. Ringelnatz arbeitete beim Kabarett des Münchner Simpl und bei der Berliner Kleinkunstbühne Schall und Rauch. Ein Zimmer des Museums ist dem 1719 in W. geborenen Fabeldichter Magnus Gottfried Lichtwer gewidmet.

Außerdem sehenswert: *Ringelnatz-Brunnen* auf dem Marktplatz (1983). - *Alte Bürgerhäuser* am Markt, in der Dom- und in der Färbergasse. - Das *Posttor* am Crostigall gehört zu der ehem. Poststation, dem *Posthof.* - Die 1918-24 nach Entwürfen v. M. Fricke errichteten *Industriegebäude* setzen städtebauliche Akzente an der Muldebrücke. In den neungeschossigen Turmbauten in Skelettbauweise waren in der ehem. DDR Großbäckerei- und Mühlenbetriebe des VEB Albert Kuntz untergebracht. - Ein *Pesthäuschen* (1616) in der Parkanlage am Bahnhof, einem ehem. Friedhof, erinnert an die vielen Opfer der früher oft auftretenden Epidemie.

Eilenburg (Wurzen), Bergkirche St. Marien

Umgebung

Bad Düben (35 km nw): Die 981 erwähnte, aber schon zu Beginn des 10. Jh. an der Stelle einer inmitten schützender Sümpfe gelegenen bronzezeitlichen Schanze errichtete Burg (restauriert) kontrollierte den Handelsweg v. Wittenberg nach Leipzig, der hier über die Mulde-Brücke führte. Erhalten sind neben dem *Palas* mit Kellergewölben und dem *Luginsland* mit »Gerichtszimmer« auch Reste des *Berings* aus sog. Eisenstein, der mittelalterliche *Torturm* mit Fachwerkobergeschoß und die ehem. *Wachtstube.*
Die Burg beherbergt heute das *Landschaftsmuseum der Dübener Heide* mit Sammlungen zu Landschaft, Geologie, Brauchtum und Handwerk der Gegend sowie zur Burg- und Stadtgeschichte, v.a. zum Prozeß (1532) gegen den durch H. v. Kleists Erzählung bekannten Michael (Hans) Kohlhaas, der 1540 gerädert wurde (im Sommer Aufführungen in der Freilichtbühne im Burggarten), sowie zu Gustav Adolf und Napoleon, die hier vor der Schlacht bei Breitenfeld (1631) bzw. der Völkerschlacht bei Leipzig (1813) Quartier bezogen hatten. Am Wallgraben im Burggarten steht die letzte erhaltene *Schiffsmühle* (restauriert) der Mulde. - Die klassizistisch umgebaute *Nikolaikirche* (1810-17) gilt als Bauwerk v. C. I. Pozzi. Die Ausstattung stammt aus der Umbauzeit. - Markt mit *Marktbrunnen* aus der Spätrenaissance, *Rathaus* (1719), stuckverziertem barockem *Patrizierhaus* und mehreren *Fachwerkbauten* (17. Jh.). - Am Friedhof *Renaissanceportal* (1577).
Bennewitz (2 km w): Die spätroman. *Chorturmkirche* besitzt eine Ausstattung aus dem 17. und 18. Jh.
Deuben (4 km w): Die got. *Chorturmkirche* hat ein Langhaus aus dem 17. Jh. Im Inneren befindet sich eine Sandsteintaufe aus der Zeit um 1600.
Eilenburg (16 km nw): Die Stadt entstand bei einer Burg, die den Übergang des Handelswegs v. Leipzig nach Frankfurt an der Oder über die Mulde sichern sollte. Von der *Burg,* die auf das 10. Jh. zurückgeht, sind seit dem 17. Jh. nur noch Ruinen erhalten, Teile der Ringmauer und der sog. Sorbenturm aus dem 12. Jh., der als Aus-

sichtsturm dient. – Das *Amtshaus* wurde um 1700 errichtet. Es dient heute als Kreisgericht.

Bei der *Bergkirche St. Marien* handelt es sich um eine spätgot. Backstein-Hallenkirche mit Netz- und Sterngewölben, die 1516–22 erbaut wurde. Die Ausstattung besteht u.a. aus einem Altar aus der 1. Hälfte des 17. Jh. sowie einigen Grabdenkmälern aus dem 16. Jh.

Die *Pfarrkirche St. Andreas und St. Nikolai* wurde (wie auch die übrige Ortschaft) in den letzten Kriegstagen 1945 teilweise zerstört. Das spätgot. Bauwerk, mit dessen Bau 1444 begonnen wurde, ist teilweise restauriert. Im Inneren befindet sich ein spätgot. Flügelaltar (im Schrein Maria, in den Seitenflügeln Heilige). – Im *Kreis- und Stadtmuseum* kann man sich über die Geschichte der Stadt und des Kreises unterrichten.

Machern (8 km w): Die *Dorfkirche* hat ein im Kern roman. Schiff, das 1615 mit Turm und rundbogiger w Pforte vergrößert wurde. Der Chor mit Ziegelrippenwölbung in Sternform stammt aus dem 15. Jh. In der Kirche befinden sich zahlreiche Grabdenkmäler. Das *Renaissanceschloß* ging aus einer Wasserburg des 16. Jh. hervor. Die Dreiflügelanlage besitzt einen hohen Treppenturm und im Inneren gewölbte Räume (um 1566), Stuckdecken aus dem späten 17. Jh. und Rokoko-Kamine. Der *Schloßpark* wurde ab 1760 als Landschaftspark im sog. Stil der Empfindsamkeit angelegt, ab 1792 unter Leitung v. E. W. Glasewald, der preußischer Bauinspektor war. Ihm sind die Bauten im Park zu verdanken, die »Ritterburg«, die jetzt als Parkbühne genutzt wird, der »Tempel der Hygieia«, ein klassizistischer Pavillon, und das Mausoleum der Familie Lindenau, eine Pyramide mit dorischem Giebelvorbau.

Das Mausoleum diente für Weihefeierlichkeiten der Freimaurer. 1813 wurden in Schloß und Park große Zerstörungen angerichtet, als hier zwei Tage vor der Völkerschlacht bei Leipzig 33 000 Österreicher einquartiert wurden. Im Park befinden sich einige botanische Seltenheiten, die Allee der Tulpenbäume und die Ginkgobäume aus Ostasien.

Nischwitz (4 km nw): Die *Dorfkirche* v. 1667 wurde 1752 umgebaut. Aus dieser Zeit stammt auch der Altar mit einem Altarblatt der Verkündigung v. S. Torelli. Die Logenprospekte gehen auf das Vorbild Knöffels zurück. – Im *Pfarrhaus* findet man ein Gemälde, das die Grablegung Christi zeigt und vermutlich v. Lucas Cranach d. J. stammt. – Das *Barockschloß* wurde 1745–50 v. Johann Christoph Knöffel errichtet. Auf-

Machern (Wurzen), Ritterburg im Park (l), Lindenausches Schloß, Familienwappen (r)

Zittau, Ehem. Hospitalkirche St. Jakob

traggeber war der sächs. Minister Graf Brühl. Im Siebenjährigen Krieg wurde es stark beschädigt und in den Jahren nach 1778 wieder aufgebaut. Zum Gedenken an den sinnlosen Beschuß durch Friedrich den Großen, der hier von rein persönlichen Rachemotiven geleitet worden war, ist ein Raum in dem damaligen zerstörten Zustand belassen worden. Das zweigeschossige rechteckige Gebäude hat 2 kurze Seitenflügel. Die Cour d'honneur wird v. der Orangerie und den Wirtschaftsgebäuden eingefaßt. Im Inneren des Gebäudes, das heute als Pflegeheim dient, findet man reiche Stukkaturen und 2 Deckenfresken, die vermutlich v. S. Torelli stammen: Im Gartensaal »Triumph der Venus« und im Festsaal »Sturz des Phaeton«. – Auf einer Achse mit dem Hauptgebäude liegt ein *Pavillon*, der aus einem runden Saal mit 2 anschließenden rechteckigen Räumen gebildet wird. Der Park wurde 1753 im Barockstil angelegt und Ende des 18. Jh. in einen englischen Landschaftspark umgestaltet.

Z

8800 Zittau
Zittau

Einw.: 38 100 Höhe: 243 m S. 259 □ L 9

Die nahe dem Dreiländereck im Zittauer Gebirge gelegene Stadt (1275 erwähnt, ge-

Zittau, Schulstraße am August-Bebel-Platz

gründet wohl um 1230) kam 1253 mit dem Zittauer Land als Reichslehen an Böhmen und wurde 1346 Mitglied des Lausitzer Sechsstädtebundes. Sie erhielt 1513 eine doppelte Mauerumgürtung mit einem Zwinger, der heute in den ringförmigen *Parkanlagen* um die *Altstadt* erkennbar ist. Durch den Prager Frieden (1635) gelangte Zittau an Sachsen. Im 17. und 18. Jh. war Zittau nach Leipzig die größte Handelsstadt in Sachsen und ein bedeutender Mittelpunkt der Leinenweberei und des Bleichwesens. Auch nach dem großen Brand von 1757, den die Beschießung durch österreichische Artillerie im Siebenjährigen Krieg verursacht hatte, ist der frühere Reichtum an vielen erhalten gebliebenen Bürgerhäusern zu erkennen. Durch den Zuzug böhmischer Exulanten und die Industrialisierung zu Anfang des 19. Jh. wurde das Zittauer Land zu dem am dichtesten besiedelten Gebiet Deutschlands. In Zittau lebte der im Sinne der Aufklärung wirkende Dichter und Pädagoge Christian Weise (1642–1708).

Johanniskirche: Die 1834–37 v. K. A. Schramm nach Plänen v. K. F. Schinkel klassizistisch erneuerte *Johanniskirche* (15.–19. Jh.) besitzt im dreischiffigen Inneren mit Kassettendecke eine bemalte Halbrundapsis, in die die Kopie einer Christusfigur (um 1835) v. B. Thorvaldsen eingestellt ist.

Peter-und-Paul-Kirche: Die barockisierte ehem. Franziskanerklosterkirche bewahrt vom frühgot. Ursprungsbau den *Chor* (um 1270/80), an den im S der hohe *Glockenturm* mit laternenbekröntem Barockhelm (1758) angebaut wurde. Das kreuzrippengewölbte zweischiffige *Langhaus* (15. Jh.) erfuhr im 17. Jh. durch barocke Seitenkapellen, darunter die sehenswerte *Noacksche Betstube* (1696), unter der Leitung v. Martin Pötzsch aus Bautzen eine Erweiterung. Von der Ausstattung verdienen bes. der *Hochaltar* und die ebenfalls reichdekorierte *Kanzel* (beide 1668) Beachtung.

Altes Gymnasium: Das n der Johanniskirche gelegene Gebäude wurde 1571 unter

Blick auf Zittau

Benutzung älterer Teile errichtet. Hervorzuheben ist das Spätrenaissanceportal (1602). Christian Weise war hier Rektor.

Baugewerkenschule: 1846–48 v. K.A. Schramm nach dem Vorbild der Berliner Bauakademie Schinkels errichtet. Bes. sehenswert ist im Inneren das Treppenhaus.

Rathaus (am Markt): Schramm gestaltete auch das historisierend im Stil der italienischen Renaissance gehaltene Rathaus (1845) mit dem *Marsbrunnen* (1585).

Stadtmuseum (ehem. Klostergebäude): M. Pötzsch barockisierte auch den W-Trakt der an die Peter-und-Paul-Kirche angrenzenden Klostergebäude mit dem schmucken (n) *Heffter-Giebel* aus der Renaissance. Neben den got. Freskenresten im ehem. *Refektorium* und der mit einem Gemälde (Pandora und olympische Götter, 1709) v. N. Prescher und eleganten Stukkaturen geschmückten Decke im *Bibliothekssaal* ist ein Besuch des im Kloster eingerichteten *Stadtmuseums* mit interessanten Steingut- und Fayencensammlungen und einer Kollektion schlesischer Gläser lohnenswert. Vor dem Stadtmuseum steht der 1679 v. M. Fröhlich phantasievoll mit Schmiedeeisenbaldachin gestaltete *Grüne Brunnen*.

Außerdem sehenswert: Neben dem spätgot. *Marstall* (1511) und dem als quadratischer Zentralbau mit Mittelsäule und Sterngewölben erbauten Langhaus der *Kreuzkirche* (um 1410) mit Freskenresten und Kreuzigungsgruppe (um 1470/80) aus der Spätgotik verdienen auch zahlreiche barocke *Bürgerbauten* eine Erwähnung. – Bes. hervorzuheben sind u.a. das *Grötzsche Haus* (1710–17, Innere Weberstr.), das *Prieber-sche Haus* (1770) und das *Dornspachhaus*

Vorhergehende Seite:

Links: Zittau, Petri-Pauli-Kirchturm

Rechts: Zittau, Roland- oder Marsbrunnen auf dem Markt

Hirschfelde, (Zittau), Vorlauben-Umgebinde-Haus

(1553, Ecke Johannisplatz/Bautzener Str.). - In der Innenstadt viele ehem. *Handelshöfe*. - Beachtenswert ist auch der stattliche ehem. *Gasthof Zur Sonne* (1710, am Markt) sowie Markt 4 (1689).

Umgebung

Dittelsdorf (10 km nö): Der Ort ist wegen der gesamten Ortsanlage mit ehem. Häusleranwesen *(Umgebindehäuser)* v. kulturhistorischem Interesse.

Großschönau (11 km w): J. E. Schenau malte das große Auferstehungsgemälde (1786) am Altar in der barocken *Dorfkirche* (1705). - Im *Kupferhaus* (1807) dokumentiert das *Heimat- und Damastmuseum* die Geschichte der Weberei anhand v. 4 historischen Webstühlen. - Unterhalb der Kirche liegt ein großes zusammenhängendes Ensemble v. *Umgebindehäusern*, überwiegend zweigeschossig und mit Fachwerk im Obergeschoß.

Oybin (Zittau), Ruine der < ehemaligen Klosterkirche

Hainewalde (8 km nw): Noch üppiger als die v. J. M. Hoppenhaupt harmonisch ausgestattete barocke *Dorfkirche* (1705-11; Orgel mit reicher Rokokoschnitzerei) präsentiert sich die mit Nischen- und Giebelplastiken besetzte *Kanitz-Kyausche Gruftkapelle* (1715) auf dem Friedhof. Sie ist das wohl bedeutendste barocke Grabdenkmal der Oberlausitz. Bei dem tempelartigen Bau tragen gekröpfte Halbsäulen die Kreuzgewölbe und die Satteldächer. Der reiche allegorische Figurenschmuck ist vermutlich v. F. Bühner unter böhmischem Einfluß geschaffen worden. - Das *Schloß* am n Ufer der Mandau wurde 1749-55 für die Herrschaft derer v. Kanitz und Kyau errichtet. Der vorgezogene Mittelrisalit wird bekrönt durch einen Dachreiter mit Laterne. An der s Seite des Schlosses ist das steile Gelände zu einer Terrassenanlage ausgebaut, an die sich eine Gartenanlage im französischen Stil anschließt. Westlich

stehen Orangeriehäuser. Reste eines um 1800 angefügten englischen Landschaftsgartens sind noch vorhanden. 1933 wurde das Schloß als »Schutzhaftlager« für politische Gegner der Nationalsozialisten benutzt.

Hirschfelde (9 km nö): Die Emporengemälde im sterngewölbten zweischiffigen Langhaus der spätgot. *Peter-und-Paul-Kirche* (14./15.Jh.) schuf N. Prescher 1726. - Am Marktplatz befinden sich 4 typische *Vorlaubenhäuser,* deren laubenartig vorspringendes Fachwerkobergeschoß jeweils v. starken Säulen getragen wird.

Hörnitz (5 km w): Das dreigeschossige *Schloß* wurde 1651-54 für den Zittauer Bürgermeister v. Hartig gebaut. An der s Seite sind Spätrenaissancegiebel angebracht. Aus der Schule Pücklers stammt die urspr. *Parkanlage* v. 1865.

Oybin (8 km sw): Neben den benachbarten malerischen *Ruinen* v. Burg (um 1316) und Coelestinerkloster (um 1365-85) lohnt die *Dorfkirche* (1709-32) mit Rokoko-Kanzelaltar und Emporen- und Deckengemälden (1723 bzw. 1737) v. J. Ch. Schmied einen Besuch. Von der Burg sind 2 Tortürme, die Zwingermauer und die w Burgmauer relativ gut erhalten. Dach und Gewölbe der Klosterkirche sind zerstört, der restliche Baubestand noch erhalten. Auf dem Klosterfriedhof befindet sich ein hübsches Rokoko-Grabdenkmal. - Das *Bergmuseum* informiert u.a. über die Geschichte der Burg und des Klosters der Coelestinermönche.

9540 Zwickau

Zwickau

Einw.: 121 700 Höhe: 261 m S. 258 □ F 9

Die aus einer erstmals 1118 genannten Kaufmannssiedlung *Zwickaw* entstandene Stadt an der Mulde erlebte durch *Zwickisch Tuch* und Erträge aus dem erzgebirgischen Silberbergbau im 15. und 16. Jh. eine wirtschaftliche und kulturelle Blüte. Berühmtester Sohn Zwickaus ist der Komponist und Musiker Robert Schumann (1810-56). Vor allem nach der Entdeckung des Schneeberger Silbers Ende des 15. Jh. setzte eine große Bautätigkeit ein. Günstig wirkte sich auch die gute Verkehrslage zwischen Leip-

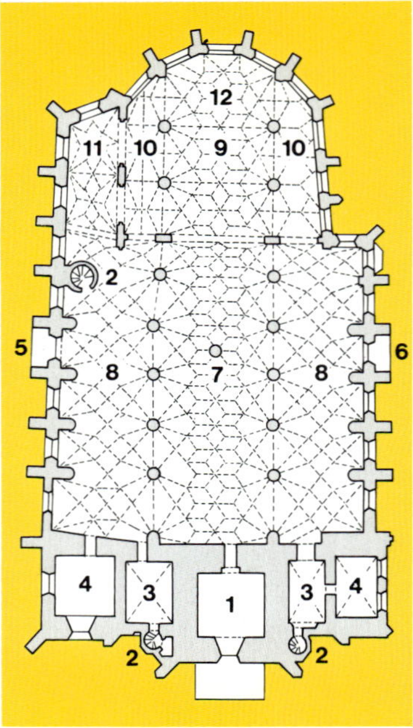

Zwickau, Marienkirche (Dom) 1 W-Turm v. 1383 mit Barockaufsatz (1677) **2** Wendeltreppen **3** Seitenhallen (1383) des W-Turms **4** Anbauten (1483) **5** kielbogiges N-Portal mit reichem spätgot. Astwerk **6** S-Portal **7** Langhaus mit Netzgewölbe (1537) **8** Seitenschiffe mit Sternnetzgewölben (1537) **9** Hallenchor (1470) mit Sternnetzgewölbe (1565) und geschnitztem Chorgestühl (spätes 15. Jh.) **10** Chor-Seitenschiffe mit eigenwilligen Rippengewölben und Emporen (1537) **11** Sakristei mit Sterngewölbe (1537) **12** figurenbesetzter Flügelaltar (1479) v. M. Wolgemut

Vorhergehende Doppelseite:

Links: Oybin (Zittau), Burgruine

Rechts: Oybin (Zittau), Ruine des Coelestinerklosters

Zwickau, Marienkirche, Nordportal>

Zwickau, Marienkirche, Heiliges Grab, Wächter, 1507, von Michael Heuffner

zig und Nürnberg aus. Gegen Mitte des 19. Jh. gab es einen erneuten wirtschaftlichen Aufschwung. Eine moderne und rationelle Organisation des Steinkohlenbergbaus in der Umgegend setzte sich nun durch. 1904 wurden hier die Horch-Automobilwerke gegründet (1909 Audi, von 1957 bis 1990 VEB Sachsenring mit Trabant-Produktion).

Marienkirche: Die anstelle einer frühgot. Vorgängerin (13. Jh.) 1453-1565 in mehreren Bauetappen u.a. v. N. Eichhorn (W-Bau, 1476-83), P. Harlaß und C. Teicher (Langhaus, 1506-37) errichtete dreischiffige spätgot. Hallenkirche (seit 1935 Dom) mit Netzgewölben über Achteckpfeilern und schmalerem dreischiffigem Chor mit $^5/_{16}$-Schluß erhielt als Abschluß ihres W-Turms 1671-77 durch J. Marquardt einen originellen oktogonalen *Barockhelm,* der sich aus 3 gestaffelten Glockenhauben mit 2 Laternen und achteckiger Pyramidenspitze zusammensetzt. Die spätgot. reiche *Bauzier* am Außenbau besticht v.a. an der N-Seite: Das *Portal* ist hier mit got. Astwerk, die *Strebepfeiler* sind mit Kielbogen und die Mauerflächen zwischen den *Maßwerkfenstern* mit *Blendmaßwerk* verziert. Im Einklang mit dem Innenraum steht die spätgot. Ausstattung, deren Prunkstück das 1479 v. Michael Wolgemut datierte sechsflügelige *Hochaltarretabel* mit erstrangigen gefaßten Schnitzfiguren (Mondsichelmadonna zwischen weiblichen Heiligen) und Flügelgemälden (Vita Mariens und Passion Christi) dieses Nürnberger Meisters und seiner Werkstatt ist. Weitere beachtliche Ausstattungsstücke sind eine *Pieta* (1502) von P. Breuer, eine *Heilig-Grab-Trage* (1507; 5 m hoch) v. M. Heuffner und der mit einem jüngeren *Zinnfries* (1678) v. D. Bötticher geschmückte *Taufstein* (1538) v. P. Speck, der auch die mit *Terrakottamedaillons* (um 1550/60) v. J. Elsässer besetzte *Frührenaissancekanzel* schuf. Ferner verdienen ein spätgotisches *Altarkruzifix* aus Bergkristall und mehrere *Epitaphe* (16./17. Jh.) eine Erwähnung. - Kunsthistorisch interessant ist, daß die reichen Zwikkauer Bürger immer wieder die Marienkirche nach den Vorbildern aus anderen Städten umbauen ließen. Man wollte in der prächtigen Ausstattung nicht zurückstehen.

Katharinenkirche: Die spätgot. erneuerte dreischiffige Hallenkirche (13.-15. Jh.) besitzt im sonst netz- und sternrippengewölbten Inneren auch ein eigenwillig gewelltes *Kreuzrippengewölbe* im rechten Seitenschiff. Die Altarblätter am spätgot. *Vierflügelaltar* (Fußwaschung zwischen Friedrich dem Weisen mit dem hl. Bartholomäus und Johann dem Beständigen mit dem hl. Jakobus d. Ä., um 1517) stammen aus der Werkstatt v. Lucas Cranach d. Ä. P. Breuer schnitzte die *Christusfigur mit der Heilsfahne* (um 1497), P. Speck die elegante *Kanzel* (1538). Ein Kuriosum ist das *Lederantependium* (1661) mit der Darstellung des letzten Abendmahls. Thomas Müntzer war 1520/21 an der Katharinenkirche Prediger.

Gewandhaus: Das ehem. Zunfthaus der Tuchmacher wurde 1522-27 v. F. Schultheiß nach Entwürfen v. J. Heilmann aus Schweinfurt erbaut. Es vereint Baudekor aus der Spätgotik und der Frührenaissance. Außen spätgot. Maßwerkgiebel und barok-

Zwickau, Gewandhaus

Hartenstein (Zwickau), Schloß Stein

ker Dachreiter (1745), innen Schlingrippengewölbe in der Eingangshalle. 1823 wurde das Gebäude in ein Theater umgebaut.

Rathaus: Das benachbarte, 1862 an den Fassaden neugot. erneuerte Rathaus bewahrt vom spätgot. Ursprungsbau die *Jakobskapelle* (1477; heute Rats- und Empfangssaal).
Bei einem Umbau 1679 war auch W.C. v. Klengel beteiligt. 1897-99 wurden Erweiterungsbauten angefügt.

Außerdem sehenswert: Zu den zahlreichen historischen *Patrizierhäusern* (15.-19. Jh.) zählt auch *Robert Schumanns Geburtshaus* (Hauptmarkt 5) mit einer Dokumentation zum Leben und Wirken des Komponisten im Inneren. Im O der Altstadt ist ein Stück der ma *Stadtmauer* mit dem *Pulverturm* erhalten. Außerhalb der Altstadt befindet sich nw das *Stadtmuseum* (Lessingstr. 1) mit stadt-, natur- und kunsthistorischen Sammlungen; letztere umfassen Sakralplastik (14.-17. Jh.), Zwickauer Porzellan sowie Graphiken und Gemälde (16.-20. Jh., u. a. v. Anton Graff und Max Liebermann). - Hinter dem *Barockschloß Planitz* (um 1730/40) erstreckt sich der Park mit reizvollem Teepavillon (1769). In der nahe gelegenen *Planitzer Dorfkirche* (1587) mit bemalten Deckenfeldern (17. Jh.) lohnen die Rundkanzel (1592) und das gleichzeitige Altarretabel mit Abendmahlrelief v. S. Lorentz einen Besuch.

Umgebung

Blankenhain (22 km nw): Eine Dokumentation im *Barockschloß* (17. und 18. Jh) mit zwei achteckigen Treppentürmen und ein Rundgang durch das *Agrarhistorische Freilichtmuseum* mit Landwirtschaftsgebäuden, Bockwindmühle, Dorfschule (1740), Bäkkerei und einem Brau- und Brennereihaus vermitteln ein Bild des ehem. Gutslebens im Pleißengebiet.
Crimmitschau (16 km n): Die 1729 barocki-

Mylau (Zwickau), Göltzschtalbrücke

sierte, im Kern roman. *Dorfkirche* (12. bis 18. Jh.) birgt einen qualitätvollen spätgot. Kruzifixus (um 1500). – Im *Heimatmuseum* (Straße der Befreiung 1) kann man eine historische Handweberstube und eine Altenburger Bauernstube bewundern.

Hartenstein (16 km sö): Die vorwiegend roman. Oberburg v. *Schloß Stein* besitzt doppelte Zwingermauern mit Wehrgang und einen Palas auf der w Rundbastion sowie einen massigen Bergfried (12. Jh.). Von der Hofanlage der Niederburg (15.–16. Jh.) sind nur der w und ein Teil des s Flügels erhalten. Der Rundturm entstand vermutlich im 14. Jh. – Das *Schloß Wolfsbrunn* ist eine 1912–13 v. E. v. Seidl erbaute Jugendstilvilla mit wertvoller Innenausstattung. Die Dekkenbemalung schuf J. Diez; im Park Plastiken v. F. Behn und G. Wrba. – Im *Heimatmuseum* erinnert eine Dokumentation an das Leben und Wirken des 1609 hier geborenen Dichters P. Fleming.

Mylau (23 km sw): Die im 12. Jh. mit Schildmauer und 25 m hohem Bergfried erbaute *Burg* (restauriert) wurde im Auftrag Kaiser Karls IV. um die Vorburg (um 1360/70) erweitert. Der ehem. Palas dient heute als Rathaus und beherbergt auch das *Kreismuseum* mit Exponaten zur Regionalgeschichte und zum Bau der im Stil eines röm. Aquäduktes 1845–51 w der Stadt erbauten *Göltzschtalbrücke*, einer der ersten dt. Eisenbahnbrücken. – In der neugot. *Kirche* (um 1900) befindet sich eine Silbermann-Orgel, die in ein neugot. Gehäuse gesetzt wurde.

Reichenbach (18 km sw): *Peter-und-Paul-Kirche*. Die 1720 nach einem Brand völlig erneuerte Stadtkirche (im 20. Jh. restauriert) birgt im Inneren mit *Barockemporen* und *Deckenstukkaturen* qualitätvolle Ausstattungsstücke, so ein barockes *Kruzifix* (um 1680), einen ebenfalls barocken *Kanzelaltar* und v. a. eine 1723–25 v. Gottfried Silbermann eingebaute *Orgel*. – Einen spätgot. Flügelaltar mit kunstvoll geschnitzten Schreinfiguren (Muttergottes und Engel, 15. Jh.) birgt die *Trinitatiskirche* (17. bis 19. Jh.). – Im Haus Johannisplatz Nr. 3 wurde am 9. 3. 1697 die Schauspielerin Friederike Caroline Neuber (†1760) als Tochter eines Anwalts geboren. Sie war die berühmteste Schauspielerin ihrer Zeit, hatte 1725–50 eine eigene Theatertruppe und erneuerte zusammen mit Johann Christoph Gottsched das dt. Theater nach französischem Vorbild. In dem Gebäude befindet sich heute ein *Heimatmuseum,* in dem auch ihres Lebens und ihres Werkes gedacht wird.

Rodewisch (23 km sw): Die 1736 errichtete *Stadtkirche St. Peter* ist ein flachgedeckter rechteckiger Saalbau mit Strebepfeilern. Der ö Turm entstand 1755. Im Inneren befinden sich u. a. ein barocker Kanzelaltar v. 1736 mit lebensgroßen Figuren v. Mose und Johannes d. Ev. sowie Teile eines Flügelaltars v. P. Breuer (1516). – Im Ortsteil *Göltzsch* wurden 1937–39 die Reste der *Burg Göltzsch* ausgegraben, einer ma Ringwallanlage mit den Grundmauern eines v. einem Wassergraben umgebenen sog. Festen Hauses. Von dem ehem. Gut ist noch das einfache *Herrenhaus* erhalten. Hier ist ein *Museum* untergebracht, das u. a. über ma Ausgrabungsfunde und die Geschichte des Bergbaus im ö Vogtland informiert. Dargestellt wird auch die Geschichte des Messingwerkes Niederauerbach (1603 bis 1924).

Ruppertsgrün (12 km sw): 1513 wurde mit dem Bau der *Dorfkirche* begonnen. Das Gotteshaus mit kleinem, sterngewölbtem Raum mit dreiseitigem ö Schluß gilt als frühestes Beispiel der Aufnahme v. Renaissancebauformen in der ländlichen Architektur. Kapitelle und Basen der Säulen, die die umlaufenden steinernen Emporen tragen, sind teilweise figürlich gestaltet. Aus der Bauzeit stammen die runde Kanzel und die Taufe aus Sandstein.

Schönfels (9 km sw): Die um 2 Innenhöfe angelegte spätgot. *Burg Altschönfels* (um 1500; heute Museum und Konzertstätte) bewahrt den ma Bergfried mit Wehrgang und hölzerner Galerie und eine netzgewölbte Burgkapelle (um 1490) mit einem v. M. Krodel d. J. bemalten Renaissance-Altar (um 1600). Sehenswert ist die im Obergeschoß eingebaute spätgot. hölzerne Kemenate. Die Burg wird für viele kulturelle Zwecke genutzt; es finden Sonderausstellungen des *Museums,* Konzerte und Aufführungen auf der Freilichtbühne statt.

Das schlichte *Schloß Neuschönfels* (um 1540/50) besitzt 2 schießschartenbestückte Eckbastionen.

Qualitätvoll geschnitzte Schreinskulpturen (reitender hl. Martin, um 1490) sieht man am spätgot. Altarretabel in der *Dorfkirche* (1628).

Thierfeld (18 km sö): Sehenswerte got. Wand- und Deckenfresken (Apostel, Könige, Lamm Christi, Evangelistensymbole; alle um 1300) sowie eine Kreuzigungsgruppe und ein Sakramentshaus aus dem 15. Jh. bewahrt die *Dorfkirche* mit roman. Chorturm.

Thurm (8 km nö): In der barocken *Pfarrkirche* (1731) befindet sich ein kostbares, v. P. Breuer geschnitztes spätgot. Altarretabel (1508).

Register der Fachausdrücke

Abakus (griech.-lat. »Tischplatte«): Deckplatte über dem Kapitell einer Säule.
Achse: Gedachte Linie, die vertikal oder horizontal (Quer-, Längsachse) ein Gebäude einteilt; z. B. Fensterachse.
Ädikula: Wandnische, die zur Aufstellung einer Büste oder Statue dient; meist mit → Giebel, → Pfeilern oder → Säulen verziert.
Agnus Dei (lat. »Lamm Gottes«): Symbol Christi mit der Kreuzesfahne.
Akanthus: Schmuckelement, das sich vor allem am → korinthischen → Kapitell findet und aus der stilisierten Darstellung eines scharf gezackten, distelähnlichen Blattes entwickelt wurde.
Altar: Opfertisch bei Griechen und Römern. Tisch des Herrn im christlichen Glauben. In katholischen Kirchen neben dem Hauptaltar oft mehrere Nebenaltäre für verschiedene Heilige, in protestantischen Kirchen meist nur ein Altar.
Altaraufsatz: Schreinartiger Aufbau über dem Altartisch.
Altarauszug: Oberer, abgehobener Teil des → Altaraufsatzes.
Altargerät: Gefäße und Requisiten für die gottesdienstlichen Handlungen am → Altar.
Altarretabel: → Altaraufsatz.
Ambo: Pult an den Chorschranken in altchristlichen und mittelalterlichen Kirchen; Vorläufer der → Kanzel.
Andachtsbilder: Kleinere Kunstwerke mit Einzeldarstellungen, die an Nebenaltären gezeigt werden und der religiösen Erbauung dienen.
Anna selbdritt: Darstellung von Anna, Maria und dem Jesusknaben.
Antependium: Frontverkleidung des Altartisches.
Apsis: Abschluß des → Chors, meist halbkreisförmig. In der Regel Standort des → Altars.
Aquädukt: Wasserleitung, oft als über eine Bogenbrücke geführter Kanal, bei den Römern häufig zu Monumentalbauten entwickelt.
Aquamanile: Gießgefäß oder Schüssel für rituelle Waschungen bei der kath. Liturgie.
Arabeske: Ein stilisiertes Blattwerk, das als Schmuckmotiv verwendet wird.
Architrav: Steinerner Hauptbalken über den → Säulen.
Archivolte: Bogenlauf über romanischen und gotischen Portalen.
Arkade: Bogen, der von → Säulen oder → Pfeilern getragen wird. Mehrere Arkaden werden zu Bogengängen zusammengefaßt. Wenn die Arkaden keine Öffnung haben (und nur aus dekorativen Gründen verwendet werden), spricht man auch von Blendarkaden.
Arkatur: Von Pfeilern oder auch Säulen getragene Bogenstellung.
Atrium: Bei den Römern ein zentraler Raum mit einer Öffnung im Dach, durch die das Regenwasser einfallen konnte. In der christlichen Architektur ein Vorhof, der meist von → Säulen umgeben ist, auch Paradies genannt.
Attika: Eine (meist reich verzierte) Wand, die über das → Gesims einer Säulenreihe gemauert wird und das Dach verdecken soll.
Aufgehendes Mauerwerk: Der sichtbare (oberirdische) Teil des Mauerwerks.
Aula: Halle, Versammlungssaal.
Auslucht (niederdeutsch Utlucht): Gebäudeerker auf massivem Sockel (→ Erker).

Backstein: Ziegel, der im Brand gehärtet worden ist (im Gegensatz zum natürlichen Gestein).
Backsteingotik: Bauten aus → Backstein in den Forrnen der → Gotik. Vorwiegend in Nord-, Ost- und Süddeutschland zu fnden.
Baldachin: Schutzdach über → Altären, Grabmalen, Statuen und Portalen.
Balkendecke: Holzdecke aus unverputzten Balken über einem → Schiff; durch die Balken ist die Decke meist in Dekorationsfelder unterteilt.
Baluster: Kleine bauchige oder profilierte Säule.
Balustrade; aus → Balustern gebildetes Geländer.
Bandelwerk: Ein im späten 17.Jh. in Frankreich entstandenes Ornament aus verschlungenen Bändern.
Baptisterium: Taufkirche oder Taufkapelle, in der Regel Zentralbau.
Barbakane: einer mittelalterlichen Stadtbefestigung vorgelagerter Torbau, meist gerundet und mit Schießscharten versehen.
Barock: Stilbezeichnung für die Kunst und Kulturepoche ab etwa 1600 bis etwa 1750. Bestimmend sind kraftvoll bewegte, ineinandergreifende Formen.
Basilika: Griechische Königshalle; im Kirchenbau Bezeichnung für eine mehrschiffige Kirche (→ Schiff), deren Satteldach über dem Hauptschiff höher ist als die Pultdächer über den Seitenschiffen.
Siehe auch → Säulenbasilika und → Pfeilerbasilika.
Basis: Fuß einer → Säule oder eines → Pfeilers, meist breit auslaufend und dekorativ gestaltet.
Basrelief (auch: Flachrelief): Aus der Fläche nur wenig vortretende, Rundungen lediglich andeutende Skulptur.
Bauhütte: Die Werkstatt der Handwerker, die an einem Kirchenbau beteiligt waren.
Beinhaus: Gebäude zur Aufnahme von Gebeinen aus ausgeräumten Gräbem, meist verbunden mit einer Kapelle.

Bergfried: Hauptturm einer Burg, letzte Zufluchtsstätte bei Belagerungen.
Bering: Mantelmauer einer Burg.
Beschlagwerk: Schnitzwerk der → Renaissance, das bandeisernen Zierbeschlägen nachgebildet wurde.
Bettelordenskirchen: Die auf das Wesentliche beschränkten, großenteils ohne Querhaus, immer ohne Türme erbauten Kirchen der Dominikaner und Franziskaner (v.a. 13. und 14.1h.).
Biedermeier: Kunst und Kulturepoche (v.a. im deutschsprachigen Raum) v. ca. 1815 bis ca. 1850.
Blattkapitell: Gotisches → Kapitell, bei dem die Grundform von feinen Blattomamenten überzogen ist.
Blendarkade: → Arkade.
Blende: in die Wand eingetieftes Feld oder der Wand vorgelegtes architektonisches Motiv mit der Wirkung einer Scheinarchitektur.
Blendmaßwerk: → Maßwerk.
Blockbau: Holzbauweise, bei der die tragenden Wände aus waagrecht aufeinandergeschichteten Balken konstruiert sind; auch gewetteter oder gestrickter Bau genannt (Gegenteil: → Ständerbau).
Bogenformen: Der Bogen dient zur Überbrükkung größerer Spannweiten im Steinbau.
Bogenfries: Ein → Fries in der Form von Rundbogen (häufig bei romanischen Bauwerken).
Borgo: Eigenständig befestigte Gebäude (meist Vorstadt) in ital. Städten.
Boskett, Bosquett: Besonders in französischen Parks und Gärten angepflanzte Baum- und Sträuchergruppen (»Lustwäldchen«).
Bossenquader: Quaderstein, der an der Sichtfläche gerundet vorsteht (→ Quader).
Bruchsteinmauerwerk: Eine aus unbearbeiteten, rohen Steinen unregelmäßig aufgeschichtete Mauer.
Bündelpfeiler: In der Gotik beliebte → Pfeilerform. Um Kernpfeiler gruppieren sich kleinere und größere Dreiviertelpfeiler.

Campanile: frei stehender Glockenturm einer Kirche, in Italien stark verbreitet.
Campo Santo (ital. »Heiliges Feld«): Ein häufig v. Arkaden umzogener Friedhof.
Carré Savoyard: Burganlage über regelmäßigem viereckigem Grundriß, an den Ecken vorspringende Rundtürme, einer davon als Wohnturm ausgebildet.
Campanile → Kampanile.
Cella: Hauptraum des antiken Tempels mit dem Götterbild.
Chor: Der meist erhöhte und in der Regel östlich gelegene Abschluß des Kirchenraumes. Der Chor hat meist nicht die gleiche Breite wie das → Schiff. Er dient zur Aufnahme des → Altars. Im Mittelalter war der Chor oft durch Schranken zum übrigen Kirchenraum abgegrenzt.
Chorgestühl: Sitzreihen für die Geistlichkeit bzw. in Klosterkirchen für die Mönche und Nonnen, zu beiden Seiten des → Chors aufgestellt.
Chorgitter: Etwa seit dem 17.Jh. anstelle des Lettners verwendetes Gitter.
Chorumgang: Ein Gang, der durch die Fortführung der Seitenschiffe entsteht und um den Chor herumführt.
Confessio: Vorform der ma Krypta. Unter dem Hochaltar angelegtes Märtyrer- oder Kirchenheiligengrab: Verehrungs und Bekenntnisstätte.
Cosmatentechnik: Mosaikarbeiten, meist ornamental aus Marmor angefertigt.

Dachformen, *Pultdach:* eine einzige schräg ansteigende Dachfläche. *Satteldach:* zwei schräge, gegeneinander aufsteigende Dachflächen, an den Enden durch einen Giebel begrenzt. *Tätschdach:* flach geneigtes Satteldach. *Walmdach:* Satteldach, bei dem auch die Giebelseiten mit einer Dachfläche (Walm) versehen sind. *Krüppelwalmdach:* Walmdach, bei dem nur der obere Giebelteil abgewalmt ist. *Zeltdach:* vier steil aufsteigende Dachflächen über viereckigem Grundriß, z.B. als Turmabschluß. Vgl. → Klebdach.
Dachreiter: Türmchen über dem Dachstuhl.
Deesis: Darstellung des thronenden Christus, flankiert von Maria und Johannes d.Täufer.
Dienste: Dünne Säulen oder Rundstäbe, die einer Wand oder einem Pfeiler vorgelagert sind, meist zur Unterstützung des Gewölbes.
Diptychon: Zusammenklappbare zweiteilige (Altar-)Tafel.
Directoire-Stil: Französischer Kunststil während der Herrschaft des Direktoriums (1795-99), Anlehnung an die Antike.
Donjon: Befestigter Haupt- und Wohnturm mittelalterlicher französischer Burgen.
Doppelkapelle: Eine zweigeschossige Kapelle.
Dorische Säulenordnung: → Ordnung, bei der die → Säulen ohne → Basis direkt auf den Boden gesetzt sind und flache, wulstförmige → Kapitelle tragen.
Draperie (franz. drap »Tuch«): Dekoration mit Stoffen, Behänge aus Stoffen und deren malerische Darstellung.
Dreipaß: einem Kreis eingeschriebenes kleeblattförmiges → Maßwerkmotiv in der Gotik.

Ecce Homo (lat. »Seht, welch ein Mensch!«): Darstellung Christi mit der Dornenkrone.
Echauguette: erkerartig vorragendes Wachtürmchen.
Eckrisalit: vorspringende Eckpartie eines Gebäudes.
Empore: Zwischengeschoß; in der Kirche meist Galerie für Sänger und Orgel.
Empire-Stil: Klassizistischer Kunststil in Frankreich zu Beginn des 19.Jh., mit griechisch-römischen und ägytischen Vorbildern.

Enclos Paroissial: Kirchplatz (eingefriedet), in Frankreich oft mit Kalvarienberg.
Enfilade (franz. »Aufreihung«): Anordnung v. Räumen, deren Verbindungstüren in einer Achse liegen.
Englischer Garten: Im Gegensatz zur (franz.) geometrischen Barockanlage hat der engl. Garten Landschaftscharakter und ist aufgelokkert.
Englischer Gruß: Verkündigung des Engels an Maria.
Epiphanie: Erscheinungsfest eines Gottes bzw. Christi (vgl. Dreikönigsfest am 6.Januar).
Epitaph: Gedenktafel oder Gedenkstein an Wand oder Pfeiler, oft über dem Grab des Verstorbenen.
Erker: In sich geschlossener vorspringender Anbau an die Außenwand eines Gebäudes. Oft ein Dekorationselement.
Eremitage: Pavillon in Park und Gartenanlagen, einsam gelegenes Schloß.
Eselsrücken: → Bogenformen.
Eselstreppe: Stufenloser Aufgang eines Turms, vermutlich benutzt, um Esel das Baumaterial hinauftragen zu lassen. Daher sog. Eselstürme an mittelalterlichen Domen.
Evangelistensymbole: Erstmals Hieronymus (347–419) deutete die 4 Lebewesen in der Offenbarung des Johannes (Offb. 4,6–8) als Sinnbild der Evangelisten. Der Mensch ist das Symbol für Matthäus, der Löwe für Markus, der Stier für Lukas, der Adler für Johannes.
Exedra: Apsis, überwölbt mit einem Kuppelausschnitt.
Exvoto: Ein aufgrund eines Gelübdes gestiftetes Bild: Votivbild, -tafel.

Fachwerk: Balken, die als tragende Teile benutzt werden, sind mit Lehm oder Ziegeln aufgefüllt.
Fassade: Haupt- oder Schauseite eines Bauwerks.
Fassung: Bemalung.
Fayence: Töpferwaren mit Glasurüberzug, benannt nach der italienischen Stadt Faënza.
Feiertagschristus: Darstellung Christi als Schmerzensmann, umgeben von bäuerlichen oder handwerklichen Geräten. Mahnbild mit der Bedeutung, daß Christus durch Sonntags- und Feiertagsarbeit stets neu verwundet werde.
Fiale: Ziertürmchen in der → Gotik; oft als Bekrönung eines → Strebepfeilers.
Figurenkapitell: Das → Kapitell einer Säule, das zu einer Figur ausgearbeitet worden ist.
Filigranwerk: Ursprünglich Goldschmiedearbeit, bei der Gold- und Silberdraht ornamentartig auf eine Metallunterlage gelötet werden. Auch auf vielfach durchbrochene Schnitzwerke und Stukkaturen übertragen.
Filialkirche: Gemeindekirche, deren Pfarreirechte ganz oder teilweise bei einer Mutterkirche liegen.
Fischblase: Flammenförmige Ornamentform im gotischen → Maßwerk.
Flamboyant-Stil: Bezeichnung für die Stilform der englischen und französischen Spätgotik mit flammenden Ornamenten (→ Fischblase) im → Maßwerk.
Flechtband/Flechtwerk: Ornament mit dem Motiv ineinander verschlungener Streifen, im Frühmittelalter häufig verwendet.
Flügelaltar: Der → Altaraufsatz hat ausklappbare, meist reich geschnitzte oder bemalte Flügel.
Fresko: Auf den noch feuchten Kalkputz werden Wasserfarben ohne Bindemittel aufgetragen. Beim Trocknen des Mörtels verbinden sich die Farben besonders haltbar mit dem Putz.
Fries: Schmuckstreifen zum Abschluß oder als Untergliederung einer Wand. Der Fries kann flächig oder plastisch sein, er kann aus Figuren oder → Ornamenten bestehen.
Frontale: Zusätzliche, vor die Vorderseite des Altars zu setzende Tafel.
Frontispiz/Fronton: Giebeldreieck über einer Fassadenfront, einem Portal oder einem Altaraufsatz.
Füllmauer: Eine nur außen aufgemauerte, innen mit Mörtel und Steinen aufgefüllte Mauer.

Gaden: In der Architektur Bezeichnung für Obergeschoß.
Galerie: Ein langgestreckter Raum; oft werden → Emporen und → Arkadengänge auch Galerie genannt.
Gaube: Als Giebelhäuschen ausgebildetes Dachfenster.
Gebälk: Balkensystem eines Holzbauwerks. Im Steinbau der → Renaissance und des → Barock werden → Architrav, → Fries und → Gesims zusammen als Gebälk bezeichnet.
Gebundenes System: Quadratisches Schema eines Grundrisses (vorwiegend in romanischen Kirchen). Ausgehend von der quadratischen 6-Vierung sind jeweils gleich große Gewölbequadrate in allen Richtungen angefügt. In den Seitenschiffen entsprechen jeweils zwei kleinere Gewölbequadrate den größeren Quadraten des Mittelschiffes.
Gesims: Ein vorspringender Wandabschluß.
Gesprenge: Abschließende Bekrönung des → Altaraufsatzes.
Gewölbe: Bogen- oder haubenförmiger Abschluß eines Raums.
Gewölbeformen: *Tonnengewölbe:* Gewölbe mit dem Querschnitt eines Halbkreis-, Segment-, Korb- oder Spitzbogens.
Stichkappengewölbe: Tonnengewölbe, das durch einen seitlich einschneidenden Kappenkranz, meist mit Fensteröffnungen, begrenzt ist. *Kreuzgewölbe/Kreuzgratgewölbe:* rechtwinklige Durchdringung von zwei gleich hohen Tonnengewölben, die Durchdringungslinien heißen Grate. *Kreuzrippengewölbe:* Kreuzgrat-

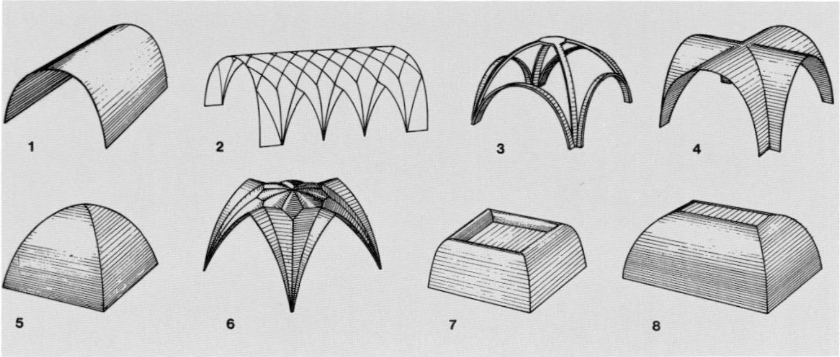

1 Tonnengewölbe 2 Stichkappengewölbe 3 Kreuzrippengewölbe 4 Kreuzgrat-gewölbe 5 Klostergewölbe 6 Sterngewölbe 7 Kassettengewölbe 8 Spiegelgewölbe

1 dorisches Kapitell 2 romanisches Würfelkapitell 3 korinthisches Kapitell 4 ionisches Kapitell 5 gotisches Knospenkapitell 6 gotisches Blattkapitell

gewölbe mit tragenden Rippen entlang der Grate.
Sterngewölbe: sternartig verzweigtes Rippengewölbe.
Giebel: Stirnseite; bei Gebäuden mit Sattel- oder Pultdach dreieckig und meist senkrecht. Auch über Fenstern oder Türen. Staffel-, Treppengiebel.
giebelständig: eine Giebelseite zeigt gegen die Straßenseite (Gegenteil: traufständig).
Glockenjoch: aufgemauertes Giebelchen mit jochartiger Öffnung, in der eine Glocke aufgehängt ist.
Gobelin: Bildteppich.
Gotik: Epoche der europäischen Kunst und Kultur, die von der Mitte des 12.Jh. bis ins 16.Jh. reicht.
Graffiti: Eingekratzte Inschriften oder Zeichnungen, meist an Wänden antiker Gebäude.
Grisaille: Malerei in verschiedenen Grauabstimmungen.
Gurtbogen: Eine konstruktive und dekorative Unterstützung des Gewölbeabschnitts, die sich rippenartig als Bogen quer zur Längsachse spannt.

Hängewerk: Konstruktion in Holz oder Stahl zur Bewältigung großer Spannweiten, vor allem im Brückenbau angewendet: ein waagrechter Hängebalken wird von einer oder mehreren Hängesäulen gehalten, die mit den Brückenenden verstrebt sind.
Halbsäulen: Nur mit ihrem halben Durchmesser, im Querschnitt halbkreisförmig aus der Wand vortretende Säulen.
Hallenchor: Ein → Chor, der aus mehreren, jedoch gleich hohen → Schiffen besteht.
Hallenkirche: Im Gegensatz zur → Basilika sind Hauptraum und → Seitenschiffe gleich hoch; ohne → Querhaus.
Halsgraben: Künstlich geschaffener Graben, der Burgen vom Landrücken trennt. Oft auch Zugang über Zugbrücken.
Haustein: Ein an seiner Oberfläche bearbeiteter Naturstein.
Heidenhäuser: mit »Heidenhaus«, »Heidenwölbi«, »Heidenstock« bezeichnet der Volksmund Architekturformen, die wegen ihres Alters ungewöhnlich erscheinen und deshalb mit Abergläubischen verbunden werden.
Helm: Der Abschluß eines Turmes.
Hochaltar: Zentraler Hauptaltar einer Kirche.
Hocheingang: in einem oberen Geschoß gelegener Eingang zu einem Turm oder → Palas.

Ikonostasis: In der Ostkirche Bilderwand zwischen Allerheiligstem und Gemeinderaum.
Immaculata: Die Unbefleckte, Ehrenname Marias.
Inkarnation: Fleischwerdung.
Inkrustation: farbige, ornamentale Einlegearbeiten in Stein zur Verzierung v. Wand- u. Fassadenflächen.
Intarsia: Einlegearbeit in Holz, Stuck, Stein etc.
Ionische Säulenordnung: → Ordnung, bei der die → Säulen auf einer mehrgliedrigen → Basis stehen und das → Kapitell durch zwei Schneckenbögen charakterisiert ist.

Joch: Grundeinheit des durch → Pfeiler, → Säulen oder → Gurtbogen gegliederten Raumes.
Jugendstil: Nach der Münchner Zeitschrift »Jugend« benannte Stilrichtung, die sich gegen die Übernahme alter Formen wendet und neue, der Natur entnommene Ausdrucksformen schafft. Schwerpunkt von 1895 bis um 1905.

Kabinettscheibe: kleines Glasgemälde als Schmuck von Fensterscheiben.
Kämpfer: Steinplatte zwischen → Säule bzw. → Kapitell und Bogen oder Gewölbe.
Kalotte: Gewölbte Kuppel in Form eines Kugelabschnitts.
Kalvarienberg, *Calvaire:* Plastische Darstellung der Kreuzigungsgruppe und des Kreuzigungsberges, oft Wallfahrtsort.
Kamee: Stein oder Edelstein mit erhaben geschnittener Darstellung.
Kampanile, *Campanile:* (meist frei stehender) Glockenturm.
Kanon: Regelmäßiges, wiederkehrendes Maß.
Kannelüren: Senkrechte Rillen am Schaft von Säulen oder Pfeilern.
Kanon: Regelmäßiges, wiederkehrendes Maß.
Kanzel: Erhöhter Platz in der Kirche, von dem aus die Predigt gehalten wird. Oft von einem → Baldachin oder einem → Schalldeckel überdeckt.
Kapelle (lat. Cappa »Mantel«): Name urspr. abgeleitet v. einem kleinen Raum der Königspfalz v. Paris, wo sich der Mantel des hl. Martin befand.
Kleines gottesdienstliches Gebäude ohne Pfarrecht; selbständiger Teil einer Hauptkirche (Grab-, Taufkapelle); Burg- oder Schloßkapelle.
Kapellenkranz: Mehrere um den Chor gezogene Kapellen.
Kapitell: Abschließender, kopfartiger Teil einer → Säule. Die Form der Kapitelle ist ausschlaggebend für Stil oder → Ordnung.
Kapitelsaal: Versammlungsraum der Klostergemeinde.
Kappe: ausgeschiedenes Teilstück eines Gewölbes (→ Gewölbeformen).
Karner: (auch: Beinhaus): Kapellenartiges Haus auf Friedhof, in dem die Gebeine aufbewahrt werden, die bei Neubelegung von Gräbern ausgegraben werden; oft zweigeschossig und mit Totenkapelle; vor allem in den Alpenländern.
Karnies (griech. koronis »gekrümmt«): Leiste mit leicht S-förmig gekrümmtem Profil.

Kartause (ital. Certosa): Kloster der Kartäuser mit einzelnen Wohnzellen und Gärten, Kreuzgang, Kirchen und Kapitelsaal.
Kartusche: Zierrahmen, mit dem Wappen, Initiale oder Inschriften eingefaßt sind.
Karyatide: → Gebälk tragende Figur.
Kassettendecke: Diese in rechteckige Felder unterteilte Decke ist durch → Omamente, Bemalung oder anderen Schmuck ausgeprägt.
Kassettengewölbe: Ein von einer rechteckigen Kassette angeschnittenes → Kloster oder Haubengewölbe in regelmäßiger Folge.
Kastell: in römischer Zeit befestigter Garnisonsplatz.
Kathedrale: Bischofskirche, Dom.
Kehrgiebelhaus: ein Giebelhaus mit → traufständig anschließendem Nebengebäude.
Kenotaph: Grabdenkmal, an anderer Stelle errichtet als das tatsächliche Grab.
Kielbogen: → Bogenformen.
Klangarkade (auch: Schallarkade): Bogenförmige Schallöffnungen im Glockengeschoß eines Kirchturms.
Klassizismus: Von klassisch-antiken Vorbildem ausgehende Stilrichtung, die zwischen etwa 1770 bis etwa 1830 ihren Höhepunkt erreichte.
Klebdach: An der Außenwand über Fenstern und Portalen angefügtes Vordächlein.
Klostergewölbe: (Haubengewölbe): Ein kuppelähnliches, waagrecht gerade abschließendes Gewölbe aus Tonnenabschnitten.
Knorpelstil: Die vorbarocke Form des → Ornaments, aus dem → Beschlagwerk entwickelt, mit ohrmuschelartigen Formen.
Knospenkapitell: Abwandlung des → korinthischen Kapitells in frühgotischer Zeit.
Konche: Halbrunder, sich in einen Nebenraum öffnender Raum, besonders Halbkuppel der Apsis.
Konsole: Wandvorsprung, Balkenstütze.
Kopfreliquiar: → Reliquiar in Kopf- oder Büstenform.
Korbbogen: Flachgedrückter Rundbogen.
Korinthische Säulenordnung: Reiche Zierformen kennzeichnen bei dieser → Ordnung die → Kapitelle. Die → Basis ähnelt der → ionischen Ordnung.
Kragstein: Aus der Mauer herausragender Stein, der als Stütze, als Auflage oder auch nur als Träger für eine Büste dient.
Kranzgesims: Abschlußgesims der Fassade unter dem Dachansatz.
Kreuz (lateinisch crux): Zwei sich meist rechtwinklig schneidende Balken als alte Symbolform. Griech. Kreuz mit gleich langen Armen, lat. Kreuz mit verschobenen Querbalken. → Andreaskreuz, Malteserkreuz mit zweispitzigen Armen, Papstkreuz mit 3 Querbalken; außerdem lothringisches Kreuz mit 2 Querbalken, Antonius- und Gabelkreuz.
Kreuzgang: Meist gewölbtes, nach innen durch → Arkaden geöffnetes Geviert, das als Umgang im Hof eines Klosters dient und an einer Seite an die Kirche anschließt.
Kreuzgewölbe: Ein → Gewölbe, bei dem sich zwei → Tonnengewölbe rechtwinklig kreuzen. Man unterscheidet das einfache Kreuzgratgewölbe von dem Kreuzrippengewölbe, bei welchem die Schnittkanten durch Rippen verstärkt sind.
Kruzifixus: Kreuz mit einer Darstellung des Gekreuzigten.
Krypta: Unterkirche, Grabraum, meist unter dem → Chor gelegen. Oft sind Kirchen über einer alten Krypta errichtet worden.
Kuppelformen, wichtigste: *Pendentif- oder Hängekuppel:* über quadratischem oder vieleckigem Grundriß gewölbte halbrunde Kuppel mit ausgeschiedenen Seitenflächen. Die von der Kuppelwölbung in den Kuppelansatz überleitenden sphärischen Dreiecke heißen *Pendentifs* oder *Hängezwickel. Tambourkuppel:* Pendentifkuppel mit zylindrischem oder polygonalem Zwischenstück *(Tambour, Trommel)*, das zwischen Pendentifs und Halbkugel geschoben ist. Der obere Abschluß einer Kuppel wird meist durch eine → Laterne gebildet.

Langhaus: Hauptteil der Kirche, für die Gemeinde bestimmt (ohne → Chor und → Apsis).
Laterne: Kleiner Turm zum Abschluß einer Kuppel, meist reich verziert.
Laterne: Runder oder polygonaler, mit Fenstern versehener kleiner Aufbau über der Scheitelöffnung einer Kuppel oder als Turmbekrönung.
Laubengang: Bogengang, der dem Erdgeschoß eines Baus vorgelagert ist.
Leibung, Laibung: Fläche des Mauereinschnitts bei Fenstern und Türen.
Lettner: Wand oder Brüstung zwischen → Chor und → Mittelschiff, die den klerikalen Bereich vom Laienraum trennt.
Leutkirche: Dem Laiengottesdienst vorbehaltener Raum in Stiftskirchen.
Lichtgaden: Fensterzone der Hochwand im Mittelschiff einer → Basilika, auch *Obergaden* genannt.
Lisene: Schwach aus der Wand vortretender senkrechter Mauerstreifen ohne Basis und Kapitell.
Loggia: Nach außen geöffnete Säulenhalle eines Bauwerks, häufig im Obergeschoß.
Loretokapelle: Architektonische Nachahmung des Muttergottes-Hauses, das der Legende nach durch Engel von Nazareth nach Loreto bei Ancona (Mittelitalien) versetzt wurde.
Louis-Quatorze: Französischer Kunststil, dem deutschen → Barock vergleichbar; benannt nach Ludwig XIV. (1638–1715).
Louis-Quinze: Epoche des Spätbarock in Frankreich, benannt nach Ludwig XV. (1710 bis 1774). Entspricht in etwa dem → Rokoko in Deutschland und Österreich.

Louis-Seize: Beginn des → Klassizismus in Frankreich, benannt nach Ludwig XVI. (1754 bis 1793); eine gemäßigte Form des → Rokoko.
Lüftlmalerei: Malerei an Hauswänden, vornehmlich im süddeutschen Raum.
Lünette: Halbkreisförmiges Feld über Türen und Fenstern, oft mit Malerei oder Plastik.
Luginsland: Ein hochragender, häufig alleinstehender oder vorgesetzter Wart- und Aussichtsturm; in Städten auch als Feuerwacht benutzt.
Lukarne: Kleines Dachfenster.

Majestas Domini: Frontal thronender Christus mit hochgehaltener Rechter und Lebensbuch, oft mit den 24 Ältesten oder den 4 Evangelistensymbolen dargestellt.
Mandorla: Heiligenschein in zugespitzter Mandelform, der eine ganze Heiligengestalt (Maria oder Christus) umgibt.
Manierismus: Kunststil zwischen → Renaissance und → Barock (ungefähr von 1530 bis 1630).
Der Manierismus vernachlässigt natürliche und »klassische« Formen zugunsten gewollter Künstlichkeit der Manier.
Mansarde: Ein abgeknicktes Dach, wobei der untere Teil steiler als der obere ist. Der gewonnene Raum wird ebenfalls Mansarde genannt und läßt sich gut für Wohnzwecke benutzen. (Benannt nach dem Franzosen F. Mansart.)
Maschikuli: Kleine Öffnungen zwischen einem vorkragenden Zinnenkranz, bei mittelalterlichen Wehrbauten zum Ausguß von Pech und Schwefel bestimmt.
Maßwerk: Gotische geometrische Zierformen, vor allem für die Ausgestaltung von Fensterbögen oft verwendet. Liegen die Zierbogen direkt auf der Wand, spricht man von Blendmaßwerk.
Mausoleum: Ein prächtiges Grabmal, meist in der Form eines Hauses oder Tempels.
Medaillon: Meist runde od. ovale Rahmung eines Ornaments oder Freskos (aus Stuck, Stein u.ä.).
Menhir: Roh behauener, senkrecht aufgestellter Stein aus vorgeschichtlicher Zeit.
Mensa: Die Deckplatte des Altars.
Mezzanin: Halb- oder Zwischengeschoß.
Miniatur: Kleinformatiges Bild; handgemalte Bilder in alten Handschriften.
Mittelschiff: Mittleres → Schiff der → Basilika oder der mehrschiffigen → Hallenkirche.
Mönchschor: Jener Teil des → Chores, der den Mönchen vorbehalten ist, oft abgeschlossen.
Monstranz: Schmuckgerät, in dem (meist hinter Glas) die geweihte Hostie gezeigt wird.
Mosaik: Wand-, Boden- oder Gewölbeschmuck, zusammengefügt aus kleinen bunten Steinchen, Glasscherben oder anderen Materialien.
Münster: Große Klosterkirche bzw. große Stiftskirche, vor allem in Rheinnähe gebräuchlich.
Municipium: In der röm. Republik die in den Staatsverband einbezogenen italischen Städte, in der röm. Kaiserzeit die mit röm. Recht ausgestattete selbständige Stadtgemeinde; munizipal bedeutet soviel wie städt.
Muschelwerk: Zierornamente, die dem Muschelmotiv nachempfunden sind; vor allem in der späten → Renaissance und im → Rokoko.

Narthex: Vorhalle von Basiliken und Kirchen.
Netzgewölbe: Ein → Gewölbe, bei dem sich die Rippen mehrfach kreuzen. Vor allem zur Zeit der → Gotik anzutreffen.
Neubarock: Reaktion auf den kühlen → Klassizismus. Die Wiederverwendung der Formen des → Barock entwickelte sich im letzten Drittel des 19.Jh. als ein historisierender Prunkstil mit übertriebenem plastischem Schmuck und auffälligen Farben.
Neugotik (Neogotik): Historisierender Kunststil, mit dem man im 19. Jh. die Bauformen und Schmuckornamente der → Gotik neu beleben wollte.
Nonnenchor: → Empore, auf der Nonnen dem Gottesdienst beiwohnen.

Obelisk: Frei stehender Pfeiler mit quadratischem Grundriß und pyramidenartiger Spitze.
Oculus: Runde Fensteröffnung.
Odeon: Meist rundes Gebäude, in dem musikalische und andere musische Aufführungen stattfinden.
Oktogon: Gebäude mit achteckigem Grundriß.
Olifant: Das Wunderhorn Rolands, ein Signal- und Kriegshorn aus Elfenbein, reich geschnitzt und in Edelmetall gefaßt.
Ophistodom: Beim griechischen Tempel Raum hinter der → Cella.
Orangerie: Teil barocker Schloß- und Parkanlagen, ursprünglich für die Überwinterung der während des Sommers im Freien aufgestellten Orangenbäume und anderer südlicher Gewächse gedacht. Oft erhielten die Orangerien jedoch Festräume für große Hofgesellschaften.
Oratorium: Kleine Kapelle, die in der Regel nicht für die Öffentlichkeit zugänglich ist, oft dem → Chorraum angegliedert.
Ordensburg: Burgen des Deutschen Ritterordens, vornehmlich in Preußen und Livland. Die vierflügeligen Anlagen sind um einen Innenhof gruppiert und durch sehr starke Befestigungsanlagen geschützt. Kloster, Garnison und Verwaltung sind in den Ordensburgen gemeinsam untergebracht gewesen.
Ordnung: Architektursystem der Antike, das bestimmte Reihenfolgen vorschreibt, vor allem bei → Säulen (→ dorische, → ionische etc.).
Orgelprospekt: Schauseite einer Orgel.
Ornament: Regelmäßig sich wiederholende Zierformen. Wiederkehrende Ornamente sind

oft unter anderen Begriffen zusammengefaßt (z.B. → Fries).
Ossarium: → Beinhaus.
Ottonische Kunst: Kunst aus der Zeit der Könige Otto I., Otto II. und Otto III. (936 bis 1002). Anreger und Finanziers dieser Kunst waren die Könige sowie Würdenträger der Kirche.

Pagode: Süd- und ostasiatischer Reliquienschrein und Tempel.
Pala: Altaraufsatz.
Palas: Wohnbau einer Burg.
Palladiomotiv: Ein von Sebastiano Serlio entwickeltes, nach Andrea Palladio (1508 bis 1580) benanntes Architekturmotiv seit der Spätrenaissance, auch *Serliana* genannt: dreiachsige Wandöffnung, mittlere Achse breiter und von Rundbogen überhöht, schmälere Seitenöffnungen mit horizontalem Abschluß auf Höhe des Bogenansatzes.
Pallium: Ein mantelähnlicher Umhang der Römer, im Mittelalter Krönungsmantel für Könige und Kaiser, später auch bei Erzbischöfen.
Paneel: Brusthohe Holzvertäfelung.
Panorama: In der Kunst ein Rundgemälde, vor allem zur Darstellung von Schlachten und Städteansichten.
Pantheon: Den Göttern geweihter Tempel. Nach dem Vorbild des Pantheons in Rom (Rundbau).
Paradies: → Atrium.
Parament: Sakrale Bekleidungsstücke, z. B. des Priesters oder des Altars.
Patio: Innenhof des Hauses, vor allem in Spanien.
Patrozinium: Schutzherrschaft des Heiligen, in dessen Namen die Kirche geweiht ist (Kirchenpatron); auch Namensfest des Kirchenpatrons.
Pavillon: Meist mehreckiger oder runder Bau in Parkanlagen. Bei Barockschlössern verbinden sehr häufig Eckpavillons den Hauptbau mit den davon abzweigenden → Galerien.
Pechnasen: Kleine, an der Unterseite geöffnete Erker bei mittelalterlichen Burgen, durch die man heißes Pech auf die Angreifer schütten konnte.
Pendentifkuppel: → Kuppelformen.
Pergola: Offener Laubengang aus einer Holzkonstruktion; an den Balken ranken sich Pflanzen empor.
Peripteros: Griech. Tempel mit einem Säulengang rundum.
Peristyl: Einen Hof umgebende Säulenhalle, bei profanen wie sakralen Bauten verbreitet.
Pesel: Wohnraum und Zentrum norddeutscher Bauernhäuser.
Pestsäule: Mittelalterliche Schmucksäulen, die an Zeiten erinnern, in denen die Pest im Ort gewütet hat.
Pfalz: Wohnstatt für Könige und Kaiser, die im Mittelalter nicht an einem Ort residierten, sondern ihren Sitz regelmäßig wechselten.
Pfeiler: Stützglied wie die → Säule, doch von recht- oder mehreckigem Grundriß.
Pfeilerbasilika: Die Bogen des → Schiffes der → Basilika liegen auf → Pfeilern.
Piano Nobile: Das wichtigste (edelste) Geschoß eines Profanbaues, meistens das 1. Obergeschoß z.B. mit Prunk- und Repräsentationsräumen.
Pieta: Darstellung der trauernden Maria mit dem Leichnam des Sohnes auf dem Schoß.
Pieve (ital. »Pfarrkirche«): Mit bes. Rechten ausgestattete, häufig etwas außerhalb der Ortschaften gelegene, meist dreischiffige Pfarrkirche.
Pilaster: → Pfeiler, der aus einer Wand hervortritt (Halbpfeiler), mit → Basis und → Kapitell.
Pinakothek (griech.): Bildersammlung.
Piscina: 1. Schwimmbassin in den römischen Bädern. 2. Taufbecken in einem Baptisterium. 3. Kleine Mauernische mit Wasserablauf im Chor für die liturgische Handwaschung.
polychrom: Vielfarbig ausgeführt; Farben deutlich gegeneinander abgesetzt: Ggs. monochrom.
Portal: In der Form und im Schmuck hervorgehobener repräsentativer Eingang v. Kirchen, Palästen oder vornehmen Profanbauten.
Polygon: Vieleck.
Polyptychon: Ein aus mehreren Tafeln (Flügeln) zusammengesetztes (Altar-)Bild.
Portikus: Von → Pfeilern gestützte Vorhalle.
Porträt (franz. »Portrait«): Darstellung v.a. des Antlitzes eines Menschen in Malerei oder Plastik.
Postament: Sockel eines Standbildes.
Präraffaeliten: Von London ausgehende Kunstrichtung (um 1850), die eine Verbindung religiöser und seelischer Motive forderte und sich an der italienischen Malerei der frühen → Renaissance orientierte. Vorstufe des → Jugendstils.
Predella: Unterbau des → Altars.
Presbyterium: Ursprünglich »Raum der Priester«, heute allgemeine Bezeichnung für den → Chor bzw. die → Apsis einer Kirche.
Prior: Bei Benediktinern und verwandten Orden Stellvertreter des Abts in einer Abtei oder Hausoberer in einem Priorat; bei Dominikanern und Kartäusern der Klostervorsteher.
Prismeller Baumeister: Baumeisterfamilie aus einer Walserkolonie jenseits des Monte Rosa (Val Sesia, früher Prismell). Berühmtester Vertreter: Ulrich Ruffiner (1. Hälfte 16.Jh.).
profan: Das Gegenteil von → sakral, also Kunst, die nicht mit dem religiösen Bereich in Verbindung steht. Zu den Profanbauten zählt man z. B. Rathäuser, Burgen, Schlösser, Bürgerhäuser etc.
Pronaos: Vorhalle des antiken Tempels (auch christliche Kirchengebäude).

Propstei: Dom- oder Stiftskapitel.
Propyläen: Die Eingangshalle monumentaler Bauten. Vorbild späterer Bauten waren die Propyläen auf der Akropolis in Athen (entstanden 437 bis 432 v. Chr.).
Prospekt: → Orgelprospekt.
Prothyros: Einfriedung vor der Tür des römischen Hauses.
Protorenaissance (Vorrenaissance): Florentinische Baukunst im 11. und 12.Jh.
Pseudobasilika (falsche Basilika): Basilikale Kirche mit erhöhtem, aber fensterlosem Mittelschiff.
Pulpitum: Frei stehende Kanzel.
Pultdach: → Dachformen.
Purifizierung (lat. »Reinigung«): Entfernung v. An- oder Umbauten; Wiederherstellung des urspr. Äußeren und Inneren.
Putten: Nackte engelhafte Kinderfiguren in der → Renaissance, im → Barock und im → Rokoko.
Pylon: Eingangstor bei griech. Tempeln und Palästen.

Quader: Behauener Block aus massivem Stein.
Quadriga: Ein vierspänniger Wagen.
Querhaus oder **Querschiff:** Raum in der Kirche, quer zum → Langhaus (→ Basilika).
Querschnitt: Ein gedachter Schnitt quer durch ein Gebäude zur Darstellung der Architektur.

Radfenster: Speichenartig gegliederte Fensterrose.
Refektorium: Speiseraum in Klöstern.
Refugium: Im Mittelalter in Kriegszeiten benützte Wehranlage zum Schutz der Bevölkerung, auch *Fluchtburg* genannt.
Régence: Französische Ausformung des → Rokoko.
Relief: Bildhauerarbeit, bei der die Figuren halbplastisch aus der Fläche herausgeschnitten (Holz) oder gemeißelt (Stein) sind. Je nach der Stärke der Erhebung spricht man von Flach-, Halb- oder Hochrelief.
Reliquiar: Behälter, in dem die Reliquien eines Heiligen aufbewahrt werden.
Remter: Speisesaal einer → Ordensburg (→ Refektorium).
Renaissance: Stilbezeichnung für die bildende Kunst ab etwa 1500 bis etwa 1600. Die Renaissance fällt zusammen mit dem Ende des mittelalterlichen Weltbilds und dem Beginn einer neuen, an der Antike orientierten Lebenshaltung (ital. rinascimento = Wiedergeburt).
Riegelbau, Fachwerkbau: Skelettbauweise, deren Gerüst aus waag- und senkrechten Pfosten (meist Holz) sowie diagonalen Streben besteht. Die Zwischenräume sind mit anderem Material gefüllt (Lehm, Backstein). Verfeinerte → Ständerbauweise.
Rippe: Tragendes Konstruktionselement eines Gewölbes mit Band-, Rundstab- Birnstabprofil: in der Spätzeit des Gewölbebaus wurden die Rippen der selbsttragenden Schale als dekorative Oberflächengliederung vorgeblendet (→ Gewölbeformen).
Risalit: Aus der Fluchtlinie vortretender Teil eines Gebäudes, der dessen volle Höhe erreicht.
Rocaille: Reich gestaltete, muschelähnliche → Kartusche, die namengebend für das → Rokoko wurde.
Rokoko: Stilbezeichnung für die Zeit des ausklingenden → Barock (etwa 1720–70), mit eleganten, leichten, oft verspielten, vor allem ovalen Formen.
Rollwerk: Bandartiges Omament, dessen sich aufrollende Enden plastisch ausgeformt sind. Motiv vieler Holzarbeiten vor allem im 16.Jh. in Flandern und Holland (→ Beschlagwerk).
Romanik: Die zusammenfassende Bezeichnung für die Kunst vom Jahr 1000 bis ins 13.Jh. In ihren Bauwerken ist die Romanik bestimmt von Rundbogen, ruhigen Omamenten und einer insgesamt schweren Haltung.
Romantik: Kunstrichtung zu Beginn des 19.Jh., die sich vor allem in der Literatur (Märchen), Malerei und Musik ausbreitete. Sie nimmt Formen und Motive des Mittelalters wieder auf und bedeutet eine Abkehr von den rationalen Normen des → Klassizismus.
Rose: Ein stark gegliedertes Rundfenster über dem Portal mit reichem → Maßwerk, vor allem bei gotischen Kirchen.
Rosette: Rosenartige Dekorationsform, z B. in Kassetten oder an Friesen.
Rotunde: Rundbau.
Rundbogen: → Bogenformen.
Ründe/Ründi: Halbrunde Holzverschalung unter einem Hausgiebel.
Rundling: Dörfer, die sich regelmäßig um den (runden) Marktplatz herum entwickelt haben.
Rustika: Mauern aus → Quadern, deren Schauseite absichtlich unbehauen geblieben ist.

Saalkirche: Stützenfreier Kircheninnenraum, also ohne → Seitenschiff.
Sacra Conversazione: Madonna inmitten mehrerer Heiliger, seit dem 15.Jh. v.a. in der ital. Malerei gebräuchlich.
Säkularisation: Umwandlung geistlicher Besitztümer in weltliche, vor allem in der Zeit unter Napoleon (1803).
Säule: Stützglied mit kreisförmigem Grundriß, Gliederung in Basis, Schaft und Kapitell. Säulenordnungen sind durch strenge Maß- und Proportionsregeln gekennzeichnet und kommen in den klassischen bzw. den von der Klassik beeinflußten Stilepochen vor (→ Pfeiler).
Säulenbasilika: → Basilika, die von → Säulen gestützt wird (im Gegensatz zur → Pfeilerbasilika).
sakral: kirchlich, geistlich (im Gegensatz zu → profan).
Sakramentshäuschen: Gehäuse zur Aufbewah-

rung der geweihten Hostien. In der späten → Gotik entstanden zahlreiche große Sakramentshäuschen, die zu bedeutenden Kunstwerken ausgestaltet sind.
Sanktuarium: Allerheiligstes der Kirche, Altarplatz.
Sarkophag: Meist reich verzierter steinerner Sarg.
Satteldach: Von zwei schräg gegeneinander gestellten Flächen gebildetes Dach. Die 2 Giebel befinden sich an den Schmalseiten.
Scagliola: Ein aus Gips, Leim, Wasser und Farben zusammengestelltes, später poliertes Material zur Imitation v. Marmor.
Schalenturm: Wehrturm in einer Ringmauer, an der Rückseite geöffnet.
Schalldeckel: → Kanzel.
Schildbogen: Ein das Joch gegen die Wandseiten hin begrenzender Gewölbebogen (→ Gewölbeformen).
Schildmauer: Hohe und starke, meist freistehende Mauer zum Schutz einer Burg vor fremdem Beschuß.
Schiff: Der Raumteil einer Kirche; daraus einschiffige oder mehrschiffige Kirchen; letztere durch → Säulen oder → Pfeiler aufgeteilt.
Schlußstein: Stein im Scheitel eines Bogens oder Rippengewölbes, häufig plastisch verziert oder bemalt.
Schnitzaltar: Altar mit geschnitzten Holzfiguren im Altarschrein.
Schwibbogen: Quer über einen Raum gezogener, 2 Wände verbindender freier Bogen als Mauerstütze oder Element der Raumgliederung.
Seitenschiff: Seitlich gelegenes → Schiff, durch → Säulen oder → Pfeiler vom Hauptraum der Kirche getrennt.
Sepultur: Für Begräbnisstätten reservierter Kirchenraum.
Serliana: → Palladiomotiv.
Sgraffito: Kratzputz.
Sinopie: Meist rötliche oder braune Vorzeichnungen von Fresken auf der Wand.
Sockel: Vorspringender unterer Teil einer Wand, eines → Pfeilers oder einer Säule.
Spiegelgewölbe: Ein langgestrecktes → Klostergewölbe, das im Scheitel mit einer waagrechten Fläche schließt.
Spitzbogen: → Bogenformen.
Spolie (lat. spolia »Beute«): Wiederverwendetes Glied (Kapitelle, Säule, Stein u.ä.) eines älteren Bauwerks.
Sprengwerk: → Gesprenge.
Stabkirche: Holzkirche (in Deutschland fast ausschließlich im Harz) aus senkrecht stehenden Planken und Pfosten.
Stabwerk: Senkrechte Stäbe zur Gliederung gotischer Fenster und Fassaden (→ Maßwerk).
Staffelgiebel: Giebel mit treppenartiger Stufung, auch Treppen- oder Stufengiebel.
Staffelhalle/Stufenhalle: Hallenkirche oder Pseudobasilika, deren Mittelschiff höher ist als die Seitenschiffe, jedoch ohne direkte Belichtung des Mittelschiffs (→ Basilika).
Stichkappengewölbe: Ein von dreieckigen Kugelflächen eingeschnittenes → Tonnengewölbe.
Strebepfeiler: Die in der Gotik ungewöhnlich großen Fensteröffnungen forderten eine Abstützung der Außenmauern durch → Pfeiler und Halbbögen.
Dieses Strebewerk fing den Gewölbedruck auf.
Strebewerk: System von Strebepfeilern und -bögen an Außenwänden zur Abstützung von Mauern und Gewölben; im got. Kirchenbau häufig verwendet.
Strickbau: → Blockbau.
Stucco Lustro: Mit Marmorstaub und Freskoputz vermengtes, heiß behandeltes und glattpoliertes Material, wirkt wie Marmor. Dieser »Stuckmarmor« wird v.a. zur Verkleidung v. Pfeilern, Säulen oder Wandflächen verwendet.
Stuck: Ein leicht formbarer Werkstoff aus Gips Kalk, Sand und Wasser, der v.a. im 17./18.Jh. zur plastischen Ausschmückung von Innenräumen gedient hat.
Stukkatur: Ornamentale und figürliche Stuck-Dekoration v.a. im Barock.
Supraporte: Dekoratives Feld (Malerei, Schnitzerei, Stuck) über der Türe; v.a. im Barock gebräuchlich.
Synagoge: Jüdisches Gotteshaus.

Tabernakel: Altargehäuse für die Hostie.
Tabor: Befestigtes Lager, Befestigung, besonders in der Steiermark gegen Türkeneinfälle; auch Taborkirche.
Täfer: Hölzerne, meist profilierte Wand- oder Deckenverkleidung.
Tambour: Unterbau einer Kuppel, in der Regel zylindrisch oder polygonal.
Terrakotta: Gebrannte, unglasierte Tonerde.
Thermen: Römische Warmbadeanstalten.
Thermenfenster: Senkrecht dreigeteiltes Halbkreisfenster, aus der römischen Thermenarchitektur übernommen.
Tonnengewölbe: → Gewölbe, das einer Tonne gleicht, die in Längsrichtung durchgeschnitten wird.
Toskanische Säulenordnung (röm. Bezeichnung): Abwandlung der dorischen Säulenordnung durch Zufügen einer Basis und Wegnehmen der Kanneluren des Schafts; glatter Säulenschaft, Kapitell ohne Schmuck und Verzierung.
Transenne: In die Fensteröffnungen eingefügte Holz- oder Steinplatten (Vorläufer der Fensterverglasung).
Traufe, Dachtraufe: Untere horizontale Begrenzung eines Daches.
Treppengiebel: → Staffelgiebel.
Treppenhaus: Monumentale Treppenanlage

(häufig zweiteiliger Treppenaufgang) in der Höhe des Gebäudes; v.a. im Barock, jedoch bereits auch während der Renaissance.
Triforium: Laufgang in der Wand unter den Fenstern von Mittelschiff, Querschiff und Chor, besonders in gotischen Kirchen.
Trinität (lat. trinitas »Dreiheit«): Dreieinigkeit, die Dreiheit v. Gottvater, Sohn und Hl.Geist in der Einheit des göttlichen Wesens u.a. als Dreieck mit dem Auge Gottes dargestellt.
Triptychon: Dreiteiliges Altarbild.
Triumphbogen: Geschmückter Torbogen.
Trompe l'œil: Spezielle Art der Darstellung, bei der Gegenstände so täuschend ähnlich gemalt sind, daß sie dem Auge als Wirklichkeit erscheinen.
Tudorstil: Baustil, der Elemente der → Gotik und der → Renaissance verbindet; benannt nach der englischen Familie Tudor (etwa um 1530 bis um 1600).
Tumba: Aufbau über einer Grabstelle.
Tympanon: Das Bogenfeld über dem mittelalterlichen Portal.

Vedute: Gemälde oder Zeichnung mit der genauen Darstellung einer Stadt oder Landschaft.
Verblendung: Verkleidung von Bauteilen, die nicht sichtbar sein sollen.
Verkröpfung: Vorziehen eines Gesimses über einem vorstehenden Bauteil (Wandpfeiler, Pilaster usw.).
Vesperbild: Pieta.
Vierpaß: Ornament des got. Maßwerks: vier einem Kreis eingeschriebene, kleeblattförmig angelegte Kreissegmente.
Vierung: Die Stelle, an der sich → Lang- und → Querhaus kreuzen.
Vierzehn Nothelfer: Die als Helfer in jeder Not angerufenen Hll. sind Achatius, Ägidius, Barbara, Blasius, Christophorus, Cyriacus, Dionysius, Erasmus, Eustachius, Georg, Katharina, Margaretha, Pantaleon und Vitus.
Viztum: Stellvertreter des Landesherrn, meist in bischöflichen Herrschaften.
Vollplastik: Allseits plastisch gearbeitetes Bildwerk (dagegen → Relief).
Volute: Spiralenförmiges → Ornament.
Vorarlberger Schema: Umstrittener Begriff für den Typus der barocken Wandpfeilerhalle mit Emporen, wie er im 17. und 18.Jh. von den Vorarlberger Baumeistern entwickelt und nördlich der Alpen verbreitet wurde.
Vorburg: In größeren Burganlagen der äußere Wehrbezirk.
Vorhalle: Ein der Westfassade integrierter Vorraum bei Kirchenbauten.
Vortragekreuz: Ein hauptsächlich bei Prozessionen benutztes Kreuz.
Vorzeichen: → Portikus.
Votivaltar (lat. votum »Gelübde«): Infolge eines Gelübdes gestifteter Altar; ebenso Votivkirche oder -kapelle.

Walmdach: → Dachformen.
Wange: Seitlicher Abschluß des → Chorgestühls.
Wandvorlage: Gliederung oder Verstärkung (Stabilisierung) einer Wand durch Dienste, Halbsäulen, Lisenen, Pilaster oder Pfeiler.
Wehrgang: Zur Verteidigung hergerichteter Laufgang in den oberen Partien einer Ringmauer.
Weicher Stil: Spezifische Erscheinung in der deutschen Malerei und Plastik der Spätgotik mit fließenden Gewandfalten und zartem Gesichtsausdruck.
Welsche Haube: Geschwungenes Haubendach für Türme, Vorläufer der → Zwiebelhaube.
Westwerk: Monumentaler Westabschluß bei Kirchen aus karolingischer, ottonischer und romanischer Zeit. Als Kirche für den Herrscher vorgesehen und deshalb oft auch mit einem eigenen Altar ausgestattet.
Wimperg: Giebelartige Bekrönung über got. Portalen und Fenstern, meist aus Maßwerk konstruiert.
Winkelhakenkirche: Kirche mit zwei längsrechteckigen Schiffen, die in einem stumpfen, beinahe rechten Winkel aufeinanderstoßen.
Würfelkapitell: Aus der Durchdringung von Würfel- und Kugelform entwickeltes → Kapitell der romanischen Stilepoche.

Zackenstil (auch: Knitterstil): In der Spätgotik, sogar bereits in der Spätromanik auftretender Stil, Falten an (Schnitz-)Figuren sehr scharf (zackig, knitterig) zu gestalten.
Zeltdach: → Dachformen.
Zentralbau: Baukörper mit gleich oder nahezu gleich langen Hauptachsen, im Grundriß dem Kreis, Quadrat, regelmäßigen Vieleck oder griechischen Kreuz angenähert.
Ziborium (auch Ciborium): Großer von Säulen getragener steinerner → Baldachin über dem → Altar.
Zinnenkranz: Oberer Abschluß einer Wehrmauer, bestehend aus schützenden, schildartigen Aufbauten, unterbrochen durch schartenartige Zwischenräume im Mauerrand.
Zopfstil: Stilrichtung aus der Zeit zwischen → Rokoko und → Klassizismus (etwa um 1760–80); geprägt von strenger Ausdrucksweise.
Zwerchhaus: Dachhäuschen mit einem Giebel, der quer zum Hauptdach steht.
Zwerggalerie: Gang in der Außenmauer unter dem Dachgesims; nach außen geöffnet und meist reich verziert.
Zwickel: Teilgewölbe, das meist zu einer Kuppel überleitet (→ Kuppelformen).
Zwiebelhaube: Dach in der Gestalt einer Zwiebel.
Zwinger: Das Gelände zwischen den inneren und äußeren Mauern der mittelalterlichen Stadtbefestigungen. Hier wurden oft Tiere gehalten. Im → Barock errichtete man an dieser Stelle dann oft Vergnügungsstätten.

Künstlerregister

Ortsregister

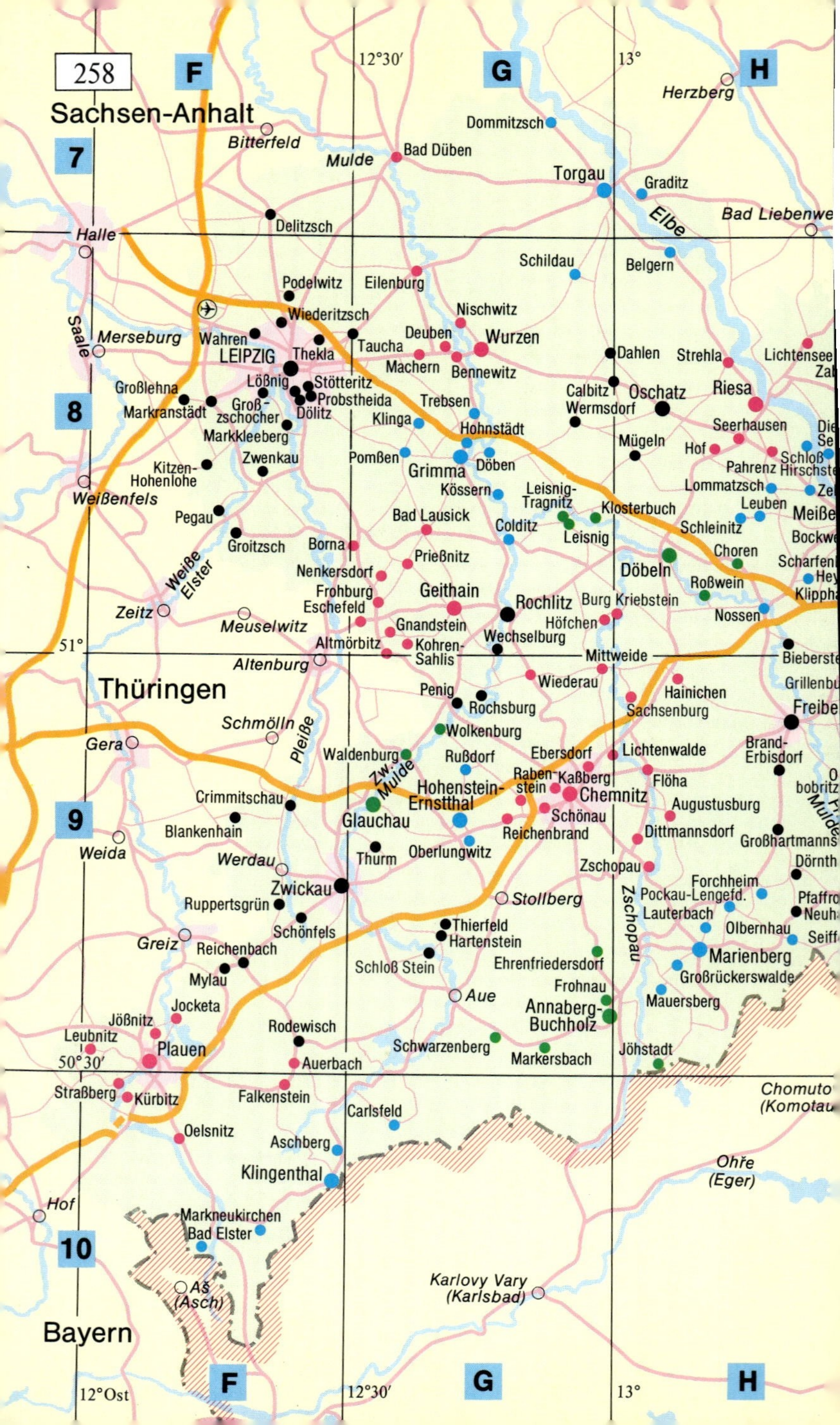

F
G
H
7
8
9
10
12°30′
13°
51°
50°30′
12°Ost
Sachsen-Anhalt
Thüringen
Bayern
Herzberg
Dommitzsch
Bitterfeld
Bad Düben
Mulde
Torgau
Graditz
Elbe
Bad Liebenwe
Halle
Delitzsch
Schildau
Belgern
Podelwitz
Eilenburg
Saale
Wiederitzsch
Nischwitz
Merseburg
Wahren
Deuben
Wurzen
Taucha
LEIPZIG
Thekla
Machern
Bennewitz
Dahlen
Strehla
Lichtensee
Großlehna
Lößnig
Stötteritz
Calbitz
Oschatz
Riesa
Markranstädt
Groß-
zschocher
Probstheida
Dölitz
Trebsen
Wermsdorf
Markkleeberg
Klinga
Hohnstädt
Seerhausen
Mügeln
Hof
Schloß
Hirschst
Kitzen-
Hohenlohe
Zwenkau
Pomßen
Grimma
Döben
Pahrenz
Weißenfels
Kössern
Leisnig-
Tragnitz
Lommatzsch
Leuben
Klosterbuch
Pegau
Bad Lausick
Colditz
Schleinitz
Leisnig
Groitzsch
Borna
Prießnitz
Choren
Döbeln
Weiße
Elster
Nenkersdorf
Frohburg
Geithain
Roßwein
Eschefeld
Rochlitz
Burg Kriebstein
Zeitz
Gnandstein
Höfchen
Nossen
Meuselwitz
Wechselburg
Altmörbitz
Kohren-
Sahlis
Mittweide
Altenburg
Wiederau
Hainichen
Penig
Rochsburg
Sachsenburg
Schmölln
Wolkenburg
Pleiße
Gera
Waldenburg
Rußdorf
Ebersdorf
Lichtenwalde
Brand-
Erbisdorf
Raben-
stein
Kaßberg
Zw.
Mulde
Flöha
Crimmitschau
Hohenstein-
Ernstthal
Chemnitz
Augustusburg
Glauchau
Schönau
Blankenhain
Reichenbrand
Dittmannsdorf
Großhartmanns
Weida
Oberlungwitz
Thurm
Werdau
Zschopau
Zwickau
Forchheim
Pockau-Lengefd.
Stollberg
Ruppertsgrün
Zschopau
Lauterbach
Olbernhau
Thierfeld
Hartenstein
Schönfels
Greiz
Reichenbach
Ehrenfriedersdorf
Marienberg
Schloß Stein
Großrückerswalde
Mylau
Frohnau
Mauersberg
Aue
Jocketa
Annaberg-
Buchholz
Jößnitz
Rodewisch
Leubnitz
Schwarzenberg
Plauen
Markersbach
Jöhstadt
Auerbach
Straßberg
Kürbitz
Falkenstein
Chomuto
(Komotau
Carlsfeld
Oelsnitz
Aschberg
Ohře
(Eger)
Klingenthal
Hof
Markneukirchen
Bad Elster
Karlovy Vary
(Karlsbad)
Aš
(Asch)